FORSCHUNGSBERICHTE DES LANDES NORDRHEIN-WESTFALEN

Nr. 2520

Herausgegeben im Auftrage des Ministerpräsidenten Heinz Kühn vom Minister für Wissenschaft und Forschung Johannes Rau

Dr. rer. pol. Engelbert Münstermann

Finanzwissenschaftliches Forschungsinstitut
an der Universität zu Köln
Direktoren: Prof. Dr. Karl Heinrich Hansmeyer
Prof. Dr. Klaus Mackscheidt

Die Berücksichtigung zentralörtlicher Funktionen im kommunalen Finanzausgleich

Westdeutscher Verlag 1975

Gesamtherstellung: Westdeutscher Verlag

ISBN 978-3-531-02520-9 ISBN 978-3-322-88566-1 (eBook)
DOI 10.1007/978-3-322-88566-1

V O R W O R T

Ausbau und Unterhaltung eines zentralörtlich ausgerichteten Infrastruktursystems können in einem föderalen Staatsgebilde nur dann funktionieren, wenn den Gemeinden als den Trägern der zentralen Einrichtungen hinreichende Finanztransfers zugewiesen werden. Da diese Transfers knapp sind, sollte eine solche Zuweisung im Rahmen eines überörtlichen, integrierten Entwicklungsplans koordiniert und gesteuert werden. Die vorliegende Arbeit meines Mitarbeiters Engelbert Münstermann sucht unter dieser Zielsetzung nach Möglichkeiten, den kommunalen Finanzausgleich zu einem wirksamen Instrument rationaler Raumordnungspolitik zu entwickeln.

Der Verfasser diskutiert unter dieser Fragestellung zunächst die Ziele und Strategien der Raumordnungspolitik, die Theorie und Konzeption der zentralen Orte und die Koordinationsproblematik einer zentralörtlichen Infrastrukturplanung. Dieser umfassende Ansatz war notwendig, weil der erfolgreiche Einsatz des kommunalen Finanzausgleichs für eine zentralörtliche Politik in entscheidendem Maße von der logischen Konsistenz und Operationalität des zugrunde liegenden Zielsystems wie auch von den rechtlichen und institutionellen Rahmenbedingungen abhängt, unter denen sowohl die Raumordnungspolitik als auch der kommunale Finanzausgleich zu geschehen haben.

Die bisherigen Versuche, über Sonderansätze die Schlüsselzuweisungen mit zentralörtlichen Steuerungsfunktionen zu befrachten, werden vom Verfasser kritisch beurteilt. Zwar ist theoretisch die Konstruktion eines geeigneten Bedarfsindexes möglich, der im Rahmen der allgemeinen Zuweisungen den unterschiedlichen Startpositionen der einzelnen zentralen Orte Rechnung trägt; ein derart konstruiertes Verteilungssystem wäre jedoch kaum praktikabel und böte zudem keine Gewähr dafür, daß die Mittel von den Gemeinden so eingesetzt werden, wie dies den landesplanerischen Absichten entspricht.

Die finanzielle Förderung der Infrastrukturinvestitionen zur Realisierung des zentralörtlichen Versorgungssystems muß demnach unter Finanzierungsaspekten in erster Linie über Zweckzuweisungen erfolgen. Die damit sicherlich verbundene Einbuße an kommunalen Entscheidungsfreiheiten führt jedoch dann nicht zu einem Einbruch in die Garantie der kommunalen Selbstverwaltung, wenn der Ausbau des zentralörtlichen Infrastrukturnetzes als Gemeinschaftsaufgabe von Ländern und Gemeinden begriffen und damit auch die Verteilung der zweckgebundenen Finanzmittel direkt unter kommunaler Beteiligung geregelt wird.

Als gemeinsames Entscheidungs- und Koordinationsgremium von Staat und Gemeinden schlägt der Verfasser einen Investitionsplanungsrat vor. Ihm obliegt die Quantifizierung des Landesentwicklungsprogramms, die Entscheidung über die Mittelsteuerung, die Koordinierung der Durchführung und die Plankontrolle. Bei der Konzipierung dieses Gremiums findet freilich eine rein finanzwissenschaftliche Betrachtung ihre Aussagegrenzen. Sinnvollerweise sollten deshalb weitere Untersuchungen die Idee einer derartigen Institution unter organisationstheoretischen und politikwissenschaftlichen Aspekten weiter verfolgen.

Prof. Dr. K.-H. Hansmeyer

G l i e d e r u n g

Seite

Einführung: Problemstellung und Aufbau der Arbeit

1. Der kommunale Finanzausgleich als Instrument der Raumordnungspolitik

Mit Beendigung der Wiederaufbauphase nach dem II. Weltkrieg, in der die personellen wie die regionalen Verteilungsziele hinter der primären Zielsetzung "Wachstum über alles" zurückstehen mußten, wurde das Interesse von Staat und Öffentlichkeit der Bundesrepublik Deutschland auf "allgemeine Ungleichgewichtigkeiten in regionaler Hinsicht" gelenkt. [1] Gemäß der offiziellen Raumordnungsterminologie standen in der Bundesrepublik Deutschland den "Gebieten mit gesunden Lebens- und Arbeitsbedingungen sowie ausgewogenen wirtschaftlichen, sozialen und kulturellen Verhältnissen" die Problemgebiete gegenüber, in denen "die Lebensbedingungen in ihrer Gesamtheit im Verhältnis zum Bundesdurchschnitt wesentlich zurückgeblieben sind oder ein solches Zurückbleiben zu befürchten ist" [2].

Daß diese Disparitäten durch klassische Regelmechanismen wie Laissez-faire oder freie Marktwirtschaft im Sinne des Anspruchs "Einheitlichkeit der Lebensverhältnisse"(Art. 72, Abs. 2 GG) beseitigt werden, erscheint zweifelhaft, zumal wesentliche Voraussetzungen für das Funktionieren derartiger Mechanismen in der Realität kaum zu beobachten sind:

- Die Akteure handeln vielfach im Sinne des marktwirtschaftlichen Systems irrational.
- Es fehlt ein Rechensystem, das neben den privaten auch die sozialen Kosten internalisiert.

---

1) HANSMEYER, K.-H., Ziele und Träger regionaler Wirtschaftspolitik, in: Beiträge zur Regionalpolitik, hrsg. von H.K. SCHNEIDER (Schriften des Vereins für Socialpolitik, N.F., Bd. 41), Berlin 1968, S. 37.

2) Raumordnungsgesetz vom 8.4.1965, BGBl. I, S. 306, § 2.

- Die zeitliche, räumliche und sachliche Transparenz der Standortplanung ist nicht gewährleistet. [1]

Statt dessen besteht nach dem sog. "Gesetz der wachsenden Diskrepanz" (SARO-Gutachten) [2] die Gefahr, daß sich ohne korrigierende Interventionen des Staates das Wohlstandsgefälle zwischen den genannten Gebietskategorien weiter vergrößert. Deshalb muß sich eine staatliche Raumordnungspolitik "bewußt anti-evolutionär" verhalten; [3] sie muß Strategien und adäquate Instrumente erdenken und einsetzen, die die Entwicklung der räumlichen Struktur der Wirtschaft programmgemäß beeinflussen bzw. in die geplante Richtung umlenken.

Inzwischen hat sich sowohl in der Regionalpolitik wie in der Raumordnungspolitik als Instrument einer "versorgungsorientierten" Strategie das Konzept der zentralen Orte durchgesetzt. [4] Zur Beseitigung übermäßiger regionaler Entwicklungsdisparitäten verfolgt diese Konzeption den Ausbau von öffentlichen Infrastruktureinrichtungen in einem flächendeckenden System von zentralen Orten und damit die räumliche Nivellierung des Leistungsniveaus der Kollektivgüterproduktion. [5]

---

1) Vgl. STORBECK, D., Die wirtschaftliche Problematik der Raumordnung, Berlin 1959, S. 85 ff.; HAVERKAMPF, H.-E., Räumliche Streuung unterschiedlicher kommunaler Einnahmesysteme. Eine Modellsimulation am Beispiel Nordrhein-Westfalen, Stuttgart u.a. 1971, S. 23.

2) Sachverständigenausschuß für Raumordnung, Die Raumordnung in der Bundesrepublik Deutschland, Stuttgart 1961, S. 67.

3) Vgl. RITTEL, H., Zukunftsorientierte Raumplanung, in: arch + (3/1970), H. 10, S. 65.

4) Vgl. HANSMEYER, K.-H., Ziele und Träger regionaler Wirtschaftspolitik, a.a.O., S. 44 f.

5) Vgl. HAVERKAMPF, H.-E., Räumliche Streuung unterschiedlicher kommunaler Einnahmesysteme, a.a.O., S. 12 ff. Über Definition der Infrastruktur und ihre Bedeutung für die regionalwirtschaftliche Entwicklung vgl. FREY,R.L.,Infrastruktur. Grundlagen der Planung öffentlicher Investitionen, Tübingen, Zürich 1970; JOCHIMSEN, R., Theorie der Infrastruktur. Grundlagen der marktwirtschaftlichen Entwicklung, Tübingen 1966.

Nach der in der Bundesrepublik Deutschland geltenden Aufgabenverteilung sind die im Rahmen dieser regionalpolitischen Konzeption notwendigen Infrastrukturleistungen weitgehend von dem kommunalen Bereich, d.h. von den zentralen Orten selbst, zu realisieren. Damit diese Gemeinden ihre besonderen zentralörtlichen Funktionen erfüllen können, wird es erforderlich sein, auch ihre Finanzausstattung der raumordnungspolitisch motivierten Aufgabenstellung adäquat anzupassen.

Da das gegenwärtige kommunale Steuersystem, das in starkem Maße zur Heranbildung und Verstärkung der räumlichen Disparitäten beigetragen hat, kaum kurzfristig unter raumordnungspolitischen Gesichtspunkten verändert werden kann,[1] kommen zur Lösung der mit dem Zentrale-Orte-Konzept entstandenen Finanzierungsproblematik in erster Linie Maßnahmen im Rahmen des kommunalen Finanzausgleichs in Frage.[2] Ziel dieser Maßnahmen ist eine funktionsgerechte Steuerung der "innerstaatlichen Transferströme" [3], die sowohl zwischen den kommunalen Gebietskörperschaften selbst als auch zwischen ihnen und dem Land institutionalisiert sind.

---

1) Zudem muß bezweifelt werden, ob ein - wie auch immer konstruiertes - Steuersystem diese regionalen Disparitäten, die im Verlauf der wirtschaftlichen Entwicklung permanent erneuert werden, auffangen oder beseitigen kann. Vgl. EHRLICHER, W. und Mitarbeiter, Kommunaler Finanzausgleich und Raumordnung, Hannover 1967, S. 13. Zur These, daß sich die wirtschaftliche Entwicklung in einer Kette von Ungleichgewichten vollzieht, vgl. u.a.: HIRSCHMAN, O., The Strategy of Economic Policy, New Haven/London 1958.

2) Vgl. hierzu auch die Entschließung der Ministerkonferenz für Raumordnung über die Berücksichtigung raumordnerischer Gesichtspunkte beim kommunalen Finanzausgleich vom 16. April 1970, in: Raumordnungsbericht 1970 der Bundesregierung, Bundestagsdrucksache VI/1340,S.145.

3) HANSMEYER, K.-H., Besprechung der Arbeit von Hans J. Bodenstaff, Die Mehr- oder Minderbelastung kreisangehöriger Gemeinden, in: Archiv für Kommunalwissenschaften, Jg. 2 (1963), S. 262.
Zur Typologie der innerstaatlichen Transferströme vgl. insbesondere FÜRST, D., Die Kreisumlage, Analyse eines Instruments des Finanzausgleichs (Schriftenreihe des Vereins für Kommunalwissenschaften e.V. Berlin, Bd. 28), Stuttgart, Berlin, Köln, Mainz 1969, S. 10 ff.

Damit wird der kommunale Finanzausgleich zum "ersatzweisen Korrektiv für raumpolitische Unterlassungssünden" [1] und erhält instrumentale Bedeutung für die Raumordnungspolitik.

Der erfolgreiche Einsatz des kommunalen Finanzausgleichs unter dieser neuen Zielsetzung hängt maßgeblich von folgenden Faktoren ab:

1. von der Qualität, d.h. der logischen Konsistenz und der Operationalität des zugrunde liegenden Zielsystems,
2. von den rechtlichen und institutionellen Rahmenbedingungen, unter denen sowohl die Raumordnungspolitik wie auch der kommunale Finanzausgleich zu geschehen haben.

Unter diesem Gesichtspunkt muß, bevor die funktionale, zieladäquate Umstrukturierung des Finanzausgleichs in Angriff genommen wird, auf das Zentrale-Orte-Konzept im Gesamtzusammenhang mit der Raumordnungspolitik eingegangen werden, um anschließend - ausgehend von einer kritischen Analyse des dieser Konzeption zugrunde liegenden Modells - dessen theoretische Stringenz und praktische Anwendbarkeit zu diskutieren.

Eine das Zentrale-Orte-Konzept realisierende, rationale Infrastrukturpolitik und damit korrespondierende Maßnahmen im Rahmen des kommunalen Finanzausgleichs benötigen konkrete Zielangaben über Art und Umfang der in den Versorgungszentren auszubauenden öffentlichen Einrichtungen.
Da Entscheidungen hierüber letztlich nur politisch-normativ getroffen werden können, wird versucht werden müssen, anhand einer Exegese der relevanten Gesetze, Programme und Pläne Infrastrukturausstattungskataloge zu erarbeiten, um damit Ansätze zu einer Objektivierung und Quantifizierung der spezifisch zentralörtlichen Bedarfe erfassen

---

1) ISENBERG, G., Regionale Wohlstandsunterschiede, Finanzausgleich und Raumordnung, in: Finanzarchiv, N.F., Bd. 17, 1956/57, S. 94.

zu können, die dann über den Finanzausgleich finanziell zu dotieren sind.

Zugleich wird der Tatsache Rechnung getragen werden müssen, daß infolge der horizontalen und vertikalen Politikverflechtungen eines föderativen Staatsgebildes wie der Bundesrepublik Deutschland sowohl in der Raumordnungspolitik als auch beim Finanzausgleich eine Vielzahl von Akteuren beteiligt ist. Der Notwendigkeit oder zumindest der regionalpolitisch begründeten Zweckmäßigkeit einer zentralen, koordinierenden Steuerung der einzelnen Aktivitäten stehen als staatsrechtliche Normen die von der Verfassung geschützten Aktionsräume der Ressorts und insbesondere der Kommunen entgegen.

Im Rahmen der Reform des Finanzausgleichs (im weiteren Sinne) werden diese nicht als unabänderliche Restriktionen aufgefaßt werden können. Es werden vielmehr Lösungsansätze zu diskutieren sein, die besser als bislang die verschiedenen dezentralen Akteure in diejenigen Entscheidungsprozesse integrieren, die für die Raumordnungspolitik in der Phase der Planung und für den instrumentell eingesetzten Finanzausgleich in der Phase der Planrealisierung von ausschlaggebender Bedeutung sind.

Vor diesem Problemaufriß erscheint es aus Gründen der begrifflichen Klarheit notwendig, insbesondere auf die Verwendung der Begriffe "Raumordnungspolitik" und "regionale Wirtschaftspolitik (Regionalpolitik)"in dieser Studie kurz einzugehen; aus den im folgenden angedeuteten Gründen wird dieses Begriffspaar weitgehend synonym verwendet, obwohl zugegebenerweise dieses Vorgehen in der Literatur vielfach umstritten ist.

Trotz des gemeinsamen Objektbereichs differenziert HANSMEYER [1] zwischen der Raumordnungspolitik und der Regionalpolitik insbesondere wegen der unterschiedlichen Zielsetzung: Während sich die Raumordnungspolitik "ständig um eine dem derzeitigen gesellschaftspolitischen Leitbild gemäße Ordnung des Raumes bemüht" [2], befaßt sich die Regionalpolitik mit räumlich-wirtschaftlichen Partialproblemen (z.B. regionalen Wohlstandsunterschieden), geht somit nicht von einer geschlossenen Konzeption aus, sondern handelt pragmatisch, problemorientiert [3].
Eine derartige Trennung verweist die Raumordnungspolitik in den Bereich der Ordnungspolitiken und definiert Regionalpolitik als Prozeßpolitik. Die logischen und praktischen Schwächen einer leitbildorientierten Raumordnungspolitik einerseits und die Anbindung der problemorientierten Regionalpolitik an das gesellschaftliche Zielsystem andererseits relativieren jedoch diese Differenzierung. Obwohl eine Unterscheidung im Sinne HANSMEYERs in einer wissenschaftstheoretischen Betrachtung durchaus begründet ist, stellt sich im Rahmen dieser Arbeit in erster Linie die Frage nach ihrer praktischen Relevanz. Unter diesem pragmatischen Aspekt verlieren sich die Unterschiede: "Die Verteilung der Aktivitäten über die Fläche und damit die Ordnung der wirtschaftlichen Erscheinungen im Raum ist ebenso Anliegen der 'Regionalpolitiker' wie der 'Raumordnungspolitiker'." [4]

---

1) Vgl. HANSMEYER, K.-H., Ziele und Träger regionaler Wirtschaftspolitik, a.a.O., S. 36 ff.

2) LEY, N., Raumordnung und Landesplanung in der Bundesrepublik Deutschland, in: Handwörterbuch der Raumforschung und Raumordnung, hrsg. von der Akademie für Raumforschung und Landesplanung, Hannover 1966, Sp. 1506, zitiert bei HANSMEYER, K.-H., Ziele und Träger regionaler Wirtschaftspolitik, a.a.O., S. 42.

3) HANSMEYER, K.-H., Ziele und Träger regionaler Wirtschaftspolitik, a.a.O., S. 43.

4) BRÖSSE, U., Ziele in der Regionalpolitik und in der Raumordnungspolitik, Berlin 1972, S. 33.

Im weiteren wird daher sowohl unter Raumordnungspolitik wie unter Regionalpolitik bzw. regionaler Wirtschaftspolitik "die zielbezogene Gestaltung, Entwicklung und Nutzung von Räumen" [1] verstanden.

2. Aufbau der Arbeit

Der vorangegangene Problemaufriß läßt folgenden Aufbau der Arbeit zweckmäßig erscheinen:

Der erste Teil der Untersuchung befaßt sich zunächst mit dem Inhalt und der Problematik des durch den Finanzausgleich zu fördernden Konzeptes der zentralen Orte als Instrument einer primär "versorgungsorientierten" Regionalpolitik. Im weiteren werden die Planungs- und Koordinationsprobleme behandelt, die mit der Verwirklichung des zentralörtlichen Infrastruktursystems wegen der gegebenen dezentralisierten Kompetenz- und Entscheidungsstruktur verbunden sind. Schließlich soll eine Analyse relevanter Gesetze, Programme und Pläne Aufschluß darüber geben, in welcher Form die politische Praxis das Zentrale-Orte-Konzept adaptiert hat, insbesondere welche konkreten infrastrukturpolitischen Zielwerte daraus abgeleitet werden können.

Im zweiten Teil der Arbeit wird die Raumordnungsproblematik in den Bereich des Finanzausgleichs übertragen. Dabei wird der Finanzausgleich zunächst umfassend als Regelwerk der staatlichen Aufgaben- und Einnahmenverteilung interpretiert. In diesem Rahmen muß vor allem die Frage untersucht werden, ob mit der geltenden Aufgabenverteilung zwischen Ländern und Gemeinden eine effiziente Durchset-

---

1) BRÖSSE, U., Raumordnungspolitik, Berlin, New York 1975, S. 6.

zung des Zentrale-Orte-Konzepts möglich ist. Im Anschluß daran sind für den Finanzausgleich "im engeren Sinne", d.h. für das die verfassungsrechtlich fixierte Regelung der Aufgaben- und Einnahmenverteilung "ergänzende" Zuweisungssystem Gestaltungsregeln zu formulieren, die neben der raumordnungspolitischen Funktion auch die klassischen Zielsetzungen (fiskalische und redistributive Funktion) ins Kalkül ziehen.

Die eigentliche Instrumentalanalyse des kommunalen Finanzausgleichs wird im dritten Teil der Untersuchung durchgeführt. Besonders eingehend soll dabei die Möglichkeit behandelt werden, zentralörtliche Sonderbedarfe über entsprechend differenzierte Schlüsselzuweisungen, d.h. über sich am Bedarf orientierende Modifikationen bzw. Ergänzungen ("Veredelungen") des Hauptansatzes auszugleichen. Im Mittelpunkt dieser Überlegungen stehen sog. "Raumordnungs-" bzw. "Zentralitätsansätze", die in einigen Bundesländern bereits in den Finanzausgleichgesetzen institutionalisiert wurden, um zusätzliche Schlüsselzuweisungen in die Gemeinden mit zentralörtlicher Bedeutung zu lenken. Darüber hinaus sind die Verteilungspraktiken der speziellen Finanzzuweisungen (Zweckzuweisungen) auf Ansatzpunkte zu überprüfen, die zur Lösung der Koordinierungs- und Finanzierungsprobleme des zentralörtlich organisierten Versorgungssystems beitragen können.

Auf der Grundlage der Ergebnisse der vorangegangenen Abschnitte wird schließlich im vierten Teil der Arbeit der Versuch unternommen, ein Modell eines kommunalen Finanzausgleichssystems zu entwerfen, das sowohl seinen fiskal- und finanzpolitischen als auch seinen raumordnungspolitischen Zielsetzungen gerecht werden kann.

I. Teil: Das Konzept der zentralen Orte als Planungsinstrument der Raumordnungspolitik

1. Zur Ableitung eines raumordnungspolitischen Zielsystems

1.1. Der synoptische Ansatz - eine leitbildorientierte Raumordnungspolitik

Mitte der fünfziger Jahre erteilte die Bundesregierung dem Sachverständigenausschuß für Raumordnung (SARO) den Auftrag, aus dem gesellschaftspolitischen Leitbild ein spezifisch raumordnerisches Leitbild zu entwickeln. [1] Die Konfrontation dieser "gedachten" Raumordnung mit der realen räumlichen Ordnung sollte das Ordnungsmanko (Fehlentwicklung oder Unordnung) aufzeigen. Schließlich war eine "leitbildkonforme" Gesamtkonzeption für die räumliche Gestaltung zu erarbeiten, auf deren Basis durch aktives und planvolles Handeln ("Ordnen des Raumes") die "Differenzen zwischen der gegebenen Raumstruktur und dem aus dem geistigen Formprinzip der Epoche deduktiv entfalteten Leitbild der Raumordnung zu minimieren" waren. [2]

Die Absicht dieses Auftrages ist offensichtlich: Der politische Entscheidungsträger versucht, sich Klarheit über die zu verfolgenden Ziele und deren Prioritäten zu verschaffen, die von der Mehrheit der Entscheidungsadressaten bejaht werden und deren Realisierung ihm

---

1) Beschluß der Bundesregierung vom 25. November 1955. Vgl. Sachverständigenausschuß für Raumordnung, Die Raumordnung in der Bundesrepublik Deutschland, a.a.O., S. 6 f.

2) LINDE, H., Über Zukunftsaspekte in der Raumplanung, insbesondere Leitbilder u.ä. Sonderdruck aus den Veröffentlichungen des Seminars für Planungswesen an der TU Braunschweig, H. 8, 1971, S. 85 f.

ein Maximum an politischem Nutzen einbringt. [1)]

Als Ausgangspunkt dieses Prozesses erscheint ihm das gesellschaftliche Wertsystem besonders geeignet, das mit BÖHRET als "Summe der vorherrschenden Normen und Überzeugungen nicht mehr ableitbarer Qualität" [2)] definiert werden kann. Hierzu zählen nach GIERSCH Freiheit, Frieden, Gerechtigkeit, Sicherheit und Wohlstand. [3)]

Diese Werte repräsentieren die Leitideen eines gegenwärtigen gesellschaftlichen Grundverständnisses, indem sie "das Ergebnis der vielen Einzelurteile 'zivilisierter' Menschen aus(drücken), die in ihren Neigungen, Bewertungen, Beurteilungen der Mittel und Schlußfolgerungen hinsichtlich der erstrebenswerten Bedingungen sozialer Zusammenarbeit übereinstimmen" [4)]. Insofern handelt es sich dabei auch nicht um allgemein akzeptierte Werte im absoluten Sinne, sondern eher um "kulturspezifische Grundvorstellungen" (J. FRIEDRICHS), in diesem Fall um die "kulturspezifischen Basiswerte" (BÖHRET) der westlichen Industrienationen. [5)]

---

1) Vgl. BÖHRET, C., Entscheidungshilfe für die Regierung, Opladen 1970, S. 48.

2) Ebenda.

3) Vgl. GIERSCH, H., Allgemeine Wirtschaftspolitik. Grundlagen, Wiesbaden 1960, S. 54 ff.
DAHL und LINDBLOM formulieren sieben instrumentale Grundziele, an denen sich soziales Handeln orientieren soll: Freiheit, Rationalität, Demokratie, subjektive Gleichheit, Sicherheit, Fortschritt und angemessene Einbeziehung. DAHL, R.A. und LINDBLOM, Ch. E., Politics, Economics, and Welfare, New York 1953, S. 28-54 (Seven Basic Ends for Social Actions). Deutsche Übersetzung in: Grundlagen der Wirtschaftspolitik, hrsg. von G. GÄFGEN, Köln, Berlin 1966, S. 211 ff.

4) GREAVES, H.R.G., Grundlagen der politischen Theorie (POLITICA, Bd. 2), Neuwied und Berlin 1960, S. 124.

5) BÖHRET, C., Entscheidungshilfen für die Regierung, a.a.O., S. 49; FRIEDRICHS, J., Werte und soziales Handeln. Ein Beitrag zur soziologischen Theorie, Tübingen 1968.

Jedenfalls für diesen "Kulturbereich" stellen diese Werte jedoch die Basis für politische Entscheidungen dar, indem aus ihnen für die einzelnen Politikbereiche konkrete Zielsetzungen zur Ermittlung günstigster Handlungsalternativen durch den Entscheidungsträger abgeleitet (gesetzt) werden können. [1]

In diesem Zielableitungsprozeß wird jedoch derjenige Charakter des Wertsystems zum Problem, der für den hohen Akklamationsgrad, für seine "allgemeine Anerkennung" ursächlich ist: seine Unbestimmtheit.

In der zitierten, "unkommentierten" Form haben die gesellschaftlichen Grundwerte den Aussagegehalt von Leerformeln (TOPITSCH) [2]. Jenseits der Fassade des formalen Konsensus beginnt die Phase der personen- oder gruppenorientierten Interpretation, können die gleichen Werte je nach subjektivem Verständnis zu unterschiedlichen Zielsetzungen führen und bestenfalls extreme Möglichkeiten ausgeschlossen werden [3] [4].

Je weiter sich der Zielableitungsprozeß von der obersten Wertebene entfernt, d.h. die Zielsetzungen konkreter

---

1) Vgl. BÖHRET, C., Entscheidungshilfen für die Regierung, a.a.O., S. 51.

2) TOPITSCH, E., Über Leerformeln. Zur Pragmatik des Sprachgebrauchs in Philosophie und politischer Theorie, in: Festschrift für Viktor Kraft, Wien 1960, S. 233 f.

3) Ebenda.

4) DEGENKOLBE konzidiert den Werten nur einen "pseudonormativen" Gehalt, "wenn sie lediglich die von allen Akteuren sowieso abgelehnten Handlungsmöglichkeiten" ausschließen. DEGENKOLBE, C., Über logische Struktur und gesellschaftliche Funktion von Leerformeln, in: Kölner Zeitschrift für Soziologie und Sozialpsychologie, 17. Jg. (1965), S. 327 ff.

werden, um so fragwürdiger wird die Fiktion einer gemeinsamen sozialen Wertskala, um so deutlicher wird der Wertepluralismus und damit die Möglichkeit des Konflikts zwischen gruppenspezifischen Interessen. [1] [2]

Dieser Prozeß der Zielidentifizierung und -konkretisierung ist jedoch weder im SARO-Gutachten [3] noch in dem Gesetzgebungsverfahren zur Raumordnung sichtbar vollzogen worden. Zumindest lassen die "Leitbilder der Raumordnung im einzelnen" (SARO-Gutachten), die in der Regel nur Optimierungsforderungen erheben, [4] und die Raumordnungsgrundsätze des Raumordnungsgesetzes [5] mit ihren gegen Widerspruch immunisierten Leerformeln die bisher ungelöste Problematik einer leitbildorientierten Regionalpolitik deutlich erkennen. [6]

---

1) Vgl. BÖHRET, C., Entscheidungshilfen für die Regierung, a.a.O., S. 51 ff.

2) Aufgrund dieser Erfahrungstatsache bemerkt H. ALBERT: "Die Gesellschaft kann nicht ohne weiteres als eine kooperative Einheit mit gemeinsamer Wertskala und natürlicher Interessenkonvergenz aufgefaßt werden, deren Funktionieren für ihre Mitglieder nur technische Probleme und darüber hinaus das Problem der ökonomischen Effizienz aufwirft, wie es sich etwa im wohlfahrtsökonomischen Denken darstellt."
ALBERT, H., Traktat über kritische Vernunft, Tübingen 1968, S. 171.

3) Sachverständigenausschuß für Raumordnung, Die Raumordnung in der BRD, a.a.O.

4) Vgl. Zimmermann, H., Öffentliche Ausgaben und regionale Wirtschaftsentwicklung, Tübingen 1970, S. 59.

5) Raumordnungsgesetz des Bundes vom 8.4.1965, BGBl. I, S. 306.

6) Vgl. hierzu die sehr pointiert formulierte Kritik der Leitbildphilosophie von H. LINDE: "Es gehört kein großer Witz dazu, die um die Begriffstriade 'Raumordnung', 'Raumordnungspolitik' und 'Raumplanung' gerankte Leitbildphilosophie als das fadenscheinige Transkript dieses ministeriellen Auftrages, seines ideologischen und legalistischen Normbedürfnisses zu erkennen - wenn nicht anders, dann daran, daß die Weisheit des Transkriptes genau da endet, wo die Ratbedürftigkeit des Auftraggebers beginnt." LINDE, H., Über Zukunftsaspekte in der Raumplanung, insbesondere Leitbilder u.ä., a.a.O., S. 88; ebenso ZIMMERMANN, H., The Treatment of Imprecise Goals. The Case of Regional Science (Regional Science Research Institute, Discussion Paper Series,No.9),Philadelphia 1966,S.11 ff.

1.2. Der inkrementale Ansatz - eine problemorientierte Raumordnungspolitik

Eben wegen des Fehlens eines operational faßbaren "Leitbildes der Raumordnung" muß die "leitbild"- oder "systemorientierte" Konzeption durch ein "problemorientiertes" Konzept ersetzt werden. Dazu werden zunächst bestimmte Zustände und absehbare Entwicklungen im Raum - auf der Basis einer raumordnungsspezifischen Interpretation einzelner gesellschaftlicher Oberziele - als unerwünscht und abänderungsbedürftig definiert (Negativkatalog von Einzelproblemen) und für diese begrenzten Problemsituationen operationale Teilziele formuliert. [1] Die operationelle Schwäche des Negationskatalogs liegt jedoch darin, "daß er laufend um neu auftretende Problemsituationen erweitert oder dem sich ändernden Anspruchsniveau angepaßt werden muß" [2]. Damit wächst aber zugleich die Gefahr, daß sich die problemorientierte Regionalpolitik zu einem "disjointed incrementalism" [3] entwickelt, und - indem sie sich "pragmatisch, quasirational an Kriterien des Möglichen ausrichtet" [4] - zusammenhangloses Stückwerk hervorbringt.

---

1) STORBECK, D., Zur Operationalisierung der Raumordnungsziele, in: KYKLOS 23 (1970), S. 111 ff. Vgl. hierzu die Probleme der Zielformulierung bei KLOTEN, N., Alternative Konzeptionen der Regionalpolitik, in: Beiträge zur Regionalpolitik (Schriften des Vereins für Socialpolitik, N.F., Bd. 41), Berlin 1968, S. 25.

2) STORBECK, D., Zur Operationalisierung der Raumordnungsziele, a.a.O., S. 113 f.

3) SIMON, H.A., Models of man. Social and rational, mathematical essay on rational human behavior in a social setting, 3. Aufl., New York, London und Sydney 1964.

4) HESSE, J.J., Stadtentwicklungsplanung: Zielfindungsprozesse und Zielvorstellungen, Stuttgart, Berlin, Köln, Mainz 1972, S. 31.

Zugleich resultiert aber auch aus der Beschränkung auf Partialprobleme die Stärke dieses Ansatzes: seine besondere Anpassungsfähigkeit an geänderte Situationen und Zielkonstellationen. [1] Infolge dieses "social piecemeal engineering" (POPPER) [2] betreffen Fehlschläge und Änderungen nur den Erfolg einzelner Maßnahmen, nicht aber die gesamte Gesellschaftspolitik. [3]

Außerdem besteht die Möglichkeit, weitere Zielsetzungen sukzessive in den Bezugsrahmen mit einzubeziehen, so daß trotz der vorläufigen Offenheit des begrenzten Problemansatzes nach der Identifizierung und Lösung von Zielkonflikten - gewissermaßen auf induktivem Wege - ein zunehmend geschlossenes Zielsystem angestrebt wird. [4]

---

1) Vgl. STORBECK, D., Zielkonflikt-Systeme als Ansatz zur rationalen Gesellschaftspolitik, in: Zur Theorie der allgemeinen und der regionalen Planung, Bielefeld 1969, S. 70.

2) POPPER,K.R.,Die offene Gesellschaft und ihre Feinde, Bern 1957, S. 216.

3) Vgl. STORBECK, D., Zielkonflikt-Systeme als Ansatz zur rationalen Gesellschaftspolitik, a.a.O., S. 70.

4) Ebenda, S. 71.
Dieses Vorgehen entspricht dem von SCHELSKY vorgeschlagenen Planungsdenken "von unten her". SCHELSKY, H., Über die Abstraktheit des Planungsbegriffes in den Sozialwissenschaften, in: Zur Theorie der allgemeinen und der regionalen Planung, a.a.O., S. 15 f.

2. Die Strategien der Regionalpolitik

In der regionalwissenschaftlichen Literatur [1] wird allgemein zwischen drei Strategien der Regionalpolitik unterschieden:

- der wachstumsorientierten Regionalpolitik,
- der stabilitätsorientierten Regionalpolitik und
- der versorgungsorientierten Regionalpolitik.

Hierbei handelt es sich jedoch weniger um Gegensätze; vielmehr differieren die unterschiedlichen Konzeptionen nach der Priorität bestimmter Ziele, die sie jeweils aus den räumlichen Implikationen gesellschaftlicher Oberziele herleiten. [2]

2.1. Die wachstumsorientierte Regionalpolitik

Die wachstumsorientierte Regionalpolitik leitet ihre gesellschaftspolitische Relevanz aus den regionalen Implikationen des Wohlstandspostulates bzw. des gesamtwirtschaftlichen Wachstumszieles ab. Ihre Ziele sind

---

1) LAUSCHMANN, E., Grundlagen einer Theorie der Regionalpolitik (Taschenbücher zur Raumplanung, Bd. 2), 2. Aufl., Hannover 1973, insbes. S. 257 ff.; GIERSCH, H., Das ökonomische Grundproblem der Regionalpolitik, in: Gestaltungsprobleme der Weltwirtschaft, Festschrift für Andreas Predöhl, hrsg. von H. JÜRGENSEN, Göttingen 1964; SCHNEIDER, H.K., Über die Notwendigkeit regionaler Wirtschaftspolitik, in: Beiträge zur Regionalpolitik, a.a.O., S. 3 ff.; STORBECK, D. und M. LÜCKE, Die gesellschaftspolitische Relevanz regionalpolitischer Ziele, in: Ausgeglichene Funktionsräume, Grundlagen für eine Regionalpolitik des mittleren Weges, Forschungsberichte des Arbeitskreises "Regionalpolitische Konzeption ausgeglichener Funktionsräume" der Akademie für Raumforschung und Landesplanung, Hannover 1975, S. 19 ff.

2) LAUSCHMANN, E., Grundlagen einer Theorie der Regionalpolitik, a.a.O., S. 264.

"gesamtwirtschaftlich optimale regionale Wachstumsraten"[1] bzw. "die optimale Allokation der Produktionsfaktoren im Raum durch entsprechende Koordination von privater und öffentlicher Investitionstätigkeit" [2].

Die theoretische Basis für diese Politik liefert das Konzept der Wachstumspole (F. PERROUX) [3]. Diese Theorie geht davon aus, daß sich die Wirtschaftseinheiten einer Volkswirtschaft regional unterschiedlich entwickeln (Strukturveränderungen). Das Wachstum "manifestiert sich in Wachstumspolen (pôles de croissance) und Wachstumspunkten (points de croissance) mit unterschiedlicher Stärke, es breitet sich über verschiedene Kanäle mit wechselnden Endergebnissen für die Gesamtwirtschaft aus" [4]. Die Impulse zu dieser Entwicklung gehen von dynamischen Großunternehmungen (unité économique motrice) aus, die mit einer größeren Zahl von anderen Produktionseinheiten in einem funktionalen, arbeitsteiligen Zusammenhang stehen. [5]

---

1) SCHNEIDER, H.K., Über die Notwendigkeit regionaler Wirtschaftspolitik, a.a.O., S. 4.

2) LAUSCHMANN, E., Grundlagen einer Theorie der Regionalpolitik, a.a.O., S. 265.

3) PERROUX, F., La notion de pôle de croissance, in: L'Economie des XXé siècle, Paris 1961. Vgl. zur gesamten Problematik des Polkonzeptes KLEMMER, P., Die Theorie der Entwicklungspole - strategisches Konzept für die regionale Wirtschaftspolitik ?, in: "Raumforschung und Raumordnung",30 (1972), S. 102 ff. und STREIT, M.E., Regionalpolitische Aspekte des Wachstumspolkonzeptes, in: Jahrbuch für Sozialwissenschaft, Bd. 22 (1971), H. 2.

4) PERROUX, F., La notion de pôle de croissance, a.a.O., S. 285, übersetzt bei: HELLBERG, H., Zentrale Orte als Entwicklungsschwerpunkte in ländlichen Gebieten, Göttingen 1972, S. 61.

5) Vgl. KLEMMER, P., Die Theorie der Entwicklungspole, a.a.O., S. 103.

Die Anwendung des Polkonzeptes erfordert - insbesondere, wenn es sich um die Entwicklung neuer Wachstumszentren handelt - ein hohes Maß an "regionalpolitischen Vorleistungen" (u.a. Infrastrukturinvestitionen), die nur ab einer bestimmten Mindestgröße der räumlichen Einheiten wirtschaftlich vertretbar sind. [1] Die Diskussion der Mindestgröße als Kriterium zur Förderung von Entwicklungsschwerpunkten ist noch im Gange: Während JOCHIMSEN/TREUNER [2] zentrale Orte mit einem Einzugsbereich von min. 20.000 Einwohnern als förderungswürdig erklären, geht D. MARX davon aus, daß das "wachstumspolitische Minimum ... bei ca. 50.000 Einwohnern anzusetzen ist" [3].

Wie dieser Streit um den unteren Wert der Förderungswürdigkeit auch ausgehen mag, jedenfalls wird die Förderungspolitik der versorgungsorientierten Strategie auf wenige intraregionale Wachstumspole konzentriert sein und damit den Agglomerationsprozeß tendenziell forcieren.

2.2. Die stabilitätsorientierte Regionalpolitik

Die gesellschaftlichen Postulate der Freiheit und der sozialen Sicherheit verpflichten die stabilitätsorientierte Regionalpolitik zur "Reduzierung der konjunktu-

---

1) Vgl. LAUSCHMANN, E., Grundlagen einer Theorie der Regionalpolitik, a.a.O., S. 291.
Diese Notwendigkeit ergibt sich auch aus dem Bedarf der Unternehmen nach qualifizierten Arbeitskräften. KLEMMER, P., Die Theorie der Entwicklungspole, a.a.O., S. 105.

2) JOCHIMSEN, R. und P. TREUNER, Zentrale Orte in ländlichen Räumen unter besonderer Berücksichtigung der Möglichkeiten der Schaffung zusätzlicher außerlandwirtschaftlicher Arbeitsplätze (Forschungsbericht im Auftrag des Bundesministers des Innern), Bad Godesberg 1967, S. 8 f.

3) MARX, D., Voraussetzungen und Bedingungen einer wachstumsgerechten Landesentwicklung, Düsseldorf 1968, S. 11. Vgl. auch ebenda, S. 78 ff.

rellen und strukturellen Anfälligkeit der regionalen Standort- und Produktionsstrukturen, um eine möglichst stabile Beschäftigungs- und Einkommensentwicklung in der Gesamtwirtschaft zu sichern" [1].

Die Maßnahmen im Rahmen dieser Strategie zielen insbesondere unter dem strukturpolitischen Aspekt darauf ab, Anpassungsprozesse an Strukturwandlungen zu beschleunigen (Strukturanpassungspolitik), Umstellungs- und Entwicklungsprozesse zu fördern (Strukturgestaltungs- oder -entwicklungspolitik) oder "gesunde" Strukturen zu konservieren. [2]

Mit Hilfe dieser regionalen Strukturpolitik soll unter anderem die Krisenanfälligkeit monostrukturierter Räume vermindert werden (Diversifizierung der wirtschaftlichen Struktur) [3], soll weiterhin mit der Realisierung funktionsfähiger Arbeitsmärkte die unfreiwillige interregionale Mobilität reduziert werden. [4]

---

1) LAUSCHMANN, E., Grundlagen einer Theorie der Regionalpolitik, a.a.O., S. 265.

2) Ebenda, S. 295.

3) RICHARDSON, H.W., Regional Economics. Location theory, urban structure and regional change, London 1969, S. 380. Ebenso SCHNEIDER, H.K., Über die Notwendigkeit regionaler Wirtschaftspolitik, a.a.O., S. 6.

4) MARX, D., Zur Konzeption eines funktionsfähigen regionalen Arbeitsmarktes, Beitrag zur Sitzung des Ausschusses Raum und gewerbliche Wirtschaft der Akademie für Raumforschung und Landesplanung in Würzburg vom 23. - 25.5.1972.

2.3. Die versorgungsorientierte Regionalpolitik

Das Postulat der sozialen Gerechtigkeit impliziert für die versorgungsorientierte Regionalpolitik das Ziel, die interregionalen Einkommensdisparitäten zu minimieren [1] und die Gleichheit der Lebensbedingungen zu sichern. Dazu hat sie eine möglichst "gleichwertige" Versorgung der einzelnen Teilräume mit produktions- und haushaltsorientierten Infrastruktureinrichtungen [2] durchzusetzen. [3] Diese Zielsetzung ist noch zu allgemein, um daraus operationale Handlungsmaximen für die staatliche Infrastrukturpolitik ableiten zu können. Insbesondere muß der Begriff der "gleichwertigen Versorgung" näher konkretisiert werden. Offensichtlich sprechen gewichtige ökonomisch-technische Argumente (z.B. Unteilbarkeit einer großen Zahl öffentlicher Grundleistungen) dagegen, daß etwa in der rigiden Anwendung des Konzeptes der "aktiven Sanierung" die Infrastruktureinrichtungen gleichmäßig über alle Gemeinden gestreut, daß letztlich alle Gemeinden die gleichen öffentlichen Güter anbieten können. Notwendigerweise muß auch unter der Priorität der sozialen Gerechtigkeit eine dezentralisierte Konzentration [4] der Infrastruktureinrichtungen erfolgen.

---

1) Vgl. SCHNEIDER, H.K., Über die Notwendigkeit regionaler Wirtschaftspolitik, a.a.O., S. 4.

2) Vgl. ZIMMERMANN, H., Öffentliche Ausgaben und regionale Wirtschaftsentwicklung, Basel, Tübingen 1970, S. 237 ff. Ähnlich unterscheidet FREY zwischen Infrastrukturproduktiv- und Infrastrukturkonsumtivinvestitionen, in: FREY, R.L., Infrastruktur. Grundlagen der Planung öffentlicher Investitionen, a.a.O., S. 19 f.

3) Vgl. HANSMEYER, K.-H., Ziele und Träger regionaler Wirtschaftspolitik, a.a.O., S. 38 f.; LAUSCHMANN, H., Grundlagen einer Theorie der Regionalpolitik, a.a.O., S. 265.

4) BÖVENTER, E.v., Die räumliche Wirkung von öffentlichen und privaten Investitionen, in: Grundfragen der Infrastrukturplanung für wachsende Wirtschaften (Schriften des Vereins für Socialpolitik, N.F., Bd. 58), Berlin 1971, S. 180.

Nähere Hinweise zur räumlichen Verteilung der Infrastruktur werden der Theorie der zentralen Orte W. CHRISTALLERs entnommen, die im nächsten Abschnitt kritisch dargestellt wird. [1]

Abgesehen von der Auswahl der Versorgungszentren erhebt sich die Frage nach dem Umfang der in diesen Zentren anzubietenden öffentlichen Güter. Hierzu, d.h. über Quantität und Qualität der "Normausstattung" und über räumliche und zeitliche Prioritäten in der Phase der Realisierung müssen letztlich politische Entscheidungen gefällt werden. Inwieweit und in welcher Form das bereits geschehen ist, wird ebenfalls an späterer Stelle zu untersuchen sein. [2]

2.4. Die Regionalpolitik des "mittleren Weges" - Ein Kompromiß -

Die Strategie einer Regionalpolitik des mittleren Weges geht davon aus, daß "die amtliche Politik einen Kompromiß zu schließen hat, zwischen lediglich wachstumsorientierten, lediglich stabilitätsorientierten und lediglich versorgungsorientierten regionalpolitischen Strategien" [3].

---

1) Vgl. Kapitel 3.1. (I. Teil).

2) Vgl. Kapitel 5. (I. Teil).

3) MARX, D., Überlegungen zur regionalpolitischen Konzeption ausgeglichener Funktionsräume, in: Raumforschung und Raumordnung, 31 (1973), S. 48. Vgl. auch ders., Zur Konzeption ausgeglichener Funktionsräume als Grundlage einer Regionalpolitik des mittleren Weges, in: Ausgeglichene Funktionsräume, Grundlagen für eine Regionalpolitik des mittleren Weges, a.a.O., S. 1 ff. Weitere Einzelheiten bei BAHLBURG, M., Zur Regionalpolitik des "mittleren Weges", in: Raumforschung und Raumordnung, 30 (1972).

Insbesondere besteht zwischen den versorgungs- und wachstumsorientierten Strategien die Gefahr eines Zielkonfliktes. Obwohl beide Konzepte darin übereinstimmen, daß eine schwerpunktmäßige Verdichtung der Besiedlung und eine Konzentration der Infrastruktur notwendig sind, sind Konflikte dann zu erwarten, wenn konkrete Planungsnormen für Entwicklungs- bzw. Versorgungsschwerpunkte zu entwickeln sind [1] und letztlich, wenn zu entscheiden ist, mit welcher Priorität die knappen öffentlichen Mittel verteilt werden.

Vornehmlich bei einer kurzfristigen Betrachtungsweise wird eine primär sozial motivierte Regionalpolitik zu Wachstumseinbußen führen können. Langfristig sind jedoch positive Interdependenzen zwischen den ökonomischen und sozialen "Argumentvariablen" [2] zu erkennen: "Einerseits ist wirtschaftliches Wachstum erforderlich, damit den regionalpolitischen Akteuren öffentliche Einnahmen für Infrastrukturinvestitionen zur Verfügung stehen, während andererseits der Ausbau der Infrastruktur (in den bislang unterversorgten Räumen - d.Verf.) günstige Bedingungen für die Verwirklichung wirtschafts- und gesellschaftspolitischer Ziele schafft." [3]

Konsequenterweise muß demnach das wachstumsorientierte System von Entwicklungsschwerpunkten ergänzt werden durch ein System von Versorgungszentren. [4]

---

1) Vgl. STORBECK, D. und LÜCKE, M., Die gesellschaftspolitische Relevanz regionalpolitischer Ziele, a.a.O., S. 46.

2) ALTEVOGT, R., Zur Berücksichtigung regionalpolitischer Forderungen bei der Gestaltung des kommunalen Einnahmesystems, Diss. Münster 1971, S. 73.

3) Ebenda, S. 74.

4) Vgl. dazu die Forderungen, die KLAASSEN an die economic and social area redevelopment policy stellt. KLAASSEN, L.H., Methods of Selecting Industries for Depressed Areas. An Introduction to Feasibility Studies, in: Developing Job Opportunities. OECD Publication, Vol. 2, Paris 1967, S. 21.

3. Das Konzept der zentralen Orte als Instrument der versorgungsorientierten Regionalpolitik

3.1. Der theoretische Hintergrund - W. CHRISTALLERs Theorie der zentralen Orte

Ausgangspunkt der CHRISTALLERschen Untersuchung war die Frage nach den Gesetzmäßigkeiten, "die die Anzahl, Größe und Verteilung der Städte bestimmen" [1].
Im Gegensatz zu anderen Geographen [2], die bereits zuvor mit Hilfe der historisch-induktiven Methode Erklärungsversuche zum gleichen Problembereich geliefert hatten, ging CHRISTALLER deduktiv vor. Aufbau und Ergebnis seines theoretischen Modells seien kurz skizziert.

Nach CHRISTALLER zeichnet sich ein zentraler Ort dadurch aus, daß er "Mittelpunkt eines Gebietes" [3] ist. Seine Zentralität resultiert aus einer "relativen Bedeutung" in bezug auf die ihn umgebenden sogenannten "dispersen Siedlungen", die erkennbar wird in dem Angebot an bestimmten Gütern und Diensten. [4] Derartige "zentrale" Güter und Dienste, die vornehmlich wegen ihrer mangelnden Transportfähigkeit räumlich konzentriert angeboten werden müssen, stammen hauptsächlich aus dem Leistungsbereich des

---

1) CHRISTALLER, W., Die zentralen Orte in Süddeutschland. Eine ökonomisch-geographische Untersuchung über die Gesetzmäßigkeiten der Verbreitung und Entwicklung der Siedlungen mit städtischen Funktionen, Jena 1933, S. 11.

2) Vgl. u.a. SCHRADER, E., Die Städte Hessens, in: Jahresberichte des Frankfurter Vereins für Geographie, 84.-86. Jg., Frankfurt 1922;
DÖRNIES, H., Entstehung und Formenbildung der niedersächsischen Stadt. Forschungsnachrichten zur deutschen Landes- und Volkskunde, Bd. 27, Stuttgart 1929.

3) CHRISTALLER, W., Die zentralen Orte in Süddeutschland, a.a.O., S. 23.

4) Ebenda, S. 24.

tertiären Sektors.[1] Vielfach wird deshalb CHRISTALLERs Theorie als Lokalisierungsgesetz des tertiären Bereichs bezeichnet.[2]

In CHRISTALLERs Modell befinden sich zentrale und disperse Orte in einer Ideallandschaft, in der sich - ungeachtet topographischer Einflüsse - sowohl die Bevölkerung mit homogenen Bedürfnisstrukturen als auch die Kaufkraft gleichmäßig über die Fläche verteilen. Die Transportaufwendungen, die den Wirtschaftssubjekten bei der Inanspruchnahme der zentralen Leistungen erwachsen, sind allein eine Funktion ihrer Entfernung vom zentralen Ort. Die Wirtschaftssubjekte fragen einheitlich die zentralen Leistungen an demjenigen zentralen Ort nach, der ihnen am nächsten ist. Konkurrierendes Verhalten der Orte als Anbieter zentralörtlicher Leistungen wird ausgeschlossen.

Wesentlich für die Ableitung der zentralörtlichen Hierarchie und die Einstufung zentraler Güter und Dienste in solche niederer und höherer Ordnung sind die Reichweiten bzw. Marktbereiche der einzelnen zentralen Leistungen. Die Obergrenze eines Marktbereichs ist bei einem zentralen Gut dann erreicht, wenn die "disperse Bevölkerung" wegen der zu hohen Transportkosten das Gut nicht mehr nachfragt, die "untere Grenze der Reichweite eines zentralen Ortes wird ... bestimmt durch die Mindestmenge des Verbrauchs dieses zentralen Gutes, die erforderlich ist, damit sich die Produktion oder das Angebot des

---

1) Vgl. MÜLLER, J.H. und P. KLEMMER, Das theoretische Konzept Walter Christallers als Basis einer Politik der zentralen Orte. In: Zentrale Orte und Entwicklungsachsen im Landesentwicklungsplan, Forschungs- und Sitzungsberichte der Akademie für Raumforschung und Landesplanung, Bd. 56, Hannover 1969, S. 14 f.

2) So u.a. JOST, P. von, Entwicklungstendenzen der Wirtschaftsstruktur und die räumliche Ordnung, in: Raumforschung und Raumordnung, 21. Jg. (1964), S. 78.

zentralen Guts rentiere" [1].
Die Bereitschaft der dispers Wohnenden, zentrale Güter auch über große Entfernungen hinweg nachzufragen, wird - je häufiger ein Gut benötigt wird - sinken. Güter des täglichen Bedarfs werden demnach eine relativ geringe Reichweite besitzen. Ihr "Zentralitätsgrad" ist entsprechend niedrig einzustufen.

Bei vergleichsweise selten nachgefragten zentralen Gütern kann einerseits wohl die Bereitschaft, größere Entfernungen zum Anbieter zu überwinden, relativ hoch eingeschätzt werden. Andererseits wird vielfach wegen der geringen Nachfragehäufigkeit die produktionstechnisch determinierte Untergrenze entsprechend hoch liegen.

Als Resultat der bislang angeführten Modellvoraussetzungen deduziert CHRISTALLER eine Siedlungsstruktur, in der die Marktgebiete der einzelnen zentralen Güter die Form regelmäßiger Sechsecke haben. Im geometrischen Mittelpunkt dieser hexagonalen Marktgebiete - in den zentralen Orten - werden diese Güter angeboten. Die Hierarchie der zentralen Orte ergibt sich aus der Art und Qualität der in ihnen angebotenen zentralen Güter. Orte mit hoher Zentralität bieten für ein entsprechend großes Marktgebiet Leistungen mit hoher Reichweite an. Innerhalb dieses Gebietes existieren wiederum flächendeckend kleinere sechseckige Marktgebiete mit Orten niedriger Zentralität, in denen zentrale Güter mit geringerer Reichweite angeboten werden.

Diese streng hexagonale Markt- und Siedlungsstruktur ist generell ökonomisch (marktwirtschaftlich) determiniert. Allerdings übersieht CHRISTALLER nicht, daß andere Einflußfaktoren die Regelmäßigkeit seines Systems stören

---

1) CHRISTALLER, W., Die zentralen Orte in Süddeutschland, a.a.O., S. 59.

können. So erklärt er mit dem "Verkehrsprinzip", "warum zentrale Orte an Flüssen und anderen Verkehrswegen wie Perlen an der Schnur, ziemlich eng beeinander liegen und ihre Ergänzungsgebiete elliptische Form ... haben" [1]. Weitere Abweichungen gehen zu Lasten der politisch-sozialen Verhältnisse, der "Autorität der staatlichen und herrschaftlichen Macht", die bei CHRISTALLER im Gegensatz zur "Autorität der (ökonomischen - d. Verf.) Ratio" [2] steht.

An der vorrangig systembildenden Kraft der zentralen Güter hält CHRISTALLER jedoch weiterhin fest: "Das Versorgungsprinzip stellt das primäre und Hauptverteilungsgesetz dar, das Verkehrsprinzip und das Absonderungsprinzip (das politisch-soziale Prinzip - d. Verf.) sind jedoch nur sekundäre Deviationsgesetze, deren Wirksamkeit nur unter gewissen Bedingungen tatsächlich in Erscheinung tritt." [3]

3.2. Der Erkenntniswert der CHRISTALLERschen Siedlungstheorie für eine versorgungsorientierte Regionalpolitik

Wenn auch der Umfang der wissenschaftlichen Abhandlungen [4], die sich mit CHRISTALLERs Theorie der zentralen Orte und

---

1) MALCHUS, V. Frhr. v., Theoretische Aspekte zur Untersuchung von Verflechtungsbereichen zentraler Orte, in: Versorgungsnahbereiche als Kleinzentren im ländlichen Raum, Hannover 1969, S. 42.

2) CHRISTALLER, W., Die zentralen Orte in Süddeutschland, a.a.O., S. 85.

3) Ebenda, S. 254.

4) Beispielsweise die Bibliographien:
BERRY, B.J.L. und PRED, A., Central place studies. A bibliographie of theory and applications inducing supplement through 1964, Hrsg.: Regional Science Research Institute, Philadelphia, Pennsylvania 1965; KRONER, G., Die zentralen Orte in Wissenschaft und Raumordnungspolitik, in: Institut für Raumforschung, Informationen, 14. Jg. (1964), Nr. 13, S. 421 ff.;
Fortsetzung auf S. 34

ihrer Weiterentwicklung besonders durch LÖSCH [1] und von BÖVENTER [2] befassen, auf eine Renaissance dieses Grundlagenwerkes hindeuten, wenn auch CHRISTALLERs Modell als ein "Meilenstein in der Entwicklung der Raumwirtschaftstheorie und -politik" [3] bezeichnet wird und die zentralörtliche Gliederung der räumlichen Siedlungsstruktur als wesentliches Strukturelement von der praktischen Raumordnungspolitik akzeptiert zu sein scheint, [4] so soll doch der Aussage- und Anwendungswert des CHRISTALLERschen Systems als Basis für eine versorgungsorientierte Landesentwicklungspolitik kritisch analysiert werden.

Ansatzpunkte für eine Kritik unter methodologischen Aspekten finden sich in der Konstruktion seiner Theorie: Aus einem System von axiomatisch vorgegebenen Annahmen und Definitionen wird als zwangsläufiges Ergebnis die zentralörtliche Siedlungsstruktur deduziert. [5]

Geht man von dem wesentlichen Anspruch einer Theorie aus, reale Tatbestände - in dem konkreten Fall: Siedlungsstrukturen - zu erklären, [6] so steht und fällt die-

---

Fortsetzung von S. 33
4) Zentrale Orte. Literaturzusammenstellung, Hrsg.: Deutscher Verband für Wohnungswesen, Städtebau und Raumplanung e.V., Köln 1965.

1) LÖSCH, A., Die räumliche Ordnung der Wirtschaft, 3. Aufl., Stuttgart 1962.

2) BÖVENTER, E. v., Die Struktur der Landschaft, Versuch einer Synthese und Weiterentwicklung der Modelle J.H. von Thünens, W. Christallers und A. Löschs, in: Optimales Wachstum und optimale Standortverteilung, S.77-133, Berlin 1962 (Schriften des Vereins für Socialpolitik, N.F., Bd. 27).
3) KLATT, S., Zentrale Orte - Schwache Punkte einer regionalpolitischen Konzeption, in: Volkswirtschaftliche Korrespondenz der Adolf-Weber-Stiftung, 12. Jg.,Nr.7, Frankfurt/Main 1973.
4) Vgl. Kapitel 5. (I. Teil).
5) Vgl. MÜLLER,J.H. und P.KLEMMER,Das theoretische Konzept Walter Christallers als Basis einer Politik der zentralen Orte, a.a.O., S. 14.
6) Vgl. ALBERT, H., Probleme der Theoriebildung. Entwicklung, Struktur und Anwendung sozialwissenschaftlicher Theorien, in: Theorie und Realität, hrsg. v. Hans ALBERT, Tübingen 1964, S. 47.

ser Anspruch mit der "Realistik ihrer Annahmen" [1]. Realitätsferne Prämissen immunisieren eine Theorie gegen jeden empirischen Test und verhindern damit, daß sich die Theorie im Lichte relevanter Kritik, d.h. in der Konfrontation mit Tatsachen bewähren kann. [2] Eine Abweichung der von der Theorie prognostizierten Ergebnisse von der Realität wird dann nicht zur Falsifikation der Theorie und damit zu möglichen neuen Erkenntnissen führen, sondern kann einfach der Nicht-Erfüllung der grundlegenden Annahmen angelastet werden. [3]

Unter diesem Aspekt erscheint nun CHRISTALLERs Theorie anfechtbar. Beispielsweise wird gegenüber der "idealen" Landschaft seines Modells die reale Landschaft durch eine unregelmäßige Verteilung der Bevölkerung und deren Kaufkraft als Folge vornehmlich historischer Prozesse charakterisiert. [4] Weiterhin werden entscheidende Präferenzen der Wirtschaftssubjekte, die in der Attraktivität bestimmter Agglomerationen deutlich werden, vernachlässigt und allein die ökonomische Rationalität (die Nachfrage in Abhängigkeit von Transportaufwendungen) als systemformendes Strukturmerkmal herangezogen. [5]

Einen weiteren, zumindest ebenso schwerwiegenden Mangel zeigt CHRISTALLERs Theorie hinsichtlich ihrer logischen Struktur, ihrer internen Beschaffenheit. Aus der bereits

---

1) ALBERT, H., Probleme der Theoriebildung, a.a.O., S. 32.

2) Vgl. ebenda, S. 58.

3) Vgl. ebenda, S. 32 f.

4) Vgl. MÜLLER, J.H. und P. KLEMMER, Das theoretische Konzept Walter Christallers als Basis einer Politik der zentralen Orte, a.a.O., S. 18.

5) Vgl. ebenda.

kritisierten Annahme der regelmäßigen Bevölkerungsverteilung resultiert insofern ein innerer Widerspruch, als gerade die Entwicklung zentraler Orte lokal unterschiedliche Bevölkerungsmassierungen impliziert. [1]

Neben dieser mehr methodologischen Kritik kann gegen das CHRISTALLERsche Modell der Einwand erhoben werden, daß es in erster Linie die Produktionsbedingungen der Landwirtschaft mit ihren flächenbindenden Wirkungen auf die räumliche Bevölkerungsverteilung berücksichtigt, die industriellen Produktionsbedingungen und deren Wirkungen auf die Bevölkerungsverteilung dagegen noch nicht adaptiert hat. [2] Obwohl CHRISTALLER selbst die Existenz spezifischer Standortgesetzmäßigkeiten der industriellen Produktion bestätigt, [3] unterläßt er es, deren Auswirkungen auf die Siedlungsstruktur in sein Modell zu internalisieren. Vielmehr fordert er, den Industriebereich als störenden Faktor seines Systems zu isolieren und in seinen Raumwirkungen zu neutralisieren. [4]

DIETRICHS sieht in diesem Wechsel vom Erklären beobachteter Strukturphänomene in das Postulieren optimaler

---

1) Vgl. KLATT, S., Zentrale Orte - Schwache Punkte einer regionalpolitischen Konzeption, a.a.O.; MÜLLER, J.H. und P. KLEMMER, Das theoretische Konzept Walter Christallers als Basis einer Politik der zentralen Orte, a.a.O., S. 18.

2) Vgl. DIETRICHS, B., Die Theorie der zentralen Orte, Aussage und Anwendung heute, in: Raumforschung und Raumordnung, 24. Jg. (1966), S. 259.

3) Vgl. CHRISTALLER, W., Rapports fonctionnels entre les agglomerations urbaines et les campagnes, in: Comptes rendus an congrès international de géographie, Amsterdam 1938, S. 127 ff.

4) Vgl. DIETRICHS, B., Die Theorie der zentralen Orte, a.a.O., S. 261.

Strukturen eine Reaktion auf das Scheitern einer umfassenden Erklärung aller raumstrukturellen Zusammenhänge, eine Art "Flucht nach vorn", "indem einige partielle, als zentral erkannte Zusammenhänge zum Bild einer anzustrebenden Gesamtstruktur zusammengefügt wurden" [1].

Eine Neutralisierung der industriellen Standortgesetzmäßigkeiten erscheint angesichts der heutigen Strukturverhältnisse einer ausgesprochenen Industriegesellschaft unrealistisch. In Anbetracht der Bedeutung der Städte als Industriestandort und der darin begründeten Wachstumskräfte [2] ist es bedenklich, den "Hauptberuf" einer Stadt vornehmlich in der Erstellung zentraler Güter und Dienste zu sehen und die industrielle Produktion als systemfremden Überbau ohne Wechselbeziehung zu den zentralen Funktionen zu betrachten. [3]

Trotz aller Kritik wird gelegentlich in der Literatur davon gesprochen, CHRISTALLER habe am Beispiel des süddeutschen Raumes seine Theorie verifiziert. [4] Abgesehen davon, daß generell eine "geglückte" empirische Überprüfung einer Theorie weniger als Wahrheitsentscheid (Verifikation), sondern eher als "mißglückter" Falsifikationsversuch betrachtet werden sollte, [5] zeigen die der Theo-

1) DIETRICHS, B., Die Theorie der zentralen Orte, a.a.O., S. 261.

2) Vgl. BORRIES, H.-W.v., Ökonomische Grundlagen der westdeutschen Siedlungsstruktur, Hannover 1969, S.57.

3) Vgl. MÜLLER, J.H. und P. KLEMMER, Das theoretische Konzept Walter Christallers als Basis einer Politik der zentralen Orte, a.a.O., 19.

4) U.a. BÖVENTER, E.v., Die Struktur der Landschaft, a.a.O., S. 96; DIETRICHS, B., Die Theorie der zentralen Orte, a.a.O., S. 262; FISCHER, G., Praxisorientierte Theorie der Regionalforschung, Tübingen 1973, S. 234.

5) Vgl. POPPER, K., Logik der Forschung, 3. Aufl. (Die Einheit der Gesellschaftswissenschaften, Studien in den Grenzbereichen der Wirtschafts- und Sozialwissenschaften, Bd. 4), Tübingen 1969.

rie widersprechenden Ergebnisse anderer Tests (zu einem späteren Zeitpunkt in anderen Räumen) [1], daß mit dem süddeutschen Raum CHRISTALLER nur e i n bestimmtes Raum-Zeit-Gebiet gefunden hat, in dem sein Modell "gilt". [2] Unter diesen Umständen ist dieser Test eher als "Illustration" denn als Verifikation seiner Theorie zu klassifizieren.

Zusammenfassend lassen die angeführten Kritikansätze erkennen, daß CHRISTALLERs Theorie der zentralen Orte nur im engen Zusammenhang mit der Problemsituation ihres Entstehungszeitraums zu betrachten ist. Indem sie die Ordnungsprinzipien der vorindustriellen Siedlungsstruktur aufzeigt,kann sie wohl die historischen Grundlagen der modernen Siedlungsstruktur erklären, als Modell zur Erklärung realer Siedlungsstrukturen der Industriegesellschaft und zur Prognose ihrer Entwicklungstendenzen erscheint sie (ohne weitgehende Ergänzungen) dagegen ungeeignet. [3] Ähnlich resümiert G. IPSEN: "Die Deduktion gilt nur für solche Fälle, die auf dem Grundverhältnis der Land- und Amtsstadt aufbauen. Es ist die städtisch entfaltete Agrargesellschaft und ihr Staatsgebiet, die hier begriffen werden - mit einem Wort: das vorindustrielle Städtewesen." [4]

Trotz aller Schwächen oder möglicherweise - so KLATT - wegen des Fehlens einer "besseren" allgemeingültigen Theorie ist die Theorie der zentralen Orte von der Raumordnungspolitik auf Bundes- und Landesebene vor ein bis

---

1) U.a. NEEF, E., Das Problem der zentralen Orte, in: Petermanns geographische Mitteilungen, 94. Jg. (1950), H. 1, S. 6 ff.; SPITTA, P., Die nahzentralen Orte der Stadt Oldenburg, Dt. Geographische Blätter, 45, Bremen 1949, S. 81-206.

2) Vgl. ALBERT, H., Probleme der Theoriebildung, a.a.O., S. 33 f.

3) Vgl. BORRIES, H.-W.v., Ökonomische Grundlagen der westdeutschen Siedlungsstruktur, a.a.O., S. 57.

4) IPSEN, G., Art. Stadt, IV. Neuzeit, in: Handwörterbuch der Sozialwissenschaften, Bd. 9, Stuttgart, Tübingen, Göttingen 1956, S. 795.

zwei Jahrzehnten entdeckt worden. [1] Unausgesprochen hat sich allerdings damit ein inhaltlicher Wandel des Begriffs "zentraler Orte" von einem Bestandteil einer allgemeingültigen ökonomischen Theorie zu einem Leitbild in der Politik vollzogen. [2] Wie die Untersuchung der Institutionalisierung des Zentrale-Orte-Konzeptes durch die politischen Praxis im weiteren Verlauf der Arbeit noch ausführlich zeigen wird, [3] haben das Raumordnungsgesetz des Bundes und die Landesentwicklungsprogramme und -pläne der Länder das zentralörtliche Gliederungsprinzip zur Norm einer anzustrebenden Siedlungsstruktur und damit zur Norm für die Verteilung der öffentlichen Infrastrukturinvestitionen im Raum erklärt. Diesen Vorgang kritisiert GUSTAFSSON ein wenig überpointiert: "Das Zentralortsystem wird (wurde) wegen seiner geometrischen Faszination in der Raumordnungspolitik zum Ziel erhoben, oder aber es wird eine Annäherung der räumlichen Verteilung der tertiären Einrichtungen an die CHRISTALLERschen Ergebnisse angestrebt, weil durch sie eine 'optimale' Versorgung der Bevölkerung mit tertiären Diensten erreicht werden soll." [4] Gleichwohl kann die Existenz derartiger politisch-normativer Aussagen allein nicht darüber hinwegtäuschen, daß die Zentrale-Orte-Konzeption auf einem bis jetzt noch fragmentarischen

---

1) Vgl. KLATT, S., Zentrale Orte - Schwache Punkte einer regionalpolitischen Konzeption, a.a.O.

2) Vgl. DITTRICH, E., Zur Begriffsbildung und zum Bedeutungswandel der Begriffe in der Raumforschung, in: Informationen, 14. Jg. (1964), S. 39-58.

3) Vgl. Kapitel 5. (I. Teil).

4) GUSTAFSSON, K., Grundlagen zur Zentralitätsbestimmung, dargestellt am Beispiel der Region "Westküste Schleswig-Holstein", Hannover 1973, S. 7.

theoretischen Untergrund aufbaut. [1] Unbestritten erscheint jedoch die Notwendigkeit zur Konzentration bestimmter Einrichtungen in zentralen Orten, wenn man - unter der Restriktion knapper Ressourcen - die Bevölkerung einer Region optimal mit 'zentralen' Gütern und Diensten versorgen will. Ebenso unzweifelhaft benötigen die jeweiligen zentralen Infrastruktureinrichtungen zur optimalen Auslastung aus ökonomischen und/oder technischen Gründen unterschiedlich große Konsumenten-(Bevölkerungs-)zahlen, mit anderen Worten unterschiedlich große Markt- bzw. Versorgungsgebiete. Hieraus ergibt sich nahezu zwangsläufig eine räumliche Staffelung der verschiedenen Versorgungsleistungen. [2]

Ein der CHRISTALLERschen Theorie entsprechendes "reines" System von zentralen Orten, in dem sich die Einzugsbereiche zentraler Einrichtungen niederer Stufe flächendeckend und überschneidungsfrei in den Einzugsbereich der Einrichtungen der nächst höheren Ordnung einfügen, kann hieraus nicht gefolgert und zum Ziel staatlicher Infrastrukturpolitik postuliert werden.

Bevor nun untersucht werden soll, in welchem Maße die Zentrale-Orte-Konzeption bereits in Programme und Pläne der politischen Aktoren - Bund und Länder - Eingang gefunden hat, werden in der der Thematik der vorliegenden Arbeit gemäßen Kürze einige Grundsatzfragen diskutiert, die sich zum einen aus der speziellen Problemsituation Nordrhein-Westfalens, zum anderen aus dem Bereich der Organisation des Planungsprozesses ergeben.

---

1) Vgl. MÜLLER, J.H. und P. KLEMMER, Das theoretische Konzept Walter Christallers als Basis einer Politik der zentralen Orte, a.a.O., S. 20.

2) Vgl. FISCHER, G., Praxisorientierte Theorie der Regionalforschung, a.a.O., S. 234.

3.3. Problem der Anwendbarkeit des Zentrale-Orte-Konzeptes in Verdichtungsgebieten

Nach dem Landesentwicklungsplan I (LEP) [1] [2] wird das Land Nordrhein-Westfalen in drei Zonen eingeteilt: Ballungskern, Ballungsrandzone, ländliche Zone. Nach dem Stand vom 30.12.1969 entfallen auf Ballungskern und Ballungsrandzonen - die Verdichtungsgebiete - nur insgesamt 22 % der Fläche, dagegen 66,4 % der Bevölkerung. [3]

Diese Zahlen zeigen, daß in Nordrhein-Westfalen vor allem die Anwendbarkeit der Zentrale-Orte-Planung in Verdichtungsgebieten und damit die flächendeckende Brauchbarkeit eines solchen Konzeptes überprüft werden müssen.

Dem zentralörtlichen Konzept ist eine Zuordnung der zu versorgenden Bevölkerung auf bestimmte zentrale Orte immanent (Zentrale Orte und deren Versorgungsbereich). Die räumliche "Zuweisung" wird dann problematisch, wenn - wie in den Verdichtungsgebieten zu beobachten ist - infolge einer hohen Siedlungsdichte und eines engmaschigen Verkehrsnetzes die Bevölkerung sich ohne besonderen finanziellen und zeitlichen Aufwand gleichzeitig zu mehreren gleichrangigen zentralen Orten hin orientieren kann. An die Stelle einer "geplanten" Fixierung der zu versorgenden Bevölkerung auf "ihre" zentralen Orte treten in Verdichtungsgebieten die freie Auswahl unter gleichrangigen zentralen Orten und die Konkurrenz der um eine Bedeutungssteigerung und damit verbundene Imageaufbesserung bemühten zentralen Orte. [4]

---

1) Landesentwicklungsplan I vom 28.11.1966, MBl.NW. 1966, S. 2260.

2) Änderung des Landesentwicklungsplans I vom 17.12.1970, MBl.NW. 1971, S. 200.

3) Ebenda, S. 201.

4) Vgl. BEUCHEL, M., Möglichkeiten und Grenzen der räumlichen Trennung zentraler Einrichtungen gleicher Stufe, Teil I. Grundsatzfragen - untersucht am Beispiel der geplanten zentralörtlichen Gliederung Baden-Württembergs -

Fortsetzung auf S. 42

Aus diesem in den Versorgungsbeziehungen indifferenten Verhalten der Bevölkerung resultieren vornehmlich bei der Allokation und Dimensionierung der zentralen Einrichtungen, deren Auswahl und Benutzung "freiwillig" erfolgt,[1] für die Zentralitätsplanung schwerwiegende Probleme.

Andererseits bieten der enge räumliche Zusammenhang und die relativ eng verknüpften Nahverkehrssysteme der Verdichtungsräume für die zentralörtliche Planung auch Vorteile. So können zwei oder mehr benachbarte Kommunen gemeinsam in wechselseitiger Ergänzung die Versorgung des Umlandes mit zentralörtlichen Leistungen wahrnehmen (Doppel- bzw. Mehrfachzentren) [2]. Eine Untersuchung der Möglichkeiten und Grenzen der räumlichen Trennung zentralörtlicher Einrichtungen gleicher Stufe hat allerdings tendenziell gezeigt, daß mit abnehmender Zentralität die Notwendigkeit der räumlichen Nachbarschaft der zentralen Einrichtungen vor allem im Interesse der zu versorgenden Bevölkerung zunimmt. [3]

Fortsetzung von S. 41

4) in: Zentralörtliche Funktionen in Verdichtungsräumen (Forschungs- und Sitzungsberichte der Akademie für Raumforschung und Landesplanung, Bd. 72), Hannover 1972, S. 119 f.

1) Im Gegensatz zu diesen "freiwilligen" Versorgungsbeziehungen sind sog. "Zwangsbeziehungen" zu sehen. Diese bestehen beispielsweise zu den "zuständigen" Behörden, zu bestimmten Schularten und gelegentlich bei der Wahl des Krankenhauses.
Vgl. BORCHERDT, Ch., Untersuchungen über zentrale Orte im Saarland und in Nord-Württemberg, in: Zentralörtliche Funktionen in Verdichtungsräumen, a.a.O., S. 169.

2) Vgl. Innenministerium Baden-Württemberg, Entwurf einer Denkschrift über Zentrale Orte und ihre Verflechtungsbereiche in Baden-Württemberg, Stuttgart 1968.

3) Vgl. BEUCHEL, M., Möglichkeit und Grenzen der räumlichen Trennung zentraler Einrichtungen gleicher Stufe, a.a.O., S. 125 ff.

Aufgrund der besonderen Problemlage in den Verdichtungsgebieten dominieren hier andere Zielsetzungen beim Ausbau des zentralörtlichen Versorgungssystems als im ländlichen Bereich. Während für die ländliche Bevölkerung zunächst ein angemessenes Versorgungsniveau in zumutbarer Entfernung geschaffen werden soll, erscheint in den Verdichtungsräumen in der Regel eine derartige Mindestversorgung gesichert. Hier geht es vielmehr darum, durch den weiteren Ausbau vornehmlich der unteren und mittleren Zentralitätsstufen in den Ballungsrandzonen diejenigen Zentren in den Verdichtungskernen zu entlasten, deren Funktionsfähigkeit infolge der räumlichen Enge und/oder der erschwerten Zugänglichkeit (wachsende Verkehrsprobleme) gefährdet ist. [1)]

Gleichermaßen soll durch die Förderung dieser Zentren deren Attraktivität gesteigert werden, damit sie "angesichts der zunehmenden Ferne der Wohnviertel der Außenbezirke zum städtischen Zentrum und seinen Symbolen" über ihre Versorgungsfunktion hinausgehend gleichzeitig "einen lokalen Orientierungs-, Identifikations- und Integrationsraum bilden" [2)] können.

---

1) Vgl. BEUCHEL, M. Möglichkeiten und Grenzen der räumlichen Trennung zentraler Einrichtungen gleicher Stufe, a.a.O., S. 120.

2) HEIL, K., Modelluntersuchungen zur Zentrumsplanung, in: Stadtbauwelt, 20/1968, S. 1481.

4. Die Koordinationsproblematik der zentralörtlichen Infrastrukturplanung in föderativen Staatsgebilden

4.1. Der Koordinationsbedarf

Zentralitätsplanung bedeutet - wie bereits gezeigt - in erster Linie Infrastrukturplanung. Zur Versorgung der über den Raum verteilten Bevölkerung soll an geeigneten Plätzen - den "zentralen Orten" - neben den zentralen privaten Einrichtungen ein Bündel an Infrastruktureinrichtungen angeboten werden, deren Art und Umfang von dem Rang des Ortes im zentralörtlichen Versorgungssystem bestimmt wird. Ein derartiges zentralörtliches System setzt sich im einzelnen aus Elementen spezieller funktionaler Systeme zusammen, z.B. des Bildungs-, Gesundheits-, Verkehrswesens usw. [1] Die Entscheidungen über diese speziellen Subsysteme fallen nach dem Verfassungsrecht der Bundesrepublik Deutschland nicht zentral, sondern in den verschiedenen Ebenen der föderalen Staatsorganisation und/oder innerhalb dieser Ebenen in unterschiedlichen Fachbereichen (Ressorts).

Die rationale Planung eines derart umfassenden Infrastruktursystems gerät damit - so STERN - "in ein Spannungsverhältnis sowohl mit der vertikalen Gliederung unseres Staatsaufbaus in die drei Ebenen Bund, Länder und Gemeinden als auch mit der horizontalen Funktionstrennung unseres Regierungssystems, das einmal in Legislative und Exekutive und zum zweiten in die die Regierung durchziehende Trias von Kanzler-, Kollegial- und Ressortprinzip gegliedert ist (Art. 20, Abs. 2, Satz 2, Art. 65 GG)" [2].

---

1) BUCHANAN, C. and Partners, South Hampshire Study, London 1966.

2) STERN, K., Rationale Infrastrukturpolitik und Regierungs- und Verwaltungsorganisation, in: Grundfragen der Infrastrukturplanung für wachsende Wirtschaften, hrsg. v. H. ARNDT und D.SWATEK (Schriften des Vereins für Socialpolitik, N.F., Bd. 58), Berlin 1971, S. 71.

Wenn verhindert werden soll, daß infolge derart zersplitterter Entscheidungsstrukturen die Infrastrukturplanung in isolierte, ressortpartikularistisch vertretene Teilpolitiken zerfällt, [1] müssen die Entscheidungen der einzelnen Akteure in sachlicher, zeitlicher und räumlicher Hinsicht abgestimmt, koordiniert werden. [2]

Infolge der horizontalen und vertikalen Politikverflechtungen ergibt sich die Notwendigkeit zur Koordination in mehrfacher Hinsicht: Die unterschiedlichen Ressorts und Politikbereiche in ein und derselben organisatorischen Einheit der politischen und administrativen Entscheidungsfindung, d.h. die einzelnen Fachplanungen der für die verschiedenen zentralörtlichen Einrichtungen zuständigen Ministerien des Bundes und der Länder erfordern eine "interne Koordinierung" (H.K. SCHNEIDER), zwischen den Organisationen über- bzw. nachgeordneter regionaler Einheiten (Bund-Länder-Gemeinden) muß eine sog. "externe vertikale Koordinierung" vorgenommen werden, und letztlich zwischen den einzelnen (gleichrangigen) Organisationen derselben Staatsebene (Gemeinden, Länder) stellt sich die Aufgabe der "externen horizontalen Koordinierung" [3].

Der Bereich der Koordination erstreckt sich einerseits auf die Wert- und Zielsysteme der Akteure als die wesentlichen Determinanten ihrer Entscheidungen, [4] andererseits auf die Maßnahmen, die zur Realisation der Zielvorstellungen ergriffen werden sollen, denn auch ver-

---

1) STERN, K., Rationale Infrastrukturpolitik und Regierungs- und Verwaltungsorganisation, a.a.O., S. 70.

2) Vgl. SCHNEIDER, H.K., Plankoordinierung in der Regionalpolitik, in: Rationale Wirtschaftspolitik und Planung in der Wirtschaft von heute, hrsg. v. Erich SCHNEIDER, Berlin 1967, S. 239.

3) Ebenda, S. 239 f.

4) Ebenda, S. 242.

einheitlichte bzw. identische Wert- und Zielsysteme induzieren nicht notwendigerweise "koordinierte" Maßnahmenbündel. Selbst nach einer perfekten Abstimmung der Ziele können aufgrund unterschiedlicher Informationen der Entscheidungsträger unterschiedliche Maßnahmen getroffen werden, die möglicherweise in ihrem Zusammenwirken die Zielerfüllung verhindern oder jedenfalls stören. [1]

Allgemein erfordert eine vertikale Zielkoordinierung in einer föderalen Staatsorganisation zunächst die Existenz von operationalen Hauptzielen für das Gesamtgebiet. [2] Operational sind nach STORBECK in Anlehnung an H. ZIMMERMANN Zielformulierungen dann, wenn sich aus ihnen "gegenüber einer bestehenden Ausgangssituation die angestrebte Zielsituation genau herleiten läßt" [3]. Hinsichtlich der siedlungsstrukturellen Konzeption und damit verbundener infrastruktureller Aktivitäten hätten derartige konkrete Aussagen im Raumordnungsgesetz des Bundes vermutet werden können. Im Vorgriff auf die Analyse regionalpolitischer Zielsetzungen in der politischen Praxis [4] kann jedoch festgestellt werden, daß der Gesetzgeber beim Raumordnungsgesetz bewußt und mit ausdrücklichem Hinweis auf seine verfassungsrechtlichen Grenzen nur interpretier- und ausfüllungsfähige "Grundsätze der Raumordnung" formuliert hat. Demzufolge gibt es in der Raumordnungspolitik zwar ein

---

1) SCHNEIDER, H.K., Plankoordinierung in der Regionalpolitik, a.a.O., S. 245.

2) Ebenda, S. 249.

3) STORBECK, D., Zur Operationalisierung der Raumordnungsziele, a.a.O., S. 100; ZIMMERMANN, H., Zielvorstellungen in der Raumordnungspolitik des Bundes, in: Jahrbuch für Sozialwissenschaften, Bd. 17 (1966), S.240 ff.

4) Vgl. I. Teil, Kapitel 5.

"geschlossenes System von ineinandergreifenden Plänen und Koordinationsgremien, doch tragen sowohl die einen wie auch die anderen kaum zu einer exakten räumlichen, sachlichen und zeitlichen Koordination von Zielen, Instrumenten und Durchführungen innerhalb der Regionalpolitik bei" [1].

4.2. Ansätze zur horizontalen Koordination

Gilt die These, daß die Autoritätsstruktur eine der wesentlichen Bestimmungsgrößen für die Erfolgsaussichten von Koordinationsmaßnahmen ist, so müßte innerhalb der Organisation der Regierungsebenen wegen der Richtlinienkompetenz der Regierungschefs eine horizontale Ziel- und Maßnahmenkoordinierung relativ leicht zu realisieren sein. [2] Obwohl entsprechende Kommunikations- und Informationskanäle - wie interministerielle Ausschüsse, Kabinett und Kabinettsausschüsse - zwischen den Fachplanungen der einzelnen Ressorts existieren, tendieren die einzelnen Ressorts dazu, ihren Zielsetzungen "den autonomen Status von Sonderzielen beizumessen" [3] und ihren Kompetenz- und Machtbereich gegen jeden - wenn auch nur vermutlichen - Eingriff von außen zu verteidigen. Dieses Verhalten läßt sich u.a. durch die Theorie der "selektiven Perzeption" erklären, nach der sich durch die organisatorische Arbeitsteilung in den und zwischen den Ressorts deren Mitarbeiter auf bestimmte "eigene" Problembereiche konzentrieren, dagegen Problembereiche verdrängen,

---

1) HENNINGS, G., Grundlagen und Methoden der Koordination des Einsatzes raumwirksamer Bundesmittel, Münster 1972, S. 28.

2) Vgl. SCHNEIDER, H.K., Plankoordinierung in der Regionalpolitik, a.a.O., S. 247.

3) Ebenda.

die außerhalb ihrer Verantwortung liegen. [1] Derartige Ressortpartikularismen verursachen "im wesentlichen - einmal überspitzt formuliert - 'negative' Koordination ... überall dort, wo die vitalen Interessen eines anderen Ressorts betroffen sind" [2]. Erst dann, wenn andere konfliktfähige Beteiligte auftreten, werden die Problembereiche außerhalb der eigenen Verantwortungssphäre bewußt, können die durch isolierte Planung verletzten Interessen benachbarter Bereiche nicht mehr als "externe Kosten" der Planung behandelt werden. [3]

Aus dem Dilemma der "zentrifugalen Tendenzen der Infrastrukturfachplanungen" [4] einerseits und der Notwendigkeit einer integrierenden Planung eines Infrastruktursystems andererseits entstand der Vorschlag, die infrastrukturpolitischen Kompetenzen aus den relevanten Ressorts herauszulösen und einem "Infrastrukturministerium" zuzuweisen, das dann in erster Linie ein Koordinationsministerium sein sollte. [5]

---

1) Vgl. DEARBORN, D.C. und H.A. SIMON, Selective Perception, A Note on the Departmental Identifikation of Executives, Sociometry, 21, 1958, S. 140 ff.; MARCH, J.G. und H.A. SIMON, Organizations, New York 1958, S. 127 ff.

2) JOCHIMSEN, R., Zum Aufbau und Ausbau eines integrierten Aufgabenplanungssystems und Koordinationssystems der Bundesregierung, in: Bulletin des Presse- und Informationsamtes der Bundesregierung vom 16.7.1970, S. 950.

3) Vgl. SCHARPF, F.W., Planung als politischer Prozeß, Aufsätze zur Theorie der planenden Demokratie, Frankfurt/M. 1973, S. 53.

4) ZOHLNHÖFER, W., Lokalisierung und Institutionalisierung der Infrastrukturplanung im föderativen System: Das Beispiel der Gemeinschaftsaufgaben in der Bundesrepublik Deutschland, in: Theorie und Praxis der Infrastrukturpolitik, hrsg. von R. JOCHIMSEN und U.E.SIMONIS (Schriften des Vereins für Socialpolitik, N.F., Bd. 54), Berlin 1970, S. 705.

5) Vgl. STERN, K., Rationale Infrastrukturpolitik und Regierungs- und Verwaltungsorganisation, a.a.O., S. 81, desgl.: Erster Bericht zur Reform der Struktur von Bundesregierung und Bundesverwaltung der Projektgruppe für Regierungs- und Verwaltungsreform beim Bundesministerium des Innern, Bonn 1969.

Dieser Vorschlag ist in der Literatur zwiespältig aufgenommen worden. Während ZOHLNHÖFER in dieser Neukonstruktion eine Durchbrechung des Ressortprinzips sieht, [1)] hat STERN hinsichtlich dieser Änderung der Organisationsstruktur keinerlei verfassungsrechtliche Bedenken. Trotzdem lehnt auch er diesen Vorschlag ab, da er generell einer "Koordinierungsstelle auf der Ebene von Gleichgeordneten" kritisch gegenübersteht. [2)]

Ein anderer Vorschlag läuft darauf hinaus, die Planung der Infrastruktur von der Ebene der Ministerien abzuheben und sie dem Regierungschef, d.h. ihm direkt unterstellte Organisationseinheiten wie: Bundeskanzleramt bzw. Staatskanzleien unterzuordnen. [3)] Dieser Idee liegt jedoch eine unzulässige Interpretation der Richtlinienkompetenz des Bundeskanzlers zugrunde. Zwar kann sich die Richtlinienbestimmung auch in der Form fachlicher Aufgabenplanung manifestieren, "wenn das Prinzipielle seinen Sitz in der konkreten Sachfrage selbst hat" [4)]; eine durchgängige Planung der Infrastruktur - von der Planaufstellung und dem Beschluß über die Durchführung bis zur Planauswertung - würde diesen Rahmen jedoch sprengen und zu dem Gebot der Ressortfreiheit des Regierungschefs im Widerspruch stehen. [5)] Aus dem Recht des Regierungschefs,die Geschäftsbereiche seiner Ministerien

---

1) Vgl. ZOHLNHÖFER, W., Lokalisierung und Institutionalisierung, a.a.O., S. 705.

2) Vgl. STERN, K., Rationale Infrastrukturpolitik, a.a.O., S. 81.

3) Vgl. ZOHLNHÖFER, W., Lokalisierung und Institutionalisierung, a.a.O., S. 705.

4) SCHÄFER, H., Bulletin der Bundesregierung 175/176, 1965 , S. 1410.

5) Vgl. STERN, K., Rationale Infrastrukturpolitik, a.a.O., S. 82.

definieren zu können, erwächst ihm zugleich die Pflicht, alle Fachgebiete an die Ministerien zu überantworten. [1]

Der Zentralisierung einer durchgängigen Infrastrukturplanung auf der Ressortebene bzw. oberhalb dieser Ebene beim Regierungschef stehen also organisationstheoretische wie verfassungsrechtliche Hemmnisse entgegen. Allerdings können derartige berechtigte Bedenken nicht von der Notwendigkeit einer zentralen Koordinationsinstanz zwischen den infrastrukturpolitisch relevanten dezentralisierten Entscheidungseinheiten ablenken. Der Rückzug von einer verfassungsrechtlich unerwünschten, organisatorisch problemhaften zentralen Planung, wie sie in den Ansätzen skizziert wurde, kann sinnvollerweise nur in Form einer Reduktion des Planungsumfangs bzw. der Dichte der Planung erfolgen. An die Stelle einer Planung von der Präformation bis zur Plankontrolle tritt die Rahmenplanung, die mit dem Planungsmandat des Regierungschefs die sachlichen, zeitlichen und räumlichen Ziele der Infrastrukturpolitik absteckt, damit die Planungsträger in den einzelnen Ressorts bindet und deren Infrastrukturplanungsfragmente ex ante zu koordinieren versucht. Ihrer Bedeutung entsprechend wird diese Planung oberhalb der Ressortsebene, d.h. im Bundeskanzleramt bzw. Landes- oder Staatskanzleien eingesiedelt sein müssen.

Vergleichbare Lösungsansätze, die das Kabinettprinzip als Koordinationsmotor der Richtlinienkompetenz des Regierungschefs vorziehen, wollen den Planungsstab eher direkt dem Kabinett [2] bzw. Regierung und Kabinett [3] gleichermaßen zugeordnet sehen.

---

1) Vgl. STERN, K., Rationale Infrastrukturpolitik, a.a.O., S. 82.

2) Vgl. JOCHIMSEN, R., Planung der Aufgabenplanung, in: Finanzpolitik und Landesentwicklung, Forschungs- und Sitzungsberichte der Akademie für Raumforschung und Landesplanung, Bd. 84, Raum und Finanzen 3, Hannover 1972, S. 66.

3) Vgl. STERN, K., Rationale Infrastrukturplanung, a.a.O., S. 84.

Realisiert wurden bisher derartige integrierte Planungen vornehmlich in den Ländern. Daß sie hier eher als auf der Bundesebene organisiert werden konnten, liegt - nach Ansicht von SCHARPF - daran, daß horizontal verflochtene Planungssysteme leichter aus der ausführenden Verwaltung zu entwickeln sind als aus der Gesetzgebung. [1]

Die Ergebnisse dieser zentralen Planung erscheinen in Form von Landesentwicklungsprogrammen oder konkreter in Landesentwicklungsplänen. Diese Pläne setzen den Fachplanungen Fixpunkte für ihr eigenes Planen und Handeln: So werden beispielsweise bestimmte Räume als Standorte bestimmter Infrastrukturbündel fixiert, so werden zum Beispiel Infrastrukturkataloge vorgegeben, die - gestaffelt nach Zentralitätsgraden - die Mindestausstattungen der zentralen Orte mit öffentlichen Einrichtungen präjudizieren.

Allein schon wegen dieser Bindungswirkungen kann eine integrierte Gesamtplanung nur unter der Beteiligung der Ressorts bzw. der dort angesiedelten Fachplanungen erfolgen. Eine Planung wird nur dann erfolgreich realisiert werden können, wenn die Instanzen (z.B. Ressorts) [2], die mit der konkreten Entscheidung und Durchführung beauftragt sind, an ihrer Konzeption partizipieren konnten, wenn also Planung "als konkret und detailliert im voraus durchdachte und entschiedene Politik" [3] begriffen wird.

---

1) Vgl. SCHARPF, F.W., Planung als politischer Prozeß, Aufsätze zur Theorie der planenden Demokratie, Frankfurt 1973, S. 129. "Die ausführende Verwaltung der Länder erzeugt und verfügt über jene Informationen und jene Problemkenntnisse, auf die treffsichere Planung sich stützen muß; und sie verfügt andererseits unmittelbar über das Instrumentarium der Planverwirklichung und der Plankorrektur, so daß das Fehlen eines eigenen Verwaltungsunterbaus den Bund in weiten Bereichen faktisch planungsunfähig und damit einflußunfähig hat werden lassen." SCHARPF,F.W., Alternativen des deutschen Föderalismus, in: Die Neue Gesellschaft, 21. Jg., 1974, H. 3, S. 238.

2) Die Beteiligung der Kommunen wird an anderer Stelle behandelt.

3) auf S. 52.

Zudem verstärkt noch der umfangreiche Informationsbedarf, der allein von den Fachressorts befriedigt werden kann, die Notwendigkeit einer Zusammenarbeit.

4.3. Ansätze zur vertikalen Koordination

Geht man von der gegenwärtigen Verteilung der Aufgaben auf die verschiedenen Ebenen der Gebietskörperschaften nach dem Prinzip der Subsidarität aus, so zeigt sich, daß wesentliche Elemente eines zentralörtlichen Infrastruktursystems - beispielsweise aus dem Bereich des Gesundheits- und Bildungswesens - von den kommunalen Gebietskörperschaften bereitzustellen sind. Es ist nun zumindest denkbar, daß die spezifischen Zielsetzungen der einzelnen Kommunen mit der überörtlichen Zielsetzung des Landes bzw. der Landesplanung konfligieren. Will das Land dennoch seinen Plan realisieren, so muß es über Instrumente verfügen, die es befähigen, die gemeindlichen Interessen unter die landesplanerische Zielsetzung zu subordinieren, d.h. die kommunale Infrastrukturpolitik so zu steuern, daß sie den gewünschten Beitrag zum Ausbau des zentralörtlichen Versorgungssystems leistet.

Zu diesem Zweck verfügt das Land zum einen über den sog. "Goldenen Zügel", in dem es seine Verfügungsmacht über umfangreiche Einnahmen dazu nutzt, die finanzielle Unterstützung des Landes mit entsprechendem Wohlverhalten der Kommunen zu koppeln (Problem der Zweckzuweisungen), zum

---

Fortsetzung von S. 51

3) ADERHOLD, D., Kybernetische Regierungstechnik in der Demokratie - Planung und Erfolgskontrolle -, Deutsches Handbuch der Politik, Bd. 7, München - Wien 1973, S. 107.

anderen über die staatliche Kommunalaufsicht, die allen raumbedeutsamen Planungen und Maßnahmen der Kommunen mit Hinweis auf die Anpassungspflicht gemäß § 1 III BBauG [1] und der sog. Beachtungspflicht des § 5 IV ROG [2] [3] die erforderliche Genehmigung versagen kann.

Ohne die Existenznotwendigkeit derartiger Instrumente grundsätzlich in Zweifel ziehen zu wollen, stellt sich jedoch die Frage, inwieweit sie mit dem in der Verfassung garantierten Selbstverwaltungsrecht der Kommunen und der damit begründeten Planungshoheit (Art. 28 II GG) in Einklang zu bringen sind oder - um die Hintergründe dieses staatlichen Handelns gleich mit in die Diskussion einzubeziehen - inwieweit bereits die Ziele der Landesplanung eine unzulässige Beeinträchtigung der kommunalen Autonomie implizieren. [4]

Zur verfassungsrechtlichen Entlastung der Landesplanung argumentiert u.a. NOUVORTNE, daß die landesplanerischen Ziele ohnehin nur derartige raumbedeutsame Planungen und Maßnahmen der Kommunen binden, die aufgrund ihrer überörtlichen Bedeutung nicht in den Bereich der "Ange-

---

1) Bundesbaugesetz vom 23. Juni 1960, BGBl. I, S. 341.

2) Raumordnungsgesetz vom 8. April 1965, a.a.O.

3) Dazu kommen noch die jeweiligen Bindungsklauseln der einzelnen Landesplanungsgesetze (z.B. § 15 Landesplanungsgesetz vom 1.8.1972, GV.NW., S. 244).

4) Vgl. BREUER, R., Die hoheitliche raumgestaltende Planung. Wirkungsbereich und Zusammentreffen von Planfeststellungen, fachlichen Nutzungsregelungen, Bauleitplänen und Plänen der Raumordnung, Bonner Rechtswissenschaftliche Abhandlungen, Bd. 80, Bonn 1968, S. 224 ff.

legenheiten der örtlichen Gemeinschaft" (Art. 28 II GG) fallen. [1] [2]

Bei dieser Argumentation geht NOUVORTNE allerdings von einer bedenklichen Interpretation des von der Verfassung geschützten Aufgabenbereichs der Gemeinden aus. Wollte man nach seinen Vorstellungen alle kommunalen Aktivitäten, die in irgendeiner Weise überörtliche Effekte zeigen, dem kommunalen Zuständigkeitsbereich entziehen, würde insbesondere wegen der mit Ausbau der Kommunikationswege wachsenden interkommunalen Verflechtungen der kommunale Selbstverwaltungsanspruch gegenstandslos. [3]

Mehrheitlich wird deshalb auch in der rechtswissenschaftlichen Literatur die Ansicht vertreten, daß es dem Grundgedanken der kommunalen Selbstverwaltung eher gerecht wird, wenn man unter den Begriff der örtlichen Angelegenheiten i.S.d. Art. 28 II GG alle diejenigen Regelungen und Maßnahmen subsumiert, "die sich im Hinblick auf den von ihnen direkt angesprochenen Personenkreis und/oder die von ihnen konkret erfaßte Fläche als örtlich begrenzt erweisen" [4].

Nach dieser Definition würde also der Aufgabenbereich der Kommunen durch die Bindungswirkungen der überörtlichen

---

1) NOUVORTNE, A., Raumordnung und Selbstverwaltungsgarantie, in: Verfassungs- und Verwaltungsprobleme der Raumordnung und Landesplanung, Schriftenreihe der Hochschule Speyer, Bd. 27, 1965, S. 47 ff.

2) Zur rechtsbegrifflichen Unterscheidung zwischen "örtlichen" und "überörtlichen" Aufgabenbereichen vgl. GÖB, R.; E. LAUX; J. SALZWEDEL und R. BREUER, Kreisentwicklungsplanung, Gutachten erstattet im Auftrage des Landkreistages Nordrhein-Westfalen, Köln u.a. 1974, insbes. S. 52 ff.

3) Vgl. HENDLER, R., Gemeindliches Selbstverwaltungsrecht und Raumordnung, Göttingen 1972, S. 22 f., ebenso BREUER, R., Die hoheitliche raumgestaltende Planung, a.a.O., S. 224 f.

4) HENDLER, R., Gemeindliches Selbstverwaltungsrecht und Raumordnung, a.a.O., S. 23 und dort zitierte Literatur.

Planungsziele betroffen. Diese Tatsache allein kann jedoch noch nicht als hinreichendes Indiz für eine Verletzung der relevanten Verfassungsnorm gelten, da Art. 28 II GG selbst eine Begrenzung des kommunalen Handlungsspielraums durch Gesetze zuläßt. [1] Verfassungswidrig wird diese Begrenzung (auch durch Gesetze) dann, wenn der Eingriff in den "Wesensgehalt oder Kernbereich" des kommunalen Selbstverwaltungsrechts durch den Erfolg, der mit der entsprechenden Eingriffsnorm erreicht werden soll (Realisierung bestimmter Ziele der Landesplanung), nicht mehr vernünftig gerechtfertigt werden kann. Erst wenn feststeht, in welchem notwendigen Austauschverhältnis kommunale Planungsautonomie mit der Realisationsmöglichkeit bestehender landesplanerischer (und damit gesellschaftspolitischer) Ziele steht, kann nach dem allgemeinen rechtsstaatlichen Prinzip der Verhältnismäßigkeit aus der Wertordnung der Verfassung ein zulässiges Maß der Rechtsbeeinträchtigung für die Kommunen deduziert werden. [2]

Im Idealfall wäre eine Subordinierung der Kommunen durch das Land überflüssig, wenn sich die Zielsetzungen des kommunalen Handelns und der Landesplanung deckten. Die gegenwärtigen Erfahrungen - so zum Beispiel im vielfach ruinösen Wettbewerb um Industrieansiedlungen [3] - lassen jedoch vermuten, daß die mikroökonomischen Ziele der Kommunen a priori kaum mit einer eher auf Angleichung der Lebensverhältnisse ausgerichteten Zielsetzung der Landesplanung harmonisieren werden.

---

1) Art. 28 II S. 1 GG: "Den Gemeinden muß das Recht gewährleistet sein, alle Angelegenheiten der örtlichen Gemeinschaft im Rahmen der Gesetze in eigener Verantwortung zu regeln."

2) Vgl. HENDLER, R., Gemeindliches Selbstverwaltungsrecht und Raumordnung, a.a.O., S. 37.

3) Zur Praxis des Gegeneinanderausspielens und der Erpressung von Gemeinden bei den Verhandlungen um die Förderung von Industrieansiedlungen siehe den Bericht: Hart am Rande der Legalität, Spiegel-Report über Industrieansiedlung in Westdeutschland, in: Der Spiegel, 26. Jg. (1972), H. 10.

Aus der vorangestellten Problemstellung heraus kann eine Beteiligung der Kommunen an der Aufstellung der überörtlichen Planungsziele zwei wichtige Funktionen erfüllen:

Erstens können im Prozeß der Planaufstellung den Kommunen umfangreiche Informationen über die bisherige Entwicklung des Gesamtraums, über den aktuellen Entwicklungsstand und über die von der Landesplanung programmierte Entwicklung (Entwurf eines Landesentwicklungsprogramms bzw. -plans) zugänglich gemacht werden. Erst aus dieser Gesamtschau sind den Gemeinden die vielfältigen Interdependenzbeziehungen erkennbar, die zwischen den einzelnen Gebietskörperschaften existieren bzw. nach den Vorstellungen der Landesplaner initiiert werden sollen.
Auf der Grundlage eines entsprechend gehobenen Informationsniveaus könnten die Kommunen nun ihre eigenen Zielsetzungen neu einschätzen, gegebenenfalls revidieren und der Gesamtzielsetzung anpassen. Möglicherweise "wandeln" sich auch vermeintlich kompetitive Zielbeziehungen zwischen den Kommunen selbst bzw. zwischen Kommunen und Land durch einen derartigen Informationsinput zu komplementären Beziehungen. Eine Kommune wird unter Umständen dann zugunsten einer größeren Nachbargemeinde freiwillig auf die Planung einer Hochschule verzichten, wenn ihr zunächst die Folgekosten einer derartigen Einrichtung in vollem Umfang dargestellt werden und gleichzeitig klargestellt wird, daß ihr wegen der räumlichen Nähe die Vorteile dieser Einrichtung erhalten bleiben. [1]

Zweitens könnte den Kommunen durch eine gemeinsame Planung der überörtlichen Zielsetzungen ein angemessenes Äquivalent für den mit den Bindungswirkungen verbundenen Autonomieverlust geboten werden. Im günstigsten Fall einer vollkommenen Übereinstimmung zwischen Land und Kommunen

---

1) Vgl. SCHNEIDER, H.K., Plankoordinierung in der Regionalpolitik, a.a.O., S. 256.

nach Feststellung der überörtlichen Ziele könnte realiter von einer Einschränkung der kommunalen Planungshoheit nicht mehr gesprochen werden. Die Kommunen wären dann an einen überörtlichen Planungsrahmen gebunden, den sie selbst mit konzipiert und voll akzeptiert hätten. Selbst wenn eine völlige Integration der Einzelziele auf freiwilliger Basis nicht erreicht werden könnte, erscheint es sinnvoller, die Konflikte zwischen der Landesplanung und den ihrer Zielsetzung konträren Kommunen im Stadium der Planaufstellung auszutragen als im Stadium der Planrealisierung.

Die Diskussion um die Eignung der Zweckzuweisungen im Rahmen des kommunalen Finanzausgleichs als Finanzierungsinstrument der zentralörtlichen Infrastruktur verliert dann ihre verfassungsrechtliche Problematik, wenn die Pläne, nach deren Maßgabe sie vom Land verteilt werden, unter einer am Grundgedanken des Art. 28 II GG adäquaten Mitwirkung der betroffenen Kommunen aufgestellt worden sind.

Das Raumordnungsgesetz des Bundes sieht in § 5 Abs. II Satz 2 eine qualifizierte kommunale Beteiligung bei der Aufstellung von Zielen der Raumordnung und Landesplanung vor. [1] Mit dieser Vorschrift konstituiert das Raumordnungsgesetz das sog. "Gegenstromprinzip" [2], mit dem bei einer überörtlichen und ressortübergreifenden Planung durch das Land die Interessen und Besonderheiten der "Einzelräume", insbesondere die Kräfte und Bestrebungen der kommunalen Ebene integriert werden sollen (§ 1 Abs. IV Raumordnungsgesetz) [3].

---

1) Raumordnungsgesetz vom 8. April 1965, a.a.O.

2) Dieser Terminus geht auf J. UMLAUF zurück. Vgl. UMLAUF, J., Wesen und Organisationen der Landesplanung, Essen 1958.

3) Vgl. BRÜGELMANN, H. und G. ASMUSS, Kommentar zum Raumordnungsgesetz, 2. Lfg., Mai 1966, § 5 Bem. III 6 a.

Die konkrete Form der kommunalen Mitwirkung wird durch die einzelnen Landesplanungsgesetze geregelt.

Grundsätzlich können in der bisherigen Praxis zwei Verfahren unterschieden werden:

1. die indirekte Mitwirkung über sog. Landesplanungsräte bzw. -beiräte und
2. die unmittelbare Mitwirkung der Kommunen, z.B. in Anhörungsverfahren.

<u>Ad 1:</u> Allein von der Zusammensetzung der Planungsräte bzw. -beiräte [1] erscheint es zumindest fragwürdig, ob über diese Institutionen eine hinreichende Berücksichtigung lokaler Interessen und Gesichtspunkte erfolgen kann. Die bereits geschilderten positiven Effekte, deretwegen die kommunale Beteiligung sinnvoll und notwendig erschien, werden über ein Gremium, in dem die kommunalen Vertreter in der Minderheit und deshalb leicht zu überstimmen sind, kaum erreicht werden können. [2]

<u>Ad 2</u>: Direkte Mitwirkungsverfahren vermögen dagegen kommunal geprägte und differenzierte Vorstellungen effektiver in den Feststellungsprozeß der überörtlichen Planung einzubringen und damit die Landesplanung zu einer gemeinsamen Aufgabe von Land und Selbstverwaltung zu machen.
Die meisten Länder sehen deshalb in ihren Planungsgesetzen neben den oben erwähnten indirekten Eingriffsmöglichkeiten auch unmittelbare Partizipationsverfahren vor: Beispielsweise wurde in Baden-Württemberg der Entwurf des Landesentwicklungsplans nach seiner Verabschiedung durch die Landesregierung gemäß § 14 Abs. II Landesplanungsgesetz

---

1) Vgl. hierzu beispielsweise die Landesplanungsgesetze von Bayern und Hessen: Bayerisches Landesplanungsgesetz vom 6. Februar 1970, GVBl., S. 9, insbes. Art. 11, 12; Hessisches Landesplanungsgesetz i.d.F. vom 1. Juni 1970, GVBl., S. 361, insbes. §.13.

2) Vgl. HENDLER, R., Gemeindliches Selbstverwaltungsrecht und Raumordnung, a.a.O., S. 41.

den Gemeinden, den Landkreisen, den regionalen Planungsgemeinschaften und anderen Planungsträgern zur Abstimmung zugeleitet. Im Rahmen eines Erörterungsverfahrens konnten nun u.a. von den betroffenen Gemeinden Vorschläge zur Änderung ihrer Funktionseinstufung (die in der Regel auf eine höhere Einstufung hinausliefen) und zur Änderung der allgemeinen Entwicklungsziele für die zentralen Orte gemacht werden. Nach Prüfung der Vorschläge durch die Landesplanungsbehörde wurden dem Ergebnis entsprechende Plankorrekturen vorgenommen. [1)]

Derartige Anhörungs- und Erörterungsverfahren können die kommunalen Einzelinteressen nur in Form von Korrekturen bereits entworfener Pläne integrieren (i.S. einer "Einmal-Demokratie"). Eine weitergehende, dem Grundgedanken der kommunalen Partizipation gerechter werdende Beteiligungsform stellen die sogenannten Bezirksplanungsräte dar, die im Zuge der Neuregelung der Aufgabenstellung und Organisation der Landesplanung Nordrhein-Westfalens auf der politischen Ebene der Regierungsbezirke als reine Interessenvertretungen der kommunalen Selbstverwaltung konstituiert und direkt dem Regierungspräsidenten als der regionalen Bündelungsbehörde der Landesverwaltung zugeordnet werden. [2)] Neben der Mitwirkung bei der Erarbeitung und Aufstellung der Gebietsentwicklungspläne sollen die Bezirksplanungsräte mit der Landes-

---

1) Die Behandlung der Änderungsvorschläge im einzelnen bei: KANNENBERG, E.-G., Die Problematik der zentralen Orte im Rahmen des Erörterungsverfahrens zum Entwurf des Landesentwicklungsplans von Baden-Württemberg, in: Zentralörtliche Funktionen in Verdichtungsräumen, a.a.O., S. 178.

2) Vgl. Entwurf eines Gesetzes zur Änderung des Landesplanungsgesetzes vom 11.6.1974, Landtag Nordrhein-Westfalen, Drucksache 7/3928, § 5.(am 12. März 1975 in 3. Lesung als Gesetz verabschiedet).

planungsbehörde und dem Regierungspräsidenten die langfristigen und großräumigen strukturwirksamen Planungen u.a. auf den Gebieten des Städte-, Wohnungs-, Schul- und Sportstätten-, Krankenhaus- und Straßenbaus beraten (§ 6).

Im Ansatz vergleichbare Funktionen werden derzeit noch von den zuständigen Organen der Landesplanungsgemeinschaften wahrgenommen, die im Gegensatz zu den Bezirksplanungsräten neben den Interessen der kommunalen Selbstverwaltung noch die der sog. funktionalen Selbstverwaltung (z.B. Gewerkschaften, Arbeitgeberverbände) vertreten und rechtlich und organisatorisch selbständig sind. [1] Gerade diese organisatorische Isolierung verhinderte bislang, daß der Informationsfluß aus dem Bereich der staatlichen Planung zu den betroffenen Planungsträgern im Bereich der kommunalen Selbstverwaltung verbessert werden konnte. Infolge der direkten Anbindung der Bezirksplanungsräte an die Regierungspräsidenten werden die Kommunen in Zukunft umfassender über staatliche Planungen und Förderungsprogramme informiert und können entsprechend eher ihre Sachkenntnis und Interessen über Stellungnahmen in dem weiteren staatlichen Planungsprozeß einbringen. [2]

---

1) Vgl. Landesplanungsgesetz i.d.F. der Bekanntmachung vom 1. August 1972, GV.NW., S. 244, § 5 f.

2) Vgl. Einzelbegründung zu Nr. 4 (§ 6), Entwurf eines Gesetzes zur Änderung des Landesplanungsgesetzes, a.a.O., S. 24 f.

4.4. Ansätze zu einem integrierten Planungsverbundsystem zwischen Bund, Ländern und Gemeinden

4.4.1. Das Planungskonzept der Enquête-Kommission

Die föderale Staatsorganisation und das Ressortprinzip und eine dementsprechend vermaschte staatliche Entscheidungs- und Verantwortungsstruktur lassen bei der Verwirklichung einer regionalpolitischen Konzeption wie der der zentralen Orte erhebliche Koordinationsprobleme auftreten. Die bisher in diesem Zusammenhang angesprochenen Lösungsansätze bezogen sich nur auf Teilprobleme: entweder auf die Planungsorganisation innerhalb einer politischen Ebene oder auf Planungsbeziehungen zwischen Gemeinden und Land.

Einen umfassenden Problemlösungsansatz stellt möglicherweise eine gemeinsame Rahmenplanung zwischen Bund und Ländern dar, die die Gemeinden (GV) mit einbezieht. Die vom Bundestag eingesetzte Enquête-Kommission für die Verfassungsreform hat eine derartige Verbundplanung empfohlen: [1)]

(1) Der Bund und jedes Land erstellen aufgrund gemeinsam erarbeiteter Grundannahmen im Rahmen ihrer Zuständigkeit je eine integrierte Aufgabenplanung.

(2) Die integrierten Aufgabenplanungen des Bundes und der Länder werden in den Sachbereichen, die für die Entwicklung der Bundesrepublik Deutschland von Bedeutung sind, zu einer gemeinsamen Rahmenplanung zusammengefügt. Diese Sachbereiche werden durch Bundesgesetze mit Zustimmung des Bundesrates bestimmt.

---

1) Zwischenbericht der Enquête-Kommission zu Fragen der Verfassungsreform, Deutscher Bundestag, 6. Wahlperiode, Drucksache VI/3829, S. 45.

(3) Die gemeinsame Rahmenplanung bezeichnet die allgemeinen Ziele und die Rangfolge ihrer Verwirklichung auf der Grundlage der verfügbaren finanziellen, personellen und sächlichen Mittel.

(4) Ein Planungsausschuß des Bundes und der Länder beschließt eine Empfehlung über die gemeinsame Rahmenplanung. Vor der Beschlußfassung des Ausschusses ist den Länderparlamenten Gelegenheit zur Stellungnahme zu geben. Der Beschluß bedarf der Zustimmung des Bundes und der Mehrheit der Länder.

(5) Die Bundesregierung leitet die Empfehlung des Planungsausschusses dem Bundestag zur Beratung und Beschlußfassung zu. Der Beschluß bedarf der Zustimmung von zwei Dritteln der Stimmen des Bundesrates.

(6) Die gemeinsame Rahmenplanung ist verbindliche Richtlinie für die weiteren Aufgabenplanungen des Bundes und der Länder und für ihre Verwirklichung. Der Bund und die Länder handeln dabei im Rahmen ihrer Zuständigkeiten.

In diesem Vorschlag sahen die kommunalen Spitzenverbände eine verstärkte Bindung der Gemeinden (GV) und damit eine Gefährdung des Selbstverwaltungsgedankens. Sie forderten daher, die Gemeinden (GV) über ihre Spitzenverbände institutionell gleichrangig an der gemeinschaftlichen Planung zu beteiligen. [1] Eine derartige, verfassungsrechtlich abgesicherte Mitwirkung der Kommunen ist bislang noch nicht in den Vorschlag der Enquête-Kommission aufgenommen worden, wird aber von WAGENER für wahrscheinlich gehalten. [2]

---

1) Vgl. Kommunale Forderungen zur Reform des Verfassungsrechts, Eingabe an die Enquête-Kommission, Der Städtetag 1973, S. 469, Der Landkreis 1973, S. 392.

2) Vgl. Zwischenbericht der Enquête-Kommission zu Fragen der Verfassungsreform, a.a.O., S. 392; WAGENER, F., System einer integrierten Entwicklungsplanung im Bund, in den Ländern und in den Gemeinden, Vortrag im Rahmen der 42. Staatswissenschaftlichen Fortbildungstagung der Hochschule für Verwaltungswissenschaften Speyer am 19.4.1974 (unveröffl.Manuskript), S. 35.

Abgesehen von der noch ungelösten Problematik der kommunalen Beteiligung muß die Planungskonzeption der Enquête-Kommission auch aus anderen Gründen eher skeptisch beurteilt werden. Der gemeinsame Rahmenplan für Bund und Länder erhält den Rechtsstatus einer verbindlichen Richtlinie, d.h. ein sog. "Sitzlandvorbehalt" wie bei den Gemeinschaftsaufgaben (Art. 91a, Abs. 3 GG), der jedem Land ein Einspruchrecht gegenüber Vorhaben auf seinem Gebiet einräumt, ist nicht gegeben. Diese rechtliche Konstruktion wird bei den gemeinsamen Beratungen das Konfliktniveau erhöhen und die Integration der separat entwickelten Länderkonzeptionen mit der Konzeption des Bundes zu einem gemeinsamen Konzept zumindest erschweren. [1] Die vielfachen Einwirkungsmöglichkeiten im Abstimmungsprozeß, insbesondere durch den Bundesrat [2], werden die Konsensschwelle soweit erhöhen, daß - wenn überhaupt - letztlich ein Kompromiß zustande kommt, der auf dem kleinsten gemeinsamen Nenner stattfindet. Damit werden aber innovative Politikinitiativen in einem solchen Prozeß wahrscheinlich versickern. [3] [4]

4.4.2. WAGENERs Lösungsansatz: Ein Planungsgrundsätzegesetz

Unter anderem wegen der gering einzuschätzenden Integrationskraft einer Verbundplanung nach dem Konzept der Enquête-Kommission und der aus organisations-soziologischen Gründen immanenten Tendenz, Entscheidungen (und damit

---

1) Vgl. SCHARPF, F.W., Planung als politischer Prozeß, a.a.O., S. 131.

2) Vgl. das Erfordernis der qualifizierten Mehrheit im zitierten Kommissionsvorschlag.

3) Vgl. SCHARPF, F.W., Planung als politischer Prozeß, a.a.O., S. 132.

4) Eine Auswertung der Erfahrungen im Zusammenhang mit den gemeinsamen Beratungen von Bund und Ländern zum Bundesraumordnungsprogramm könnten diese Bedenken wahrscheinlich untermauern.

Kompetenzen) nach oben auf die Bundesebene zu schieben (Gefahr der Konfliktüberladung), plädiert WAGENER statt-dessen für ein "Planungsgrundsätzegesetz". [1]

Nach seinen Vorstellungen sollen alle "wichtigen staatlichen und kommunalen Haupteinheiten der öffentlichen Verwaltung" zu einer horizontal integrierenden Entwicklungsplanung gesetzlich verpflichtet werden.

Als reines Verfahrensgesetz sieht das Planungsgrundsätzegesetz für die integrierte Entwicklungsplanung folgende Regelungen vor:

(1) Die Festlegungsintensität muß dem Charakter einer Rahmenplanung entsprechen. Die Dichte der Planung soll zur kommunalen Ebene hin zunehmen, jedoch auch dort nicht die Regelungsintensität einer Fachplanung annehmen.

(2) Jeder Entwicklungsplan muß in plausibler Form für den Planungszeitraum den Ressourcenausgleich (Finanzen, Personal, Baukapazität, Organisation) nachweisen.

(3) Als Bezugsflächen für die Entwicklungsräume können zunächst nur die eigenen Politik- und Verwaltungsräume gelten. Soweit die gegenwärtige Territorialstruktur dazu noch nicht geeignet ist, sind die Maßnahmen der Gebietsreform darauf auszurichten.

(4) Als einheitlicher Planungszeitraum erscheint ein 10-Jahres-Abschnitt, der wiederum in zwei 5-Jahres-Abschnitte zu unterteilen ist, günstig. In einem "rollenden" Verfahren werden nach einem oder zwei Jahr(en) das (die) neue(n) Jahr(e) hinzugeplant.

(5) Da es sich bei der integrierten Entwicklungsplanung um eine Staatszielbestimmung handelt, müssen die

---

1) Vgl. zu den weiteren Ausführungen WAGENER, F., System einer integrierten Entwicklungsplanung in Bund, in den Ländern und in den Gemeinden, a.a.O., insbes. S. 47 ff.

Parlamente der einzelnen Ebenen - nicht nur als Kontrollinstanzen - beteiligt werden.

(6) Eine hierarchische Vollharmonisierung, i.S. einer Subordinierung der Planung der nachgelagerten politischen Ebene, wird ausdrücklich ausgeschlossen. Die jeweiligen Ebenen dürfen in ihren Plänen nur solche Aufgaben regeln, für deren Planung und Realisierung sie selbst zuständig sind. Bei Gemeinschaftsaufgaben setzen die beteiligten Einheiten entsprechend nur ihre Teilplanung und Teilfinanzierung in ihren Entwicklungsplan ein.

Mit der nahezu absoluten Ablehnung einer Subordinierungsmöglichkeit qua Hierarchie [1] wird nicht nur die Verbundplanung zwischen Bund und Ländern als unzulässig qualifiziert, sondern ebenso die Anpassungspflicht der kommunalen Entwicklungsplanung an die Ziele der Raumordnung und Landesplanung bzw. der Entwicklungsplanung der kreisangehörigen Gemeinden an die Kreisentwicklungsplanung.

Trotzdem rechnet WAGENER mit einer nahezu vollständigen automatischen Harmonisierung der Planungen auf allen Ebenen. Dabei stützen sich seine Erwartungen insbesondere auf die Pflicht der einzelnen Planungsträger zum Ressourcenausgleich im Planungszeitraum: "Eine intensive Beachtung des Grundsatzes des Ressourcenausgleichs im Planungswesen wird zukünftig (ebenso wie die heutige Beachtung der Pflicht zum Haushaltsausgleich) verhindern, daß im Gesamtsystem der Versuch gemacht wird, 'den Kuchen zweimal zu essen'." [2]

---

1) Bei der rein raumbezogenen Planung der Erdoberfläche läßt WAGENER eine Ausnahme zu: Hierbei kann die obere Ebene die nachgelagerte Ebene zur Anpassung der Planung zwingen.

2) WAGENER, F., System einer integrierten Entwicklungsplanung in Bund, in den Ländern und in den Gemeinden, a.a.O., S. 58.

Diese Argumentation erscheint jedoch bedenklich. Eine autonome Infrastrukturplanung der Kommunen, die sich nicht an den Zielen der Raumordnung und speziell der Landesplanung orientieren muß und demnach (von oben) kaum koordiniert ist, tendiert dazu, den Infrastrukturbedarf zu überschätzen. [1] Eine dementsprechende Überdimensionierung der Infrastrukturplanung wird durch einen Ressourcenausgleich dann nicht verhindert, wenn die Kommunen auch mit Ressourcen kalkulieren können, die gerade aufgrund einer voluminösen Entwicklungsplanung zu erwarten sind: die Finanzzuweisungen des Landes, insbesondere die Zweckzuweisungen. Zumindest kann nicht ausgeschlossen werden, daß die Kommunen entsprechend ihrer individuellen Zielfunktion ihre "optimale" Infrastruktur planen und die Finanzierung über Finanzhilfen des Landes (Bundes) "absichern", von denen sie glauben, daß sie aufgrund guter Kontakte zur Landesverwaltung oder einfach wegen des "objektiv" sichtbaren Zuschußbedarfes mit einer gewissen "Plausibilität" erwartet werden können.

Dazu kommt ein weiteres: Es fehlt in der WAGENERschen Konzeption ein eindeutiges Verfahren zur Beseitigung vertikaler Disharmonien in der Planung von "Gemeinschaftsaufgaben". Eine Abstimmung divergierender Teilpläne wird besonders dann konfliktreich sein, wenn die "Nachtragsplanungen" z.B. infolge notwendiger Ressourcenverschiebungen in andere Aufgabenbereiche innerhalb des integrierten Entwicklungsplans hineinwirken. Unter diesen Umständen ist es zumindest fraglich, ob diese Koordinationsprobleme auf freiwilliger Basis gelöst werden können.

---

1) Vgl. JANSEN, P.G. und K. TÖPFER, Zur Bestimmung von Mängeln der gewachsenen Infrastruktur, in: Theorie und Praxis der Infrastrukturpolitik, a.a.O., S. 413.

5. Das Konzept der zentralen Orte in der politischen Praxis

5.1. Das Raumordnungsgesetz des Bundes (ROG)

5.1.1. Funktion des Raumordnungsgesetzes

Die Legitimation zur Regelung der Raumordnung erhält der Bund durch den Art. 75 Nr. 4 GG. Im Gegensatz zur ausschließlichen (Art. 73 GG) bzw. zur konkurrierenden Gesetzgebungskompetenz (Art. 74 GG) kann der Bund nur rahmengesetzliche Regelungen zur Raumordnung treffen (Grundsatzgesetzgebung). [1]

Neben den organisatorischen Vorschriften, die die Zuständigkeiten und das Zusammenwirken der Planungsträger regeln, versucht das Raumordnungsgesetz in den materiellen Vorschriften die Zielrichtung der Raumordnungspolitik in Bund und Ländern in allgemeine Grundsätze der Raumordnung zu transformieren. [2]

Bei der zweiten Funktion standen die Gesetzgeber vor dem Problem, zunächst Aussagen über die Ziele der Raumordnungspolitik, zumindest über die Grundzüge einer anzustrebenden Ordnung des Raumes zu machen. [3] "Der Maßstab, an dem diese Ziele zu orientieren sind, ergibt sich aus den Grundwerten unserer verfassungsmäßigen Gesellschaftsordnung." [4]

---

1) Vgl. BRÜGELMANN, H. und E.W. CHOLEWA, Kommentar zum Raumordnungsgesetz vom 8.4.1965, Stuttgart, Berlin, Köln, Mainz, 1. Lfg. Okt. 1965, Vorbem. § 1, S. 6.

2) Vgl. BRÜGELMANN, H. und H.J.v.d. HEIDE, Kommentar zum Raumordnungsgesetz, a.a.O., 1. Lfg. Okt. 1965, Einl. III 3 b, S. 7.

3) Vgl. HANSMEYER, K.-H., Ziele und Träger regionaler Wirtschaftspolitik, a.a.O., S. 42 ff.

4) Begründung zum Entwurf eines Raumordnungsgesetzes (Regierungsentwurf), Bundestagsdrucksache IV, 1204, vom 25.4.1963, S. 7.

Dieses Vorgehen des Regierungsentwurfs, Handlungsprinzipien für die Raumordnungspolitik auf der Basis eines gesellschaftspolitischen "Leitbildes" der Raumordnung, das sich auf die in der Verfassung verankerten Grundrechte bezieht, zu formulieren, ist vielfach kritisch kommentiert worden: [1] "Der Versuch der Raumordnungsdiskussion ..., durch verbale Interpretation von Verfassungsnormen über mehrere Stufen zu Grundsätzen der Raumordnung zu kommen, kann nicht als gelungen angesehen werden." [2]

Bemängelt wird u.a. die Leerformelhaftigkeit, die Unbestimmtheit der "Ziele" bzw. "Grundsätze" der Raumordnung, die einen legitimen Platz eher in einem Programm als in einem Gesetz, "das an sich Rechte und Pflichten feststellen soll", hätten finden können und die in starkem Kontrast zu den präzisen Regelungen der Organisation der Raumordnung stehen. [3]

ZIMMERMANNs Kritik an der inhaltlichen Bestimmtheit der Rechtssätze stößt allerdings auf juristische Bedenken: "Mehr an Präzision zu verlangen, würde ... von den Beschränkungen her, denen die Rahmengesetzgebung unterliegt, schwerlich zulässig sein." [4]

---

1) Vgl. u.a. ZIMMERMANN, H., Öffentliche Ausgaben und regionale Wirtschaftsentwicklung, Basel - Tübingen 1970, S. 69 ff.; JOCHIMSEN, R., Planung der Aufgabenplanung, in: Finanzpolitik und Landesentwicklung, a.a.O., S. 62.

2) ZIMMERMANN, H., Öffentliche Ausgaben und regionale Wirtschaftsentwicklung, a.a.O., S. 71.

3) Ebenda, S. 72 f.

4) WEBER, W., Entspricht die gegenwärtige kommunale Struktur den Anforderungen der Raumordnung ? Empfehlen sich gesetzgeberische Maßnahmen der Länder und des Bundes ? Welchen Inhalt sollen sie haben ? (Gutachten zum 45. Deutschen Juristentag), München und Berlin 1964, S. 28.

5.1.2. Das Konzept der zentralen Orte in den Raumordnungsgrundsätzen des Raumordnungsgesetzes

In § 1 ROG als der tragenden Grundsatzvorschrift des Gesetzes werden die Aufgaben und Ziele der Raumordnung allgemein umschrieben:

> "Das Bundesgebiet ist in seiner allgemeinen räumlichen Struktur einer Entwicklung zuzuführen, die der freien Entfaltung der Persönlichkeit in der Gemeinschaft am besten dient. Dabei sind die natürlichen Gegebenheiten sowie die wirtschaftlichen, sozialen und kulturellen Erfordernisse zu beachten." [1]

Dieses raumordnerische Leitbild, das sich - wie bereits ausgeführt - an den Grundwerten des Grundgesetzes orientiert, wird in den sogenannten materiellen Grundsätzen des § 2 ROG konkretisiert.
Zunächst werden wiederum eher allgemeine Instrumentalziele postuliert:

1. "gesunde Lebens- und Arbeitsbedingungen" sowie
2. "ausgewogene wirtschaftliche, soziale und kulturelle Verhältnisse" [2].

Entsprechend werden für nach diesem Zielkatalog unterschiedlich entwickelte Gebietskategorien adäquate Maßnahmenbündel vorgeschrieben.

(1) In den Gebieten, die nach den genannten Zielvorstellungen strukturell "gesund" zu nennen sind, ist diese Struktur zu sichern und weiterzuentwikkeln. [3]

(2) In den Gebieten, deren Struktur mehr oder weniger stark von der skizzierten Zielfunktion abweicht, "sollten Maßnahmen zur Strukturverbesserung ergriffen werden" [4].

---

1) ROG vom 8. April 1965, a.a.O., § 1, Abs. 1.

2) § 2, Abs. 1 (1) ROG.

3) Ebenda.

4) Ebenda.

Die zuletzt genannten Problemgebiete werden wie folgt kategorisiert:

(1) Gebiete, in denen die Lebensbedingungen in ihrer Gesamtheit wesentlich zurückgeblieben sind oder ein solches Zurückbleiben zu befürchten ist, [1)]

(2) Zonenrandgebiete [2)] und

(3) Räume, deren Verdichtung von Wohn- und Arbeitsstätten zu ungesunden räumlichen Lebens- und Arbeitsbedingungen sowie zu unausgewogenen Wirtschafts- und Sozialstrukturen geführt hat [3)].

Abgesehen vom Grundsatz Nr. 4 (bevorzugte Stärkung der Leistungskraft der Zonenrandgebiete) stehen alle in § 2 Abs. 1 normierten Grundsätze der Raumordnung "gleichwertig nebeneinander" [4)], d.h. neben den öffentlichen Förderungsmaßnahmen zur "Gesundung" strukturschwacher bzw. gefährdeter Gebiete ist gleichrangig ein Eingreifen der öffentlichen Hand zur Sicherung und Weiterentwicklung der "strukturgesunden" Gebiete erforderlich. [5)]

Eine weitere Präzisierung der Zielrichtung staatlichen Handelns ist im Grundsatz der Verdichtung von Wohn- und Arbeitsplätzen zu sehen. [6)]
Im Raumordnungsbericht 1966 wird dieses Ordnungsprinzip als wichtiges Instrument hervorgehoben, "um eine unwirtschaftliche Nutzung des Raumes zu vermeiden und um sicherzustellen, daß die zentralen Versorgungseinrichtungen auf

---

1) § 2, Abs. 1 (3) ROG.

2) § 2, Abs. 1 (4) ROG.

3) § 2, Abs. 1 (6) ROG.

4) BRÜGELMANN, H., E.W. CHOLEWA und H.J. v.d. HEIDE, Kommentar zum Raumordnungsgesetz, a.a.O., 2. Lfg., Mai 1966, Vorbem. zu §§ 2 und 3, S. 11.

5) Dieselben, Kommentar zum Raumordnungsgesetz, a.a.O., 3. Lfg., Juni 1968, § 2, Bem. II 3 a, S. 7.

6) § 2, Abs. 1 (2) ROG.

kürzestem und wirtschaftlichstem Wege für eine möglichst große Zahl von Menschen erreichbar sind. In der Industriegesellschaft ist die Verdichtung für die gesamtheitliche Entwicklung von Räumen in wirtschaftlicher, sozialer und kultureller Hinsicht notwendig. Sie ist also nicht nur eine Begleiterscheinung der räumlichen Entwicklung, die hinzunehmen wäre; die Verdichtung ist vielmehr ein durchgängiges Gestaltungsprinzip, in dem sich die Notwendigkeit einer Funktions- und Arbeitsteilung und der Nutzung von Agglomerationsvorteilen niederschlägt." [1]

Das Prinzip der Verdichtung wird im Grundsatz Nr. 3, Satz 3 um die räumliche Komponente ergänzt. Mit dem Postulat der Förderung von Gemeinden mit zentralörtlicher Bedeutung besteht Klarheit, wo die Verdichtung vorrangig stattfinden soll. Ebenso wird ausdrücklich darauf hingewiesen, daß mit einer Verdichtung der Wohn- und Arbeitsstätten in zentralen Orten eine Konzentrierung der "zugehörigen Bildungs-, Kultur- und Verwaltungseinrichtungen" in eben diesen Gemeinden verbunden sein muß. [2]

5.2. Die Ministerkonferenz für Raumordnung (MKRO) als Koordinationsinstanz für die Landesplanung der Bundesländer

5.2.1. Die Funktion der Ministerkonferenz für Raumordnung

Die Grundsätze und Ziele des Raumordnungsgesetzes können analog der verfassungsrechtlichen Kompetenz des Bundes nur als Rahmen raumordnungspolitischer Aktivitäten verstanden werden. Zwar gelten diese grundlegenden Normen

---

1) Raumordnungsbericht der Bundesregierung 1966, Bundestagsdrucksache V/1155, S. 37.

2) § 2, Abs. 1 (3), Satz 3 ROG.

unmittelbar für den Sachbereich der Landesplanung der Länder und müssen damit Bestandteil des Zielkatalogs der Landesplanung werden, [1] mit ihrer inhaltlichen Indeterminiertheit, die - worauf das Raumordnungsgesetz ausdrücklich hinweist - sie ausfüllungsfähig und ausfüllungsbedürftig macht, [2] überläßt sie den Ländern jedoch hinreichend "regelungsfähige Materie von substantiellem Gewicht" [3], die ihnen als eigentliche Träger der Raumordnung angemessen ist.

Diese Rechtslage darf allerdings nicht so interpretiert werden, als seien die Länder diejenigen Instanzen, die für die räumliche Ordnung ihres Gebietes von der Konzeption bis zur Realisation des Plans allein verantwortlich zeichnen. Die Aufgabenbereiche des Bundes, der Länder und der Gemeinden (GV) sind vielfach derart miteinander verzahnt, daß eine Verwirklichung des Planes nur dann gelingen kann, "wenn alle raumbedeutsamen Maßnahmen aller Aufgabenträger auf das jeweilige Entwicklungsziel ausgerichtet werden" [4]. Das Raumordnungsgesetz trägt dieser Überlegung Rechnung, indem es in § 4 (5) in Verbindung mit § 1 (4) allen Gebietskörperschaften und sonstigen juristischen Personen des öffentlichen Rechts vorschreibt,

---

1) Die Wirksamkeit der vom ROG präjudizierten Normen nach außen setzt allerdings erst ein, wenn die Landesplanung sie in ihre Programme und Pläne übernimmt und ausgestaltet, d.h. in die Rechtsordnung des Landes aufnimmt. Vgl. BRÜGELMANN, H., E.W. CHOLEWA und H.J. v.d.HEIDE, Kommentar zum Raumordnungsgesetz, a.a.O., 2. Lfg., Mai 1966, Vorbem. zu §§ 2, 3, Bem. III 1 a, S. 15.

2) Vgl. § 2, Abs. 3 ROG.

3) BRÜGELMANN, H. und E.W. CHOLEWA, Kommentar zum Raumordnungsgesetz, a.a.O., 1. Lfg., Okt. 1965, Vorbem. vor § 1, Bem. II 3.

4) EVERS, H.U., Das Recht der Raumordnung. Eine Einführung in das Bundesraumordnungsgesetz, das Planungsrecht der Länder und die Rechtsfragen der Gebietsreform, München 1973, S. 44.

ihre Planungen und Maßnahmen "aufeinander und untereinander" abzustimmen.
Hinzu kommt noch, daß das Postulat der Einheitlichkeit der Lebensverhältnisse im Bundesgebiet (Art. 72 (2) Satz 3 GG) insbesondere bei der Interpretation und Implementierung der Ziele und Grundsätze der Raumordnung durch die Länder (Landesplanungen) eine Koordinationsinstanz notwendig macht.
§ 8 des Raumordnungsgesetzes schreibt deshalb in Ergänzung zu bereits genannten Bestimmungen "gemeinsame Beratungen" zwischen der Bundesregierung und den Landesregierungen "über grundsätzliche Fragen der Raumordnung und Landesplanung und Zweifelsfragen" vor.

Als gemeinsames Gremium von Bund und Ländern wurde die "Ministerkonferenz für Raumordnung" (MKRO) institutionalisiert. Da die Verfassung die Möglichkeit einer Mischverwaltung zwischen Bund und Ländern ausschließt,[1] fehlen diesem Organ rechtliche Entscheidungsbefugnisse.

Die Resultate der gemeinsamen Beratungen - Konsens-Regelungen, wie "Entschließungen" und "Empfehlungen" - sind vom Bund bzw. von den Ländern "in eigener Zuständigkeit zu verwirklichen, weil die Planungsebenen von Bund und Ländern auch nach dem Raumordnungsgesetz rechtlich streng getrennt geblieben sind"[2].

---

1) Vgl. BRÜGELMANN, H. und H.J. v.d.HEIDE, Kommentar zum ROG, a.a.O., 1. Lfg.,Oktober 1965, § 8, Bem. 2 b, S. 4.

2) Ebenda.

5.2.2. Beschlüsse der Ministerkonferenz für Raumordnung zum Zentrale-Orte-Konzept

Die Ministerkonferenz hat sich bislang in Beschlüssen mit dem im Raumordnungsgesetz verankerten Grundsatz der Förderung von Gemeinden mit zentralörtlicher Bedeutung befaßt und versucht, über Entschließungen diese noch allgemeine Norm für das gesamte Bundesgebiet inhaltlich aufzufüllen, zu konkretisieren und zu ergänzen.

5.2.2.1. Zentrale Orte und ihre Verflechtungsbereiche

In der Entschließung vom 8. Februar 1968 [1] empfiehlt die Ministerkonferenz folgende "Leitsätze", die bei der Entwicklung zentralörtlicher Systeme "zu beachten" sind:

(1) Der Grundgedanke des zentralörtlichen Systems

Der erste Leitsatz stellt zunächst fest, daß die Siedlungsstruktur des Raumes durch Bereiche charakterisiert ist, "in denen Gemeinden unterschiedlicher Größe und Bedeutung in wechselseitiger Abhängigkeit stehen (Verflechtungsbereiche) und in denen sich Gemeinden mit zentralörtlicher Bedeutung (Zentrale Orte) herausgebildet haben". Diese Gemeinden sollen als Versorgungskerne auch für die Bevölkerung ihres Verflechtungsbereiches die Deckung bestimmter Bedarfe übernehmen.

Stärker als im Raumordnungsgesetz wird von der Ministerkonferenz hier die dienende Funktion der zentralen Orte für ihre Verflechtungsbereiche betont, wird das Umland der zentralen Orte mit in die Zielformulierung einbezogen.[2]

1) Raumordnungsbericht der Bundesregierung 1968, Bundestagsdrucksache V/3958, S. 149.

2) HENNINGS, G., Grundlagen und Methoden der Koordination des Einsatzes raumwirksamer Bundesmittel, a.a.O.,S.183.

(2) Das Gliederungsschema

Das zentralörtliche System soll in den Ländern nach folgendem Schema gegliedert werden:

- Oberzentrum
- Mittelzentrum
- Unterzentrum
- Kleinzentrum.

Mit dieser Konzeption folgt die Ministerkonferenz der Denkschrift "Zentrale Orte" der Bundesvereinigung der Kommunalen Spitzenverbände. [1)]

(3) Die Funktionen der zentralen Orte

a. Unter- und Kleinzentren haben für die Bevölkerung ihres Verflechtungsbereiches die Grundversorgung in sozialer, kultureller und wirtschaftlicher Hinsicht zu erfüllen. Hierzu notwendige Einrichtungen sind bereitzustellen. Die Abgrenzung der Unter- von den Kleinzentren ist fließend. Vielfach unterscheiden sie sich nur dadurch, daß die Unterzentren für die Grundversorgung besser ausgestattet sind.

b. Die Aufgaben der Grundversorgung werden bei Mittelzentren von den Aufgaben höherer Zentralität, d.h. der Deckung des gehobenen Bedarfs überlagert. Zur näheren Charakterisierung des "gehobenen Bedarfs" werden exemplarisch notwendige Einrichtungen aufgezählt: zum Abitur führende Schulen und Berufsschulen, Krankenhäuser, größere Sportanlagen, vielseitige Einkaufsmöglichkeiten.

c. Oberzentren obliegt neben der Erfüllung der Aufgaben eines Mittel- und Unterzentrums die Bereitstellung von Einrichtungen zur Deckung des "spezialisierten höheren Bedarfs". Nähere Erläuterungen zu diesem Auf-

---

1) Zentrale Orte, Denkschrift der Bundesvereinigung der Kommunalen Spitzenverbände, Köln 1965.

gabenbereich kann eine Auflistung der zum Oberzentrum gehörenden Einrichtungen geben: an das Abitur anschließende Bildungsstätten, Sportstadien, Großkrankenhäuser (Spezialkliniken), Theater, Großkaufhäuser sowie spezialisierte Einkaufsmöglichkeiten, Dienststellen höherer Verwaltungsstufen sowie größere Banken und Kreditinstitute.

(4) Die Verflechtungsbereiche der zentralen Orte

Als Verflechtungsbereiche unterscheidet die Ministerkonferenz:

a. den Nahbereich, für den alle zentralen Orte die Grundversorgung zu besorgen haben,

b. den Mittelbereich, für den die Mittel- und Oberzentren als Versorgungskerne für den gehobenen Bedarf zuständig sind sowie

c. den Oberbereich, in dem das Oberzentrum seine gesamten Funktionen zu erfüllen hat.

(5) Einwohnerzahlen der Verflechtungsbereiche

Die Einwohnerzahl der Verflechtungsbereiche ist deshalb von Bedeutung, da unter ökonomischen Gesichtspunkten bei zentralörtlichen Einrichtungen eine bestimmte Mindestbenutzerzahl erforderlich ist, um Rationalisierungsmöglichkeiten nutzen und damit eine wirtschaftliche Betriebsführung sicherstellen zu können.

Wegen der unterschiedlichen optimalen Funktionsgrößen der einzelnen Einrichtungen - auch in derselben Zentralitätsstufe - können für die Verflechtungsbereiche nur relativ grobe, untere Schwellenwerte angegeben werden: für den Nahbereich sollen mehr als 5.000 und für den Mittelbereich mehr als 20.000 Einwohner zugrunde gelegt werden. [1]

(6) Zumutbare Entfernungen zu den zentralörtlichen Einrichtungen

Der Bevölkerung des Nahbereichs wird maximal eine 30-Minuten-Fahrzeit (einschließlich Wegzeiten von bzw. zu entsprechenden Haltepunkten) mit öffentlichen Nahverkehrsmitteln zum Zentrum zugemutet. Da mittelzentrale Einrichtungen vergleichsweise seltener benutzt werden, erscheint die Zeitdistanz von einer Stunde zumutbar.

5.2.2.2. Zentralörtliche Verflechtungsbereiche mittlerer Stufe in der Bundesrepublik Deutschland

In einer Entschließung vom 15. Juni 1972 befaßt sich die Ministerkonferenz ausschließlich mit den Mittelzentren und ihren Versorgungsbereichen. [2] Kern dieses Papiers ist ein "Katalog für die anzustrebende Ausstattung von zentralen Orten mittlerer Stufe" [3]:

1. Bildungseinrichtungen:

a) Zur allgemeinen Hochschulreife führende Schule mit mehreren Ausbildungsgängen;

b) Schule zur Erfüllung der Berufsschulpflicht mit mehreren Ausbildungsgängen und sonstige berufsbildende Schulen;

c) Sonderschule für Lernbehinderte;

---

1) In der Entschließung der MKRO vom 15. Juni 1972 wird dieser Wert ausdrücklich nur für dünn besiedelte Gebiete angegeben. Für die übrigen Gebiete soll die Einwohnerzahl mindestens 40.000 betragen. Vgl. Entschließung der Ministerkonferenz für Raumordnung vom 15.6.1972. Zentralörtliche Verflechtungsbereiche mittlerer Stufe in der Bundesrepublik Deutschland, in: Raumordnungsbericht 1972 der Bundesregierung, Bundestagsdrucksache VI/3793, S. 146.

2) Ebenda.

3) Ebenda, S. 147.

d) Einrichtungen der differenzierten Erwachsenenbildung/Volkshochschule;

e) Öffentliche Bücherei mit Leseraum (je Einwohner etwa 1 Band).

2. Gesundheitswesen:

a) Krankenhaus für Akutkranke mit drei Fachabteilungen
- Chirurgie,
- Innere Medizin,
- Gynäkologie
(in einwohnerschwachen Verflechtungsbereichen 2 Fachabteilungen) mit etwa 6 Betten auf 1000 Einwohner;

b) Fachärzte verschiedener Sparten.

3. Sport:

a) Größere Sportanlage mit einer Hauptkampfbahn für Feldspiele und Leichtathletik (400-m-Bahn) sowie Nebenanlagen;

b) Sporthalle mit mindestens 27 x 45 m;

c) Hallenbad mit Mehrzweckbecken (10 x 25 m);

d) Freibad mit beheizbarem Becken (21 x 50 m);

e) Spezialsportanlagen (z.B. Tennisplätze).

4. Handel - Banken:

a) Vielseitige Einkaufsmöglichkeiten, z.B. größeres, städtebaulich integriertes Einkaufszentrum; Kauf- oder Warenhaus bzw. Fachgeschäfte mit vergleichbarem Angebot;

b) Großhandelszentrum;

c) Vielschichtiges handwerkliches Dienstleistungsangebot für den gehobenen Bedarf;

d) Mehrere größere Kreditinstitute.

5. Verkehr:

a) Direkter Anschluß an das Bundesfernstraßennetz;

b) Anbindung an das Eisenbahnnetz; nach Möglichkeit sollte jeder zentrale Ort mittlerer Stufe Einzugstation sein.

Diese Auflistung kann nur als ein Katalog der Mindestausstattung verstanden werden, die vorhanden sein muß, damit das Mittelzentrum seine Funktionen erfüllen kann.

Einrichtungen zur Grundversorgung für den Nahbereich des Mittelzentrums sind darin nicht enthalten.

5.3. Das Zentrale-Orte-Konzept in der Landesplanung Nordrhein-Westfalens

5.3.1. Aufgaben und Organisation der Landesplanung in Nordrhein-Westfalen

Im Rahmen der allgemeinen Ziele und Grundsätze der Raumordnung gemäß Raumordnungsgesetz und unter Beachtung der Entschließung der Ministerkonferenz für Raumordnung steht nach Art. 30, 70, 83 ff. GG den Ländern die rechtliche Regelung der Raumordnung für ihre Gebiete zu. Ihnen obliegt es, die hochabstrakten Vorschriften des Raumordnungsgesetzes durch weitere raumordnerische Entscheidungen in unmittelbare, förmliche und verbindliche Ziele für ihre Landesgebiete zu transferieren.

Organisatorisch gehört in Nordrhein-Westfalen die Landesplanung in den "Geschäftsbereich des Ministerpräsidenten" [1]. Die Staatskanzlei als oberste Landesplanungsbehörde hat die Aufgabe, die Raumordnungsgrundsätze des ROG unter Berücksichtigung der besonderen räumlichen und strukturellen Verhältnisse in Nordrhein-Westfalen zu konkretisieren und in einem Landesentwicklungsprogramm festzulegen. [2] Die räumlichen Auswirkungen dieses Programms werden von der Landesplanungsbehörde unter Mitwir-

---

1) Vierter Bericht der Landesregierung NW gemäß § 24 des Landesplanungsgesetzes vom 7. Mai 1962 über Stand, Maßnahmen und Aufgaben der Landesplanung, Berichtszeitraum 1966, Düsseldorf 1967, S. 5 f.
Bis zu seiner Auflösung im Jahr 1966 lag die Landesplanung im Ressortbereich des Ministeriums für Landesplanung, Wohnungsbau und öffentliche Arbeiten.

2) Seit 1975 wird das Landesentwicklungsprogramm vom Landtag als Gesetz beschlossen.

kung der Landesplanungsgemeinschaften in Landesentwicklungsplänen entfaltet und zeichnerisch dargestellt.

Landesentwicklungsprogramm und Landesentwicklungspläne besaßen ursprünglich die Rechtsqualität von behördeninternen Verwaltungsvorschriften. Mit ihrer Bekanntgabe wurden sie Richtlinien für alle behördlichen Entscheidungen, Maßnahmen und Planungen, die für die Raumordnung Bedeutung haben. [1)]

Angesichts der sachlichen und politischen Bedeutung der Landesplanung für die gesamte Landesentwicklung forderte der Landtag Anfang 1970 eine stärkere parlamentarische Mitwirkung bei der Aufstellung des Landesentwicklungsprogramms und der Landesentwicklungspläne. Nach dem Gesetz zur Änderung des Landesplanungsgesetzes vom 30. Mai 1972 [2)] wird das Landesentwicklungsprogramm nunmehr durch den Landtag als Gesetz beschlossen, [3)] die Landesentwicklungspläne von der Landesplanungsbehörde im Benehmen mit dem für die Landesplanung zuständigen Ausschuß des Landtags und im Einvernehmen mit den beteiligten Landesministern aufgestellt. [4)]

Nach dieser Novellierung des Landesplanungsgesetzes avanciert der Landtag zur obersten Raumplanungsinstanz des Landes Nordrhein-Westfalen. Während vom Chef der Staatskanzlei diese neue Entwicklung der Landesplanung

---

1) Landesplanungsgesetz vom 7. Mai 1962, a.a.O., § 13, Abs. (3). Vgl. jedoch hierzu die Bedenken bei BREUER, R., Die hoheitliche raumgestaltende Planung, a.a.O., S. 211 ff.

2) Gesetz zur Änderung des Landesplanungsgesetzes vom 30. Mai 1972 (GV.NW, S. 141).

3) Landesplanungsgesetz i.d.F. vom 1. August 1972, GV.NW, S. 246, § 10, S. 1.

4) Ebenda, S. 246, § 11 (2).

als politische Aufwertung verstanden und die damit verbundene Verstärkung der Bindungs- und Verpflichtungswirkung an die Adressen der raumrelevanten Fachplanungen des Landes, des Bundes und der kommunalen Bauleitplanung hervorgehoben wird, [1] erheben sich gegenüber dieser Machtverschiebung aus verfassungsrechtlicher Sicht grundlegende Bedenken: "Eine volle Parlamentarisierung aller landesplanerischen Programme und Pläne würde aber für das Gebiet der Landesplanung die Regierung zu einem Parlamentsausschuß degradieren, ihren Wesenskern für diesen Bereich so einschränken, daß von einer Regierung nicht mehr die Rede sein könnte." [2]

Hinzu kommt, daß eine Landesplanung, die sich als Entwicklungsplanung versteht, einen neuen Gesetzestyp verlangt, der im Gegensatz zu den klassischen Norm- und Maßnahmegesetzen die Gesellschaft als "dynamische Größe" versteht und nicht nur auf präsente Krisen reagiert, sondern für künftige Entwicklungen selbständige Impulse gibt. [3]

Auf der Basis des Landesentwicklungsprogramms und der Landesentwicklungspläne werden von den Landesplanungsgemeinschaften die regionalen Ziele für die räumliche Gestaltung ihres Planungsgebietes in Zusammenarbeit mit

---

1) Vgl. HALSTENBERG, F., Rede anläßlich der 2. Lesung des Gesetzes zur Landesentwicklung (Landesentwicklungsprogramm) am 7. März 1974 vor dem Landtag NRW, Pressemitteilung, hrsg. vom Presse- und Informationsamt der Landesregierung, Düsseldorf 1974.

2) NIEMEIER, H.G., Entwicklungstendenzen im Landesplanungsrecht, in: Raumplanung - Entwicklungsplanung, Forschungs- und Sitzungsberichte, Bd. 80, Recht und Verwaltung, Akademie für Raumforschung und Landesplanung, Hannover 1972, S. 6.

3) Vgl. HERZOG, R., Allgemeine Staatslehre, Frankfurt a.M. 1971, S. 328.
Vgl. weiterhin die Bedenken bei BIELENBERG, W., Die rechtliche Bindung der Bauleitplanung an die Ziele der Raumordnung und Landesplanung, in: Die öffentliche Verwaltung, 1970, S. 376; NIEMEIER, H.G., Erfahrungen mit der Landesplanungsgesetzgebung in Nordrhein-Westfalen, in: Raumforschung und Raumordnung, 31. Jg. (1973), H. 1, S. 30.

allen beteiligten Behörden, Gemeinden und Gemeindeverbänden entwickelt und in sogenannten Gebietsentwicklungsplänen (GEP) dargestellt. [1)]

Bei den gemeinsamen Beratungen zur Aufstellung des Gebietsentwicklungsplans können die beteiligten Kommunen eigene Zielvorstellungen über ihre Stellung im Gesamtraum zur Geltung bringen. In dieser Einflußnahme verwirklicht sich der Anspruch der Landesplanung als gemeinschaftliche Aufgabe von Staat und Selbstverwaltung. [2)]

Unterste Planungsinstanz sind die Kommunen. Ihre Bauleitplanung regelt im Rahmen übergeordneter Planungen - in der konkretesten Form: der Gebietsentwicklungsplan - die räumliche Gestaltung des eigenen Gemeindegebietes. [3)] Über Flächennutzungs- und daraus entwickelte Bebauungspläne wird in eigener Verantwortung von der Gemeinde die bauliche und sonstige Nutzung der Grundstücke gesteuert. [4)]

Die Bebauungspläne insgesamt, als Endpunkte des Planungsprozesses zum direkten Vollzug bestimmt, geben letztlich darüber Auskunft, ob sämtliche Bemühungen der Raumordnungspolitik aller Verwaltungsstufen zumindest in die Richtung der gewünschten Zielsituation geführt haben. [5)]

---

1) Landesplanungsgesetz i.d.F. vom 1. August 1972, a.a.O., §§ 5, 12, 13.

2) Ebenda, § 1 (3).

3) Ebenda, § 15.

4) Vgl. Akademie für Raumforschung und Landesplanung (Hrsg.), Daten zur Raumplanung, Hannover 1969, I, A. 1 (6).

5) Vgl. HENNINGS, G., Grundlagen und Methoden der Koordination des Einsatzes raumwirksamer Bundesmittel, a.a.O., S. 153.

5.3.2. Das Zentrale-Orte-Konzept im Landesentwicklungsprogramm 1964

5.3.2.1. Die Grundkonzeption des Landesentwicklungsprogramms 1964

Das Landesplanungsgesetz des Landes Nordrhein-Westfalen vom 7. Mai 1962 [1] verpflichtet die Landesplanungsbehörde, die Ziele der Landesplanung für die räumliche Gestaltung des Ländergebietes zunächst in einem Landesentwicklungsprogramm festzulegen.

Bereits vor der Verabschiedung des Raumordnungsgesetzes des Bundes wurde 1964 das erste Landesentwicklungsprogramm des Landes Nordrhein-Westfalen aufgestellt. [2] Die darin fixierten Grundsätze und Leitlinien der Landesplanung sind sowohl inhaltlich wie auch vom Bestimmtheitsgrad her mit den späteren Grundsätzen des § 3 Raumordnungsgesetz nahezu identisch. Hinter den überwiegend allgemeinen, unoperablen Formulierungen des Programms verbirgt sich die Absicht der Landesplaner, ihre Pläne für einen permanenten Lernprozeß der Raumbeobachtung flexibel zu halten, um stufenweise ihre Zielsetzungen konkretisieren, notfalls verändern und letztlich zu einem sachlich und räumlich differenzierten Gesamtkonzept verdichten zu können. [3]

Nach dem Landesentwicklungsprogramm wird das Landesgebiet in drei Zonen eingeteilt, die sich hinsichtlich ihrer Bevölkerungs-, Wirtschafts- und Siedlungsstruktur und ihrer Entwicklungstendenzen unterscheiden: "Ballungskerne", "Ballungsrandzonen", "Ländliche Zonen".

---

1) Landesplanungsgesetz vom 7. Mai 1962, a.a.O., § 2.

2) Landesentwicklungsprogramm vom 7.8.1964, MBI.NW,S.1205/ SMBI. 230.

3) Vgl. HALSTENBERG, F., Landesentwicklungspläne in Nordrhein-Westfalen, in: "Kommunalwirtschaft", 7/1971, S. 250.

In Anbetracht der spezifischen Problemsituationen in den einzelnen Gebietskategorien ergeben sich unterschiedliche Planungsaufgaben: In den Verdichtungsgebieten stehen die Postulate der Ordnung (Ballungskerne) und Sicherung (Ballungsrandzonen) der räumlichen Entwicklung im Vordergrund. Für die "ländlichen Zonen" wird als oberstes Maßnahmenprinzip die Förderung, insbesondere der Entwicklung der Orte mit zentralörtlicher Bedeutung [1] genannt. [2]

5.3.2.2. Die Landesentwicklungspläne I und II

Nach dem Landesplanungsgesetz vom 7. Mai 1962 ist das Programm in Landesentwicklungsplänen "zu entfalten" und "zeichnerisch darzustellen". [3]

Gegenstand des Landesentwicklungsplans I [4] ist die räumliche Abgrenzung der Zonen nach dem im Landesentwicklungsprogramm aufgezeigten Kriterien und die Darstellung der Gemeinden und städtischen Verflechtungsgebiete mit zentralörtlicher Bedeutung in den ländlichen Zonen.[5] Das 1. Neugliederungsprogramm zur kommunalen

---

1) Hierunter versteht das Landesentwicklungsprogramm sowohl einzelne dominierende Gemeinden wie auch sog. "städtische Verflechtungsgebiete", die aus mehreren Gemeinden bestehen.

2) Landesentwicklungsprogramm, a.a.O., S. 1207.

3) § 13, Abs. I des Landesplanungsgesetzes vom 7. Mai 1962, a.a.O.

4) Landesentwicklungsplan I vom 28. November 1966, MBI.NW., S. 2260.

5) Mit der Bezeichnung "Gemeinden mit zentralörtlicher Bedeutung erfolgt eine Anpassung an die Terminologie des ROG des Bundes. Dieser Terminus erfaßt sowohl die klassischen "zentralen Orte" mit ihrem charakteristischen "Bedeutungsüberschuß" wie auch jene Gemeinden, die aufgrund allein der eigenen Einwohnerzahl und Siedlungsstruktur einen "hinreichend tragfähigen eigenständigen Versorgungsbereich bilden, ohne gleichzeitig Versorgungsfunktionen für eine oder mehrere andere Gemeinden wahrzunehmen". - Vgl. Erläuterungsbericht zum Landesentwicklungsplan I vom 28. November 1966 i.d.F.vom 17.12.1970, MBl.NW., S.204.

Gebietsreform in Nordrhein-Westfalen, nach dem die Zahl der Gemeinden nahezu um die Hälfte auf 1.276 reduziert wurde, machte eine Anpassung des Planes erforderlich. Derzeit liegt der Landesentwicklungsplan I in der Fassung vom 17. Dezember 1970 vor. [1)]

Mit der räumlichen Fixierung der zentralen Orte vollzog sich der erste notwendige Schritt zur Realisierung der im Programm angekündigten landesplanerischen Ziele. Maßgebliches Auswahlkriterium der Gemeinden mit zentralörtlicher Bedeutung war die Einwohnerzahl der Gemeinde selbst und ihres Verflechtungsgebietes. Dabei ging man davon aus, daß öffentliche und private Einrichtungen der Daseinsvorsorge nur von einer bestimmten Mindesteinwohnerzahl an wirtschaftlich sinnvoll, d.h. tragbar sein können. Für öffentliche und private Einrichtungen, die den Grundbedarf der Bevölkerung befriedigen sollten, wird beispielsweise von den Planern eine Mindesteinwohnerzahl des Versorgungsbereichs von 5.000 verlangt. [2)] Bei dem Auswahlverfahren nach diesem Kriterium ging man nicht nur von dem damaligen Bevölkerungsstand aus, sondern antizipierte auch die zukünftige Bevölkerungsentwicklung in "absehbarer Zeit (d.h. bis etwa 1980)" [3)].

Auf der Basis der Einwohnerzahlen der Versorgungsbereiche ergab sich für das zentralörtliche System der ländlichen Zonen folgende Stufenfolge:

Gemeinden mit zentralörtlicher Bedeutung für einen Versorgungsbereich, der

5.000 bis 10.000
10.000 bis 20.000
20.000 bis 50.000 bzw.
mehr als 50.000

Einwohner umfaßt oder in absehbarer Zeit umfassen wird.

---

1) Landesentwicklungsplan I vom 28. November 1966 i.d.F. vom 17. Dezember 1970, MBl.NW., S. 200.

2) Ebenda, S. 204.

3) Ebenda.

Zur letzten Stufe zählen auch die "städtischen Verflechtungsgebiete mit zentralörtlicher Bedeutung".

Insgesamt sind 299 Gemeinden mit zentralörtlicher Bedeutung im Landesentwicklungsplan I namentlich festgestellt bzw. durch verschiedenartige Punktsignaturen kartografisch dargestellt worden. Davon haben 129 einen Versorgungsbereich von 5.000 bzw. 10.000 Einwohner , 79 einen Versorgungsbereich von 10.000 bis 20.000 Einwohner, 70 einen Versorgungsbereich von 20.000 bis 50.000 Einwohner und 21 einen Versorgungsbereich von mehr als 50.000 Einwohner. Dazu wurden 15 städtische Verflechtungsgebiete dargestellt.

Der Landesentwicklungsplan II vom 3.3.1970 [1] geht von der Forderung des Landesentwicklungsprogramms aus, die Gesamtentwicklung des Landes auf ein System von Entwicklungsschwerpunkten und Entwicklungsachsen auszurichten. [2]

Unter Entwicklungsschwerpunkten sind Räume zu verstehen, "in denen auf Grund ihrer Tragfähigkeit für die Ausstattung mit öffentlichen und privaten Einrichtungen der Daseinsvorsorgen die Standortvoraussetzungen für eine anzustrebende siedlungsräumliche Schwerpunktbildung gegeben oder durch gezielte Förderung auszubauen sind" [3].

Die Entwicklungsachsen repräsentieren sowohl die Leistungsverflechtungen innerhalb des Landesgebietes zwischen den Entwicklungsschwerpunkten als auch den die Landesgrenze überschreitenden Leistungsaustausch und stellen somit das "Grundgefüge der räumlichen Verflechtungen" dar. [4]

---

1) Landesentwicklungsplan II vom 3.3.1970, MBl.NW., S. 494.

2) Landesentwicklungsprogramm, a.a.O., S. 1209.

3) Landesentwicklungsplan II, a.a.O., S. 495.

4) Ebenda, S. 497.

Entwicklungsschwerpunkte und -achsen sind je nach ihrer funktionalen Bedeutung in solche 1., 2. und 3. Ordnung zu kategorisieren.
Bei ihrer Festlegung ist von dem im Landesentwicklungsplan I dargestellten Grundraster der Siedlungsstruktur auszugehen. Alle als Ballungskerne oder Ballungsrandzonen dargestellten Räume werden im Landesentwicklungsplan II als Entwicklungsschwerpunkte 1., 2. oder 3. Ordnung ausgewiesen. In den ländlichen Zonen werden Gemeinden mit zentralörtlicher Bedeutung erst ab einem Versorgungsbereich von 20.000 Einwohner zu den Entwicklungsschwerpunkten gerechnet. Die Einstufung erfolgt nach den Schwellenwerten 20.000 bzw. 50.000, 50.000 bzw. 100.000, 100.000 und mehr Einwohner des Versorgungsbereichs.

Die Differenzierung der Standortgunst unter dem Aspekt der Tragfähigkeit impliziert allerdings keine Aussagen über irgendwelche Prioritäten. Per se ist zunächst jeder Entwicklungsschwerpunkt förderungswürdig. Indikatoren einer Förderungsbedürftigkeit - etwa relativ starker Nachholbedarf an öffentlicher Infrastruktur - müßten zur Rationalisierung einer Prioritätenskala erst noch entwickelt werden. [1)]

Ebensowenig darf durch die Förderung der Entwicklungsschwerpunkte im ländlichen Bereich der funktionsgerechte Ausbau derjenigen Gemeinden mit zentralörtlicher Bedeutung gefährdet werden, die nicht als Entwicklungsschwerpunkte dargestellt werden. Hinter dieser Forderung steckt die Vorstellung einer Planungs- und Aktionseinheit von Entwicklungsschwerpunkten und den umliegenden Versorgungsbereichen der kleineren Gemeinden mit zentralörtlicher Bedeutung (Mittelbereich). [2)]

---

1) Vgl. HALSTENBERG, F., Grundlagen und Ziele der Landesentwicklung in Nordrhein-Westfalen, in: Raumforschung und Raumordnung, 31. Jg. (1973), H.1, S. 4.

2) Vgl. HALSTENBERG, F., Landesentwicklungspläne in Nordrhein-Westfalen, a.a.O., S. 254.

Beide Pläne beschränken sich im wesentlichen darauf, Gemeinden mit zentralörtlicher Bedeutung bzw. Entwicklungsschwerpunkte und -achsen zu benennen und zeichnerisch darzustellen. Konkrete Informationen über Art und Umfang der Funktionen der zentralen Orte bzw. der Entwicklungsschwerpunkte werden nicht gegeben. Dementsprechend sind auch keine Angaben über private oder öffentliche Einrichtungen zu finden, die zur Erfüllung der jeweiligen Funktionen mindestens vorhanden sein müßten. Lediglich ein Entwurf des Erläuterungsberichtes zum Landesentwicklungsplan I [1] befaßte sich mit dieser Problematik. Allerdings wurde dieser Ausstattungskatalog, der sich stark an die Denkschrift "Zentrale Orte" der Bundesvereinigung der Kommunalen Spitzenverbände anlehnte, letztlich nicht in den Erläuterungsbericht aufgenommen.

Betrachtet man weiterhin speziell den Landesentwicklungsplan I unter dem Aspekt der Harmonie mit dem Raumordnungsgesetz des Bundes und den relevanten Empfehlungen der Ministerkonferenz, so ist folgendes festzustellen:

(1) Die zentralörtliche Gliederung der Siedlungsstruktur wird nur für die ländlichen Zonen dargestellt. Über die geplante Siedlungsstruktur der Verdichtungsgebiete erfolgen keine Aussagen.

(2) Die vierstufige Gliederung der Gemeinden mit zentralörtlicher Bedeutung, wie sie im Landesentwicklungsplan I vorgenommen worden war, ist nicht identisch mit der vierstufigen Hierarchie des Zentrale-Orte-Systems in der Empfehlung der Ministerkonferenz.

(3) Die Termini der Ministerkonferenz - wie Ober-, Mittel-, Unter- bzw. Kleinzentrum - sind an keiner Stelle des Landesentwicklungsplans I zu finden.

---

1) 1. Entwurf des Erläuterungsberichts zum LEP I, o.O.

(4) Während die Ministerkonferenz empfiehlt, bei der Stufung der zentralen Orte neben der Einwohnerzahl auch die Ausstattung mit infrastrukturellen Einrichtungen zugrunde zu legen, ging man bei der Aufstellung des Landesentwicklungsplans I allein von dem Aspekt der Tragfähigkeit, d.h. der Bevölkerungszahl der Versorgungsbereiche aus.

Es zeigen sich schon in diesen vier Punkten erhebliche Divergenzen zwischen den siedlungsstrukturellen Zielvorstellungen des Bundes und des Landes Nordrhein-Westfalen. Mit der Aufstellung des Landesentwicklungsplans I war die Absicht der Landesplanung verknüpft, das Zielsystem des Landesentwicklungsprogramms 1964 in eine Form zu übertragen, die dessen "Durchsetzung im Wege der Beachtung und ... (dessen) Verwirklichung durch Koordination und Integration fachlicher Planungen und Maßnahmen möglich machte" [1].

Es erscheint allerdings problematisch, ob ein derartiger Anspruch realisiert werden kann, wenn aus dem Plan nicht einmal klar erkenntlich ist, in welcher Weise die Arbeitsteilung im Raum, d.h. im zentralörtlichen System durchgeführt werden soll, welche Konsequenzen auf ihre infrastrukturellen Aktivitäten die einzelnen Gemeinden mit zentralörtlicher Bedeutung aus ihrer Rollen- bzw. Funktionszuweisung zu ziehen haben. Sicherlich werden mit der räumlichen Fixierung der zentralen Orte und ihrer Versorgungsbereiche, wie sie zumindest für Teile des Landesgebietes im Landesentwicklungsplan I vollzogen worden ist, die Ziele des Landesentwicklungsprogramms konkretisiert. Diese räumliche Komponente muß aber er-

---

1) LOWINSKI, H., Neue Aspekte der Landesentwicklungspolitik - Entwurf eines Gesetzes zur Landesentwicklung (Landesentwicklungsprogramm), in: Nordrhein-Westfalen Programm 1975: Eine Zwischenbilanz, Schriften für Sozialökologie, Bd. 8, hrsg. v. Jürgen H.B. HEUER, Bochum 1973, S. 41.

gänzt werden durch konkrete sachliche Aussagen, die u.a. funktionsnotwendige Infrastruktureinrichtungen als Minimumstandard den einzelnen Zentralitätsstufen zuweisen und zugleich über Richtwerte quantitativ dimensionieren. Eine solchermaßen qualitative wie quantitative Dimensionierung der Zielvariablen kann nur dann im politischen Raum unter Wahrung der Fachkompetenz einzelner Ressorts einigermaßen konfliktfrei funktionieren, wenn im Verfahren der Planaufstellung die fachlichen Zielvorstellungen zunächst sichtbar gemacht und diskutiert werden, später möglichst integriert oder zumindest über Kompromißwege berücksichtigt werden.

5.3.3. Das Zentrale-Orte-Konzept im Landesentwicklungsprogramm 1974

Die Entwicklung der Raumordnungspolitik in den Jahren nach der Aufstellung des Landesentwicklungsprogramms 1964 - maßgeblich geprägt durch das Raumordnungsgesetz des Bundes von 1965 und durch die Arbeit der Ministerkonferenz - machte eine Novellierung dieses Programms unausweichlich.
Mit dem Gesetz zur Landesentwicklung (Landesentwicklungsprogramm) wurde dieser notwendige Schritt am 19. März 1974 vom Landtag Nordrhein-Westfalen vollzogen. [1)]

Neben der materiellen und terminologischen Anpassung an das Raumordnungsgesetz des Bundes und der Berücksichtigung von relevanten Entschließungen der Ministerkonferenz hatten die Ergebnisse der laufenden Raumbeobachtung, insbesondere die aktuellen Entwicklungen der natürlichen und räumlichen Bevölkerungsbewegungen und

1) Gesetz zur Landesentwicklung (Landesentwicklungsprogramm), GV.NW. 1974, S. 96.

die neuen wissenschaftlichen Erkenntnisse der Raumforschung, beispielsweise zu den Fragen der zentralörtlichen Gliederung des Landesgebietes bestimmenden Einfluß auf die Modifikation des alten Programms. [1)]

Hinsichtlich der für die vorliegende Untersuchung grundlegenden Konzeption der Siedlungsstruktur wird weiterhin von dem Grundgedanken der Verdichtung der Besiedlung durch Konzentration von Wohnungen und Arbeitsstätten in Gemeinden mit zentralörtlicher Bedeutung ausgegangen.

Speziell für großflächige Gemeinden werden sog. Siedlungsschwerpunkte als geeignete Konzentrationskerne genannt, in denen zugleich öffentliche und private Einrichtungen der Versorgung, der Bildung und Kultur, der sozialen und medizinischen Betreuung, der Freizeitgestaltung sowie der Verwaltung räumlich gebündelt angeboten werden (§ 6).

In der Transformierung dieser Prinzipien auf das Zielsystem für die räumliche Struktur des Landes (Abschnitt II. des Gesetzes) zeigen sich die wesentlichen Neuerungen des Gesetzes:

(1) Das zentralörtliche Gliederungsprinzip beschränkt sich nicht mehr auf die ländlichen Zonen, sondern wird als einheitliches System sich funktional ergänzender zentralörtlicher Stufen für das gesamte Landesgebiet zugrunde gelegt (§ 20 (1)).

(2) Bei der Stufenfolge des zentralörtlichen Systems folgt das Gesetz der Entschließung der Ministerkonferenz vom 8. Februar 1968 und unterscheidet zwischen Oberzentren, Mittelzentren und Unterzentren. Entsprechend werden als Versorgungsbereiche dieser Zentren definiert: Nahbereiche um jedes Zentrum zur Deckung

---

1) Vgl. Begründung zum Entwurf eines Gesetzes zur Landesentwicklung (Landesentwicklungsprogramm), Landtag Nordrhein-Westfalen, Drucksache 7/1764, S. 25.

der Grundversorgung, Mittelbereiche um jedes Mittel- und Oberzentrum zur Deckung des gehobenen Bedarfs, Oberbereiche um jedes Oberzentrum zur Deckung des spezialisierten höheren Bedarfs (§ 20 (2)).

Wenn auch unter dem Aspekt der Koordination sowohl in vertikaler (Bund - Land) wie auch in horizontaler Sicht (zwischen den Bundesländern) diese Anpassung an die Entschließung der Ministerkonferenz positiv zu bewerten ist, so können doch nicht die Probleme, die mit der Anwendung dieses Grundschemas gerade in Nordrhein-Westfalen verbunden sind, unbeachtet bleiben: Unterstellt man als untere Grenze der Bevölkerungszahl für den Versorgungsbereich eines Mittelzentrums 20.000 Einwohner (Richtwert in der Entschließung der Ministerkonferenz vom 8. Februar 1968), so wären in Nordrhein-Westfalen nach der kommunalen Neugliederung etwa die Hälfte aller Gemeinden als Mittelzentrum zu klassifizieren. Eine derart einheitliche Klassifizierung ohne Berücksichtigung der spezifischen Siedlungsstruktur und unterschiedlichen Verkehrsanschließung in den einzelnen Zonen des Landes, besonders dann, wenn sie mit einer analog einheitlichen Funktionszuweisung verbunden ist, kann den differenzierten Problemstellungen in den jeweiligen Zonen nicht gerecht werden.

Der Gesetzgeber trägt diesem Umstand Rechnung, indem er die Möglichkeit einer weiteren Differenzierung namentlich für das zentralörtliche System in den Verdichtungsgebieten des Landes offenläßt. Innerhalb einer Systemstufe wird dabei an eine weitergehende Funktionsteilung beispielsweise zwischen Siedlungsschwerpunkten gedacht.

In der Diskussion ist weiterhin eine Differenzierung der Unterzentren nach dem Muster der Gemeinden vom Typ A und Typ B [1] und der Mittelzentren nach ihrer Einstufung als Entwicklungsschwerpunkte im Landesentwicklungsplan II.

Eine endgültige Entscheidung über ein für Nordrhein-Westfalen sinnvoll modifiziertes Stufungssystem ist erst dann zu erwarten, wenn gemäß § 35 (b) des Landesentwicklungsprogramms die Novellierung des Landesentwicklungsplans I vorgenommen wird. [2]

Ebensowenig wie im Programm 1964 sind im neuen Landesentwicklungsprogramm Informationen enthalten, die mit einer spezifizierten Umschreibung der Funktionen einzelner Elemente des zentralörtlichen Systems Hinweise geben über Art und Umfang von privaten und öffentlichen Einrichtungen, die in den zentralen Orten vorhanden sein bzw. erst noch erstellt werden müssen, um in einem arbeitsteiligen, zentralörtlich strukturierten Verbund die Versorgung der Bevölkerung sichern zu können.

---

1) Die Bezeichnungen A- bzw. B-Gemeinden gehen auf das Gutachten "Die kommunale und staatliche Neugliederung des Landes Nordrhein-Westfalen, Abschnitt A: Die Neugliederung der Gemeinden in den Ländlichen Zonen" zurück, das der Landesregierung am 22.11.1966 von der durch sie eingesetzten Sachverständigenkommission erstattet wurde (Siegburg 1966).

2) Gesetz zur Landesentwicklung (Landesentwicklungsprogramm), a.a.O., S. 97.

5.4. Das Konzept der zentralen Orte in der Raumordnungspolitik der Länder - Eine synoptische Darstellung - [1]

Nachdem im vorherigen Abschnitt untersucht wurde, welcher Stellenwert dem Zentrale-Orte-Konzept in der Raumordnungspolitik des Bundes, in den Entschließungen der Ministerkonferenz für Raumordnung und letztlich in der Landesplanung des Landes Nordrhein-Westfalen zugewiesen wird, soll im folgenden ein kurzer Überblick darüber gegeben werden, inwieweit in der Raumordnungspolitik der anderen Flächenländer die Grundgedanken der Konzeption (gemäß Raumordnungsgesetz und Empfehlungen der Ministerkonferenz) aufgenommen und weitergeführt worden sind.

Für die folgende synoptische Darstellung wurden die Raumordnungsprogramme und -pläne nach folgenden Gesichtspunkten untersucht:

(1) Definition und Zielsetzung des zentralörtlichen Systems
(2) Struktur des zentralörtlichen Systems
(3) Rechtlicher Status
(4) Methoden der Ermittlung von Zentralität.

Abschließend wird versucht, die Vorstellungen der Länder hinsichtlich der Infrastrukturausstattung der zentralen Orte getrennt nach Zentralitätsstufen aufzulisten.

---

1) Vgl. dazu ebenfalls die Untersuchungen: BUNSE, K.P. und H. OLFEN, Die zentralen Orte in der Raumordnungspolitik der Bundesländer, DIVO-Information, Reihe 3 - Beiträge zur Stadt- und Regionalforschung, H. 5, 1969; Institut für Landes- und Stadtentwicklungsforschung des Landes Nordrhein-Westfalen, Übersicht über "Zentrale" Orte, Dortmund 1972; Institut für Raumordnung, Zielsetzung in den Entwicklungsprogrammen und -plänen der Länder, H. 73, Bonn - Bad Godesberg 1972; WAGENER, F., Ziele der Stadtentwicklung nach Plänen der Länder, Göttingen 1971.

Baden-Württemberg

1. Definition und Zielsetzung

"Die zentralen Orte nehmen als Versorgungskerne über ihren eigenen Bedarf hinaus Aufgaben für die Bevölkerung des Verflechtungsbereiches wahr. Sie sollen kulturelle und wirtschaftliche Einrichtungen besitzen, die über die eigenen Einwohner hinaus die Bevölkerung des Verflechtungsbereiches versorgen."

"Einrichtungen zur überörtlichen Versorgung eines Verflechtungsbereichs mit Dienstleistungen (zentralörtliche Einrichtungen) sind mit Schwerpunkt in den Zentralen Orten der verschiedenen Stufen zu errichten und auszubauen; sie sollen von jedem Wohnort aus mit zumutbarem Zeit- und Kostenaufwand erreichbar sein." [1)]

2. Struktur des zentralörtlichen Systems

Oberzentren: zur Deckung des Bedarfs an hochqualifizierten Leistungen

Mittelzentren: zur Deckung des gehobenen, seltener auftretenden qualifizierten Bedarfs

Unterzentren: zur Deckung des qualifizierten Bedarfs

Kleinzentren: zur Deckung des häufig wiederkehrenden überörtlichen Bedarfs.

3. Rechtlicher Status

Der Landesentwicklungsplan, in dem das Netz von zentralen Orten ausgewiesen ist, wird durch ein Gesetz vom

---

1) Landesentwicklungsplan vom 22. Juni 1971 (Landtagsdrucksache V/5400), Begründung der einzelnen Plansätze, Plankapitel 1.5: Zentrale Orte und Verflechtungsbereiche.

Landtag für alle öffentlichen Planungsträger verbindlich.
Die Regionalpläne, in denen die Unterzentren ausgewiesen werden, können von der obersten Landesplanungsbehörde durch Rechtsverordnung für verbindlich erklärt werden.

4. Methoden zur Festlegung der zentralen Orte [1)]

- Ermittlung der Dienstleistungszentralität einzelner Gemeinden über eine Befragung von Volksschulklassen
- Kriterium für die Einstufung der Gemeinden in die Hierarchie des zentralörtlichen Systems: Ausstattung mit zentralörtlichen Einrichtungen
- Kriterium für die Abgrenzung des Verflechtungsbereichs: Inanspruchnahme der zentralörtlichen Einrichtungen durch die Umlandbevölkerung
- Zusätzliche quantitative Kriterien: Einwohnerrichtzahlen als Reflex der wirtschaftlichen Tragfähigkeit und zumutbare Entfernungsmaßstäbe zur Fixierung des Nahbereichs.

Bayern

1. Definition und Zielsetzung

"Gemeinden, die sich als Mittelpunkt des wirtschaftlichen, sozialen und kulturellen Lebens eines bestimmten Einzugsbereichs eignen, können durch das Landesentwick-

---

1) Vgl. Zentrale Orte und ihre Verflechtungsbereiche in Baden-Württemberg, Ergebnisse eines Forschungsauftrags des Innenministeriums Baden-Württemberg, Arbeit aus dem Institut für Agrarwissenschaft der Universität Freiburg, Freiburg 1967.
Entwurf einer Denkschrift des Innenministeriums über Zentrale Orte und Verflechtungsbereiche in Baden-Württemberg, Stuttgart 1968.

lungsprogramm und die Regionalpläne als zentrale Orte bestimmt werden."
"Sie sollen nach der Eigenart und Bedeutung der angestrebten Mittelpunktaufgaben eingestuft werden und so über das ganze Staatsgebiet verteilt sein, daß möglichst gleichwertige Lebensbedingungen erreicht werden können. Zentrale Orte sind nach Maßgabe ihrer Aufgaben besonders zu fördern." [1]

2. Struktur des zentralörtlichen Systems

Oberzentren:	zur Deckung des spezialisierten höheren Bedarfs
Mittelzentren:	zur Deckung des gehobenen Bedarfs
Unter- und Kleinzentren:	zur Deckung des allgemeinen, häufig wiederkehrenden Bedarfs.

3. Rechtlicher Status

Als vorweggezogener Teilabschnitt des Landesentwicklungsprogramms setzt die Verordnung der Bayerischen Staatsregierung vom 3. August 1973 "Zentrale Orte und Siedlungsschwerpunkte" das Netz der zentralen Orte verbindlich fest.

4. Methoden zur Ermittlung der zentralen Orte

Kombination von drei Erhebungsmethoden

(1) Ermittlung einer Zentralitätsziffer für jede Gemeinde nach Maßgabe der Dienstleistungs- und Arbeitszentralität (nach E.G. KANNENBERG [2])

---

1) Bayerisches Landesplanungsgesetz (LPlG) vom 6. Februar 1970 (BayGV., S. 9), Art. 2, Nr. 3.

2) Vgl. KANNENBERG, E.G., Zur Methodik der Ermittlung von zentralen Orten und von Beurteilungsgrundlagen für Förderungsmaßnahmen,in:Informationen,18.Jg.,1968, S. 169 ff.

(2) Ermittlung eines sog. Dispersionsfaktors, der über die Konzentration von zentralen Einrichtungen Auskunft erteilt (nach O. BOUSTEDT [1])

(3) raumstrukturelle Methode u.a. auf der Basis der Ausstattung, der Verkehrslage, der vorhandenen Siedlungsstruktur, der Verflechtung mit Nachbarsiedlungen (nach G. ISBARY [2]).

Hessen

1. Definition und Zielsetzung

In den zentralen Orten "sollen vielfältige wirtschaftliche und kulturelle Leistungen angeboten werden".
"Die zentralen Orte sind einander so zuzuordnen und in ihrer Funktion zu stärken, daß der Bevölkerung in zumutbarer Entfernung die Vorteile der zentralen Einrichtungen dieser Orte zur Verfügung stehen. Dabei sind Standorte, Größe und Ausstattung der verschiedenen Einrichtungen sowohl örtlich wie auch regional aufeinander abzustimmen." [3]

2. Struktur des zentralörtlichen Systems

Oberzentren: zur Deckung des spezialisierten höheren Bedarfs

Mittelzentren: zur Deckung des gehobenen Bedarfs

---

1) Vgl. BOUSTEDT, O., Zentrale Orte in Bayern. Eine Methode zu ihrer Ermittlung auf Grund der Arbeitsstättenzählung vom 13. September 1950, in: Zeitschrift des Bayerischen Statistischen Landesamtes, 84. Jg., 1952, S. 1 ff.

2) Vgl. ISBARY, G., Zentrale Orte und Versorgungsnahbereiche, Mitteilungen aus dem Institut für Raumforschung, H. 56, Bad Godesberg 1965.

3) Hessisches Landesraumordnungsprogramm, Gesetz über die Feststellung des Hessischen Landesraumordnungsprogramms und zur Änderung des Hessischen Landesplanungsgesetzes vom 18.März 1970 (GB.Bl.,S.265),Abs.4, Nr. 4.

Unter- und Kleinzentren: zur Deckung des Grundbedarfs.

3. Rechtlicher Status

Die Rechtsgrundlage des Zentrale-Orte-Programms bilden das Landesraumordnungsprogramm (HLRO-Programm) vom 27.3.1970 und der Landesentwicklungsplan (LEP), der am 27.4.1971 als Gesetz festgestellt worden ist. Im LEP sind Ober- und Mittelzentren verbindlich festgelegt. Die Unter- und Kleinzentren sind nach Leitsätzen des LEP in regionalen Raumordnungsplänen darzustellen.

4. Methoden zur Ermittlung der zentralen Orte [1)]

- Ermittlung des Bestandes an zentralen Orten über Dienstleistungs- und Arbeitszentralität
- Kriterien zur Bewertung des Zentralitätsgrades:
  - o Verkehrslage der Gemeinden
  - o Ausstattung mit zentralen Einrichtungen
  - o Verhaltensweisen der Bevölkerung in bezug auf Einkaufsgewohnheiten und Benutzung von Infrastruktureinrichtungen
  - o Einwohnergrößenklasse
  - o Bedeutung als Gewerbegemeinde
  - o Anteil der Tätigen im tertiären Sektor an den gesamten Erwerbstätigen
  - o kommunale Leistungskraft (Realsteueraufbringungskraft)
  - o Verstädtung und Verdichtung (Urbanitätsgrad)
  - o topographisch bedingte Raumreserven.

---

1) Vgl. Der Hessische Minister des Innern, Erläuterungen zur Karte: Zentrale Orte und ihre Verflechtungsbereiche in Hessen, Wiesbaden 1968.

Niedersachsen

1. Definition und Zielsetzung

"Zentrale Orte sind gekennzeichnet durch Einrichtungen der Daseinsvorsorge, die ihrer Natur nach eines größeren Einzugsbereichs bedürfen. Diese Einrichtungen wie auch die zentralitätsanzeigenden Berufe sind für die soziale, verwaltungsmäßige und kulturelle Betreuung sowie für die Versorgung der Bevölkerung mit Dienstleistungen, Gütern und Verkehrsleistungen notwendig."

"Alle öffentlichen Investitionen für zentrale Einrichtungen sollen grundsätzlich in zentralen Orten vorgenommen werden. Es wird auch für die Wirtschaft in der Regel zweckmäßig sein, entsprechende Investitionen auf diese Orte zu konzentrieren." [1)]

2. Struktur des zentralörtlichen Systems

Oberzentren: zur Deckung des spezialisierten höheren Bedarfs

Mittelzentren: zur Deckung des gehobenen Bedarfs

Grundzentren: zur Deckung des Grundbedarfs.

3. Rechtlicher Status

Die Festlegung der zentralen Orte erfolgte für die Fachplanungsträger und Gebietskörperschaften verbindlich im Landes-Raumordnungsprogramm vom 18. März 1969.

---

1) Raumordnungsbericht 1968, Bericht der Landesregierung gemäß § 6 des Niedersächsischen Gesetzes über Raumordnung und Landesplanung, TZ 3.1.3.; Landes-Raumordnungsprogramm vom 18.3.1969, Niedersächsischer Minister des Innern, Hannover 1969, S. V/1.

4. Methoden zur Ermittlung der zentralen Orte [1]

Ermittlung und Einstufung der zentralen Orte aufgrund der Dienstleistungszentralität, Arbeitszentralität und Mindesteinwohnerzahlen für den Nahbereich.

Rheinland-Pfalz

1. Definition und Zielsetzung

Zentrale Orte sind solche Gemeinden, "die sich als Zentren der sozialen Betreuung, der Wirtschaft, Kultur, Versorgung und Verwaltung besonders eignen, weil sie in diesen Sachbereichen Einrichtungen und Anlagen zur Versorgung auch der Bevölkerung des Umlandes entweder bereits besitzen oder nach Planungsvorstellungen künftig erhalten sollen".
"Der Bevölkerung sollen in zumutbarer Entfernung zentralörtliche Einrichtungen zugänglich sein, die in Umfang und Ausstattung unter Berücksichtigung der zu betreuenden Bevölkerung städtischen Verhältnissen entsprechen." [2]

2. Struktur des zentralörtlichen Systems

Oberzentren:	zur Deckung des spezialisierten höheren Bedarfs
Mittelzentren:	zur Deckung des gehobenen Bedarfs
Unter- und Kleinzentren:	zur Deckung des allgemeinen Bedarfs (Grundversorgung) im Nahbereich.

1) Vgl. Raumordnungsbericht 1968, Bericht der Landesregierung von Niedersachsen, o.O. 1968, S. 25 f.

2) Landesentwicklungsprogramm Rheinland-Pfalz 1968, 2. Abschn.: Raumordnungsgutachten, TZ 213, Zentrale Orte; Landesgesetz für Raumordnung und Landesplanung vom 14. Juni 1966 (GV., S. 177), I. Abschn.: Raumordnung, § 3 Abs. 6.

3. Rechtlicher Status

Das Landesentwicklungsprogramm Rheinland-Pfalz legt Ober-, Mittel- sowie Unterzentren, die zu Mittelzentren auszubauen sind, nach § 11 Landesplanungsgesetz verbindlich fest. Unter- und Kleinzentren werden in regionalen Raumordnungsplänen durch die Genehmigung dieser Pläne verbindlich festgelegt.

4. Methoden zur Ermittlung der zentralen Orte [1]

Ermittlung der zentralen Orte erfolgte auf der Basis eines differenzierten Wertziffernsystems, das von den zentralörtlichen Einrichtungen der Gemeinden ausging, die für die Versorgung speziell der Umlandbevölkerung zur Verfügung stehen ("Bedeutungsüberschuß"). Die Summe der Wertziffern entschied über die Einstufung der zentralen Orte. In Grenzfällen wurde der "gesamte zentralörtliche Eindruck" in die Entscheidung mit einbezogen.

Saarland

1. Definition und Zielsetzung

Für die Auslastung der Einrichtungen zur Deckung des allgemeinen Bedarfs der Bevölkerung in sozialer, kultureller und wirtschaftlicher Hinsicht ist eine Gemeindegröße erforderlich, die nur wenige Gemeinden erreichen. Zentrale Orte übernehmen über ihren Bedarf hinaus Aufgaben für die Bevölkerung der Gemeinden innerhalb ihres Verflechtungsbereiches.

---

1) Vgl. Landesentwicklungsprogramm Rheinland-Pfalz, Bd. I, hrsg. v.d. Staatskanzlei Rheinland-Pfalz, Mainz 1968, insbes. S. 213 ff. (Wertziffernsystem).

"In allen Landesteilen sind zentrale Orte zu ermitteln oder vorzusehen und zu fördern. Es ist in ihnen ein höchstmögliches Maß an Ausstattung mit Einrichtungen aller Versorgungsbereiche anzustreben." [1]

2. Struktur des zentralörtlichen Systems

Oberzentren:	zur Deckung des spezialisierten höheren Bedarfs im Mittel- und Oberbereich
Mittelzentren:	zur Deckung des gehobenen Bedarfs im Mittelbereich
Unter- und Grundzentren:	zur Deckung des allgemeinen Bedarfs (Grundversorgung) im Nahbereich.

3. Rechtlicher Status

Bislang erfolgte keine verbindliche Festlegung der zentralen Orte. Ein Raumordnungsteilplan nach § 2 des Saarländischen Landesplanungsgesetzes, der die Ziele der Landesplanung und Raumordnung auf dem Gebiet der Versorgung mit Dienstleistung feststellt, ist in Arbeit.

4. Methoden zur Ermittlung der zentralen Orte

- Auswahl und Einstufung der zentralen Orte nach Dienstleistungs- [2] und Arbeitszentralität
- Abgrenzung der Versorgungsbereiche erfolgte aufgrund der Resultate einer Fragebogenaktion.

---

1) Raumordnungsprogramm des Saarlandes, II. Besonderer Teil vom 28. April 1970 (Amtsblatt, S. 496) B.: Räumliche Ordnung der Dienstleistungen, II. System zentraler Orte und III. Maßnahmen.

2) Nach der "raumstrukturellen Methode" von ISBARY. Vgl. ISBARY, G., Zentrale Orte und Versorgungsbereiche, a.a.O.

Schleswig-Holstein

1. Definition und Zielsetzung°

Zentrale Orte sind Gemeinden, "in denen Einrichtungen für die Versorgung nicht nur der eigenen Bevölkerung, sondern regelmäßig auch der ihrer Verflechtungsbereiche" unterhalten werden. "Die zentralen Orte sollen deshalb durch relative Größe, Ausstattung und ihre Verkehrslage gegenüber den anderen Gemeinden des Verflechtungsbereiches hervorheben."
"Die Grundvoraussetzung der arbeitsteiligen Gesellschaft - Wohnung, Arbeitsplatz, Bildungs- und Erholungsmöglichkeiten, zentrale Dienste, Versorgung, Verwaltung und Verkehr - sind in ihrer räumlichen Verteilung so aufeinander abzustimmen, daß alle Einwohner daran teilhaben können und versorgungstechnisch gut funktionierende Bereiche entstehen." [1)]

2. Struktur des zentralörtlichen Systems

Oberzentren:	zur Deckung des spezialisierten höheren Bedarfs
Mittelzentren:	zur Deckung des gehobenen Bedarfs
Unterzentren:	zur Deckung des allgemeinen Bedarfs (Grundversorgung)
Ländliche Zentralorte:	gleiche Funktion wie Unterzentren, allerdings mit geringerer Infrastrukturausstattung.

---

1) Raumordnungsplan für das Land Schleswig-Holstein vom 16. Mai 1969, i.d.F. vom 10. Mai 1971 (Amtsblatt, S. 221, V. Siedlungsstruktur (1).
Regionalplan für den Planungsraum I des Landes Schleswig-Holstein vom 16. April 1973 (Amtsblatt, S. 379), 4. Regional- und Siedlungsstruktur, insbes. 4.21: Die zentralen Orte und Stadtrandkerne im Planungsraum I.

Innerhalb der Oberbereiche übernehmen Standrandkerne I. und II. Ordnung Entlastungsfunktionen für die übergeordneten Ober- und Mittelzentren.

3. Rechtlicher Status

Die rechtliche Absicherung des Zentrale-Orte-Systems erfolgte im Raumordnungsprogramm vom 10. April 1967 und im "Gesetz über Grundsätze zur Entwicklung des Landes (Landesentwicklungsgrundsätze)" vom 13. April 1971.

4. Methoden zur Ermittlung der zentralen Orte [1)]

Maßgebliche Kriterien für die Auswahl und Einstufung der zentralen Orte waren die Einwohnerzahlen und bestimmte Mindestentfernungen von jedem Wohnplatz zum nächsten zentralen Ort. Dahinter steht die Intention, mit einem Netz von zentralen Orten ein flächendeckendes Versorgungssystem aufzubauen.

1) Vgl. Raumordnungsplan für das Land Schleswig-Holstein, in: Amtsblatt für Schleswig-Holstein, Nr. 23, Kiel 1969.

Mindestausstattungskataloge

OBERZENTRUM:	BW	BAY	HE	NS	RhPf	SA	SH
1. Bildungs- und Kultureinrichtungen							
- an die Hochschulreife anschließende Bildungsstätten (einschl. Hochschulen)	x	x	x	x	x	x	x
- Fachschulen, Akademie	x	x	x				
- Schulische Berufsbildungszentren		x					
- Bibliotheken			x				
- Theater	x	x	x	x	x	x	x
- Museum		x	x				
- Konzerthaus	x	x					
- Stadt- und Kongreßhalle		x			x		
2. Gesundheitswesen							
- (Groß-)Krankenhäuser, Schwerpunktkrankenhäuser	x	x	x	x	x	x	x
- Spezialkliniken			x		x	x	
3. Sporteinrichtungen							
- Sportstadien		x	x	x	x	x	x
- Dreifachsporthalle		x					
- Mehrbeckenhallenbad (Schwimmhallen)		x					x
4. Handel - Banken							
- Einkaufszentren zur Deckung des höheren Bedarfs (Großkaufhäuser)	x	x	x	x	x	x	x
- Spezialisierte Einkaufsmöglichkeiten			x	x	x	x	
- Großhotels					x		
- Größere Banken und Kreditinstitute (Hauptzweigstelle der LZB)	x		x	x	x	x	x
- Versicherungen	x					x	x

OBERZENTRUM:	BW	BAY	HE	NS	RhPf	SA	SH
5. Verkehr							
- Eisenbahnknotenpunkt			x				
- D-Zug-Station			x				
- Öffentliche innerstädtische Verkehrsmittel			x				
- Flugplatz/Flughafen			x				
6. Sonstige Infrastruktureinrichtungen							
- Dienststellen und Gerichte höherer Verwaltungsstufen		x	x	x	x	x	x
- Zeitungsverlage			x				

MITTELZENTRUM:	BW	BAY	HE	NS	RhPf	SA	SH
1. Bildungs- und Kultureinrichtungen							
- zur Hochschulreife führende Gymnasien bzw. mehrzügig gef. Gymnasium	x	x	x	x	x	x	x
- Gesamtschule			x				
- Realschule		x					
- Schulzentrum mit Sekundarstufe II				x		x	
- Berufsschule (Fachschule)					x		x
berufliches Schulwesen	x		x				
berufsbildende Schulen				x			
- Erwachsenenbildung		x	x		x		
- Sonderschulen			x		x		
- Bücherei					x		
- Einrichtungen für größere kulturelle und gesellsch. Veranstaltungen		x					

MITTELZENTRUM:	BW	BAY	HE	NS	RhPf	SA	SH
2. Gesundheitswesen							
- Krankenhaus mit mehreren Fachabteilungen	x		x	x	x	x	x
Akutkrankenhäuser							
Fachärzte verschiedener Fachrichtungen		x			x	x	
- Sozialbetreuung		x					
- Jugendzentrum		x					
3. Sporteinrichtungen							
- (größere) Sportanlagen		x		x	x	x	x
differenzierter:							
o kl. Stadion			x				
o Sporthalle			x		x	x	
o Hallenbad		x	x		x		x
o mehrere Spezialsportanlagen			x		x		
o Mehrfachsporthalle							
4. Handel - Banken							
- Einkaufsmöglichkeiten für den gehobenen Bedarf (langlebige Verbrauchsgüter, vielseitige Einkaufsmöglichkeiten; Kaufhäuser)	x	x	x	x	x	x	x
- Geschäftsstellen von Versicherungen, Handels- und Wirtschaftsorganisationen	x						
- Handwerksbetriebe mit differenziertem Angebot (Fachgeschäfte)		x	x		x		
- Freie Berufe aus den verschiedenen Lebens- und Wirtschaftsbereichen		x					
- Mehrere Geldinstitute			x		x		x
5. Verkehr							
- Busbahnhof			x				
- Einzugstation			x		x		
- Anschluß an Bundesfernstraßennetz					x		

MITTELZENTRUM:	BW	BAY	HE	NS	RhPf	SA	SH
6. Sonstige Infrastruktureinrichtungen							
- Postamt mit Verwaltung			x				
- Größere Park- und Grünanlagen		x					
- Lokalzeitung			x				
- Untere Bundes- und Landesbehörden oder Dienststellen und Gerichte							x

UNTER- BZW. KLEINZENTREN:	BW	BAY	HE	NS	RhPf	SA	SH
1. Bildungs- und Kultureinrichtungen							
- Gymnasien (teilausgebaut)	x				x		x
Gesamtschule mit Sekundarstufe I			x	x			
Realschule	x				x		x
- Mittelpunktschule (Hauptschule)	x	x	x		x	x	x
- Sonderschule							x
- Grundschule		x					
- Fachschule							x
- Bücherei		x	x				
- Einrichtungen der Jugend- und Erwachsenenbildung	x	x					
2. Gesundheitswesen/Sozialeinrichtungen							
- kleineres Krankenhaus	x				x		
- Ärzte, Fachärzte, Zahnärzte		x	x	x	x	x	x
- Jugendheim			x				x
- Kindergarten		x					x
- Apotheke		x	x	x		x	x

UNTER- BZW. KLEINZENTREN:	BW	BAY	HE	NS	RhPf	SA	SH
3. Sporteinrichtungen							
- Spiel- und Sportstätten	x			x	x	x	x
Fußballplatz			x				
- differenzierter Sportplatz mit 400-m-Bahn		x	x		x		
Freibad		x	x				
einzelne Spezialsportanlagen			x				
Sporthalle		x	x		x		
Hallenbad					x	x	x
Sportzentrum					x		
4. Handel - Banken							
- Kreditinstitute	x	x	x				x
- Angebot für einzelne Verbrauchsgütergruppen (Einzelhandelsbetriebe)	x		x		x		x
- Geschäfte mit umfangreichem Warenangebot (Grundbedarf)	x	x	x	x			x
- Mehrere Handwerkszweige			x	x	x	x	x
- Dienstleistungen zur Deckung des Grundbedarfs		x		x	x	x	x
- Übernachtungsmöglichkeit		x					
5. Verkehr							
- Haltestelle von Buslinien			x				
- Haltestelle von Bundesbahn			x				
- Personen- und Güterbahnhof			x				
- gute Verkehrsverbindungen MZ und OZ							x
6. Sonstige Infrastruktureinrichtungen							
- Postamt		x					
- Telefonvermittlung			x				
- Verbandsgemeindeverwaltung (Kommunalverwaltung)					x		x
- Staatliche Behörden oder Dienststellen (Gerichte)							x
- Arbeitsamtsnebenstelle							x
- Zentrale Wasserversorgung und Abwasserbeseitigung							x
- Industrielle Arbeitsplatzkonzentration							x

Der Überblick über die Zentrale-Orte-Konzeption der einzelnen Bundesländer führt zu folgenden Ergebnissen:

1. Vergleicht man die im vorangegangenen Abschnitt dargestellten siedlungsstrukturellen Zielsetzungen der einzelnen Länder, so ist zu erkennen, daß zumindest auf dieser relativ hohen Abstraktionsebene der Zielformulierung inhaltlich keine gravierenden Abweichungen untereinander und von den Grundsätzen und Zielen des Raumordnungsgesetzes bzw. von der Entschließung der Ministerkonferenz für Raumordnung vorhanden sind. Den Kernpunkt der Aussagen bilden die besonderen Versorgungsfunktionen der zentralen Orte für ihre Verflechtungsgebiete in wirtschaftlicher, sozialer, kultureller und verwaltungsmäßiger Hinsicht. Die allgemeine Handlungsmaxime lautet: Förderung des Auf- und Ausbaus eines Netzes von zentralen Orten.

2. Auch in der hierarchischen Abstufung des zentralörtlichen Systems besteht weitgehend Einheitlichkeit. Nahezu durchgängig wird von dem vierstufigen Gliederungsschema der Ministerkonferenz für Raumordnung ausgegangen (Ausnahme: Niedersachsen). Andere Abweichungen haben ausschließlich den Charakter terminologischer Varianten. Allerdings erachtet das neue Landesentwicklungsprogramm von Nordrhein-Westfalen eine weitere Differenzierung des Stufungssystems für notwendig. Eine definitive Entscheidung hierüber steht zum gegenwärtigen Zeitpunkt noch aus.

3. Mit Ausnahme des Saarlandes haben alle Länder die zentralen Orte rechtsverbindlich festgelegt.

4. Die Auflistung der von den einzelnen Ländern angewandten Ermittlungsmethoden zur räumlichen Fixierung des zentralörtlichen Systems spiegelt - trotz der notwendigen Kürze - den gleichen Methodenpluralismus wider, der auch in der regionalwissenschaftlichen Literatur zu finden ist.

5. Als höchst unbefriedigend muß der Tatbestand empfunden werden, daß in Nordrhein-Westfalen die nach dem Grad der Zentralität unterschiedlichen Funktionen der zentralen Orte noch nicht operational definiert wurden. Oder anders ausgedrückt: Bislang ist noch keine Entscheidung darüber herbeigeführt worden, welche zentralen Einrichtungen in den jeweiligen Funktionsstufen zur Realisierung der landesplanerischen Zielsetzung vorhanden sein bzw. noch erstellt werden müssen. Bewegt man sich also auf der Basis der vollzogenen politischen Entscheidungen, so ist von dort her zur Zeit der Umfang der für die Funktionserfüllung der zentralen Orte notwendigen Infrastrukturinvestitionen, die in den Aufgabenbereich der Kommunen fallen, nicht abzuleiten.

Dagegen konnten aus den Raumordnungsberichten, Entwicklungsprogrammen und -plänen der anderen Flächenländer - in mehr oder weniger detaillierter Form - Angaben über diejenigen Infrastruktureinrichtungen entnommen werden, deren Vorhandensein in den einzelnen Zentren als notwendig erachtet wird. Aus der tabellarischen Übersicht dieser Ausstattungsnormen ist erkennbar, daß die meisten Länder dabei wohl von den Empfehlungen der Ministerkonferenz für Raumordnung vom 8.2.1968 [1] ausgegangen sind, dagegen den von der Ministerkonferenz speziell für die Mittelzentren verabschiedeten Ausstattungskatalog [2] noch nicht berücksichtigt haben.

---

1) Entschließung der Ministerkonferenz für Raumordnung vom 8.2.1968, Zentrale Orte und ihre Verflechtungsbereiche, in: Raumordnungsbericht 1968 der Bundesregierung, a.a.O.

2) Entschließung der Ministerkonferenz für Raumordnung vom 15.6.1972, Zentralörtliche Verflechtungsbereiche mittlerer Stufe in der Bundesrepublik Deutschland, in: Raumordnungsbericht 1972 der Bundesregierung, a.a.O.; vgl. Kapitel 5.2.2.2. (I. Teil).

Die vergleichsweise spezifizierten Ausführungen von Hessen und Rheinland-Pfalz sind dem Großen Hessenplan (Landesentwicklungsplan HESSEN '80) [1] bzw. dem Raumordnungsbericht 1973 der Landesregierung Rheinland-Pfalz [2] entnommen.

Insgesamt zeigt sich noch ein recht lückenhaftes und heterogenes Bild von den (manifestierten) Vorstellungen über die zur Wahrnehmung der zentralörtlichen Funktionen notwendige Infrastrukturausstattung. Allerdings deuten sowohl die Bemühungen der Ministerkonferenz für Raumordnung wie auch die der in der Synopse aufgeführten Bundesländer darauf hin, daß diese Akteure es für unabdingbar erachten, die spezifischen Versorgungsfunktionen der einzelnen Zentralitätsstufen in konkrete Infrastrukturkataloge umzusetzen, um damit für die staatliche und kommunale Infrastrukturpolitik operationale Zielgrößen zu schaffen.

---

1) Großer Hessenplan, Landesentwicklungsplan, hrsg. vom Hessischen Ministerpräsidenten, Wiesbaden 1970, S. 11.

2) Raumordnungsbericht 1973 der Landesregierung Rheinland-Pfalz, hrsg. von der Staatskanzlei Rheinland-Pfalz - Oberste Landesplanungsbehörde -, Mainz 1974, S. 17 f.

II. Teil: Der Finanzausgleich als Regelwerk der Aufgaben- und Einnahmenverteilung zwischen Land und Gemeinden

1. Zum Begriff "Finanzausgleich"

Der Begriff des Finanzausgleichs wurde Anfang der zwanziger Jahre von A. HENSEL mit seiner Abhandlung über den "Finanzausgleich im Bundesstaat in seiner staatsrechtlichen Bedeutung" in die deutsche finanzwirtschaftliche Praxis und wissenschaftliche Literatur eingeführt. [1] Seitdem hat sich der Begriffsinhalt, der sich hinter dem wegen seiner Vieldeutigkeit vielfach kritisierten Terminus verbirgt, bedeutend gewandelt. Während noch POPITZ (1927) den Finanzausgleich definiert als "die Gesamtheit der Tatbestände und Regelungen, die die finanziellen Beziehungen unter dem in einem Einheitsstaat oder in einer Staatenverbindung vorhandenen Gebietskörperschaften zum Inhalt haben" [2], erweitert ALBERS den Objektbereich des Finanzausgleichs, indem er ausdrücklich die Verteilung der Aufgaben auf die Gebietskörperschaften in die Betrachtung mit einschließt.[3][4]

---

1) Vgl. BICKEL, W., Der Finanzausgleich, in: Handbuch der Finanzwissenschaft, Bd. II, 2. Aufl., Tübingen 1956, S. 731.

2) POPITZ, J., Der Finanzausgleich, in: Handbuch der Finanzwissenschaft, Bd. II, 1. Aufl., Tübingen 1927, S. 343.

3) Vgl. ALBERS, W., Finanzausgleich III, Deutschland, in: Handwörterbuch der Sozialwissenschaften, Bd. 3, Stuttgart, Tübingen, Göttingen 1961, S. 553; vgl. ebenso: W. BICKEL in Anlehnung an STUCKEN: Es handelt sich beim Finanzausgleich ... um die Verteilung der Rechte und Pflichten, bestimmte Aufgaben zu erfüllen, hierfür Ausgaben zu machen und sich Einnahmen zu beschaffen, zwischen den verschiedenen, ein Finanzausgleichssystem bildenden öffentlichen Gebietskörperschaften. BICKEL, W., Der Finanzausgleich, a.a.O., S. 732; STUCKEN, R., Zur Neuordnung des Finanzausgleichs, Jahrbücher für Nationalökonomie und Statistik, 127, 1927, S. 721; WITTMANN, W., Einführung in die Finanzwissenschaft, III. Teil, Stuttgart 1972, S. 108; HEDTKAMP, G., Lehrbuch der Finanzwissenschaft, Neuwied-Berlin 1968, S. 36 f.

4) auf S. 115.

Diese Ausdehnung des Problemfeldes erscheint deshalb sinnvoll und notwendig, weil einer Verteilung der Staatsfinanzen die Regelung der Aufgabenkompetenzen logisch vorausgehen muß.[1] Erst auf der Basis einer nach staatsrechtlichen, staatspolitischen und ökonomischen Kriterien erfolgten Aufgabenverteilung zwischen den verschiedenen öffentlichen Körperschaften können deren finanzielle Beziehungen adäquat in dem Sinne geordnet werden, daß für die Lösung der zugewiesenen Aufgaben auch hinreichend Finanzmittel zugewiesen werden.[2]

Die Verteilung der öffentlichen Aufgaben auf die einzelnen Träger bezeichnet KELLER[3] als "passiven" Finanzausgleich, die (möglichst) korrespondierende Ordnung der finanziellen Beziehungen als "aktiven" Finanzausgleich.

In einem föderativen Staatswesen sind derartige Aufgaben- und Einnahmenverteilungen zum einen zwischen den einzelnen vor- bzw. nachgeordneten Staatsebenen (vertikaler Finanzausgleich), zum anderen zwischen gleichrangigen Gebietskörperschaften einer Ebene (horizontaler Finanzausgleich) notwendig.[4]

Fortsetzung von S. 114

4) Prägnanter als der deutsche Terminus "Finanzausgleich" umschreibt der angelsächsische Begriff "intergovernmental fiscal relations" den relevanten Tatbestand.

1) MOLL spricht in diesem Zusammenhang von einem logischen Primat der Verteilung der Aufgabenkompetenzen. Vgl. MOLL, B., Probleme der Finanzwissenschaft, Leipzig 1924, S. 27.

2) Vgl. WITTMANN, W., Einführung in die Finanzwissenschaft, III. Teil, a.a.O., S. 109.

3) Vgl. KELLER, Th., Finanzausgleich I, in: Handwörterbuch der Sozialwissenschaften, Bd. 3, a.a.O.,S.542.

4) Grundsätzlich können natürlich auch in einem zentralistischen Einheitsstaat infolge einer dezentralisierten Staatsverwaltung ähnliche mehrstufige Finanzausgleichsregelungen nötig sein. Die dabei auftretenden Probleme werden allerdings anders als in einem föderalistischen Staat eher organisatorischer, verwaltungsökonomischer als staatspolitischer Art sein.

Der letztgenannte horizontale Finanzausgleich kann zwischen den einzelnen Gebietskörperschaften institutionalisiert werden ohne Einschaltung einer übergeordneten Instanz (z.B. Finanzausgleich zwischen den Ländern) oder mit Eingreifen einer vorgelagerten Gebietskörperschaft, z.B. zwischen den Kommunen über das Land. [1]
In diesem Fall spricht man von einem "vertikalen Finanzausgleich mit horizontalem Effekt" [2].

Nach diesem Prinzip ist auch der kommunale Finanzausgleich - wie er im Thema der Untersuchung angesprochen ist - konstruiert. Vom Begriffsinhalt her sind jedoch wesentliche Reduktionen zu treffen: Der kommunale Finanzausgleich setzt sowohl die Regelung der Aufgabenkompetenzen wie auch die Verteilung der Steuereinnahmen auf Bund, Länder und Gemeinden als gegeben voraus. Er ist im eigentlichen Sinne nur ein "ergänzender" Finanzausgleich [3] zu den Aufgaben- und Einnahmenregelungen, wie sie in der Verfassung verankert sind. Grundsätzlich erscheint es zwar zumindest in einem Rationalmodell möglich, eine Aufgaben-, Ausgaben- und Einnahmenverteilung im Rahmen des vertikalen Finanzausgleichs mit einem derart optimalen Entsprechungsverhältnis zu entwickeln, daß ergänzende horizontale Finanzausgleichsmaßnahmen überflüssig werden. Die Praxis hat jedoch gezeigt, daß wegen der unterschiedlichen Leistungskraft der einzelnen Gebietskörperschaften, die u.a. aus unterschiedlichen Bevölkerungs- und Wirtschaftsstrukturen resultieren, eine in etwa gleichmäßige und einheitliche Aufgabenerfüllung

---

1) Vgl. BÖS, D., Eine ökonomische Theorie des Finanzausgleichs, Wien 1971, S. 59.

2) SCHMÖLDERS, G., Finanzpolitik, 3. Aufl., Berlin, Heidelberg, New York 1970, S. 166.

3) HACKER, H., Finanzausgleich, in: Handbuch der kommunalen Wissenschaft und Praxis, 3. Bd., Berlin, Göttingen, Heidelberg 1959, S. 420.

nur über zusätzliche, horizontal wirkende Finanzausgleichsmaßnahmen gewährleistet werden kann.[1] Ein in diesem Sinne ausgleichendes Verfahren, wie es zwischen den Ländern praktiziert wird, kann auf kommunaler Ebene allein wegen der Vielzahl der zu berücksichtigenden Gemeinden nicht durchgeführt werden.[2]

Finanzausgleichseffekte vergleichbaren Charakters werden aber dann hilfsweise erreicht, wenn das Land als Träger des kommunalen Finanzausgleichs in einem differenzierenden Verfahren die Mittel des gemeinsamen (obligatorischen und fakultativen) Steuerverbunds[3] auf die Gemeinden (GV) verteilt.

Unter kommunalem Finanzausgleich, wie er in der vorliegenden Thematik angesprochen wurde, soll die Summe der Regelungen verstanden werden, die diese Verteilung auf die Kommunen organisieren. Die einzelnen Bestimmungen werden jährlich in Finanzausgleichsgesetzen durch die Länderparlamente verabschiedet.

Bevor im einzelnen auf die Funktionen und Wirkungsweisen des kommunalen Finanzausgleichs eingegangen wird, sollen zunächst - in Anerkennung des logischen Primats des "passiven" Finanzausgleichs - die Einflußfaktoren angesprochen werden, die bei der Zuordnung von Aufgaben auf die einzelnen staatlichen Ebenen eines föderativen Staats-

---

1) Vgl. KAMP, M.E., C. LANGHEINRICH, F.H. STAMM, Die Ordnung der öffentlichen Finanzen, Bonn 1971, S. 83.

2) Vgl. SCHMÖLDERS, G., Finanzpolitik, a.a.O., S. 166.

3) Obligatorischer Steuerverbund gemäß Art. 106, Abs. 7, Satz 1 GG, Fakultativer Steuerverbund gemäß Art. 106, Abs. 7, Satz 2 GG.
Vgl. hierzu MEYER, H., Die Finanzverfassung der Gemeinden. Ein Beitrag zur Stellung der Gemeinden in der Finanzverfassung des Bundes (Schriftenreihe des Vereins für Kommunalwissenschaften e.V. Berlin, Bd. 22), Stuttgart u.a. 1969, insbes. §§ 8-10.

gebildes wie der Bundesrepublik Deutschland von Bedeutung sind. Insbesondere interessiert im weiteren Zusammenhang, welche Konsequenzen landesplanerische Zielsetzungen wie das zentralörtliche Versorgungskonzept auf die Aufgabenstruktur der Kommunen haben kann.

2. Der kommunale Aufgabenbereich

2.1. Die Problematik der aufgaben- und ausgabenpolitischen Autonomie der Kommunen

Die Verteilung der Aufgabenkompetenzen auf die einzelnen staatlichen Ebenen erfolgt in einem föderativen Staatsgebilde nach dem Prinzip der Subsidiarität. Demzufolge verbleiben öffentliche Aufgaben solange im Zuständigkeitsbereich der kommunalen Ebene, wie sie von ihr optimal erfüllt werden können.[1] Erst wenn das nicht mehr gewährleistet werden kann, wird die übergeordnete Körperschaft mit der Wahrnehmung der Aufgabe betraut. Der besondere politische Stellenwert des Grundsatzes der Subsidiarität zeigt sich deutlich in der Garantie der kommunalen Selbstverwaltung, wie sie in Art. 28, Abs. 2 des Grundgesetzes zu finden ist.

Allerdings lassen sich weder aus dieser Selbstverwaltungsgarantie noch aus dem Subsidiaritätsprinzip hinreichend deutliche Abgrenzungskriterien für den kommunalen Betätigungsbereich entwickeln,[2] zumal die Optima des

1) Vgl. HANSMEYER, K.-H., Zur Theorie der kommunalen Finanzwirtschaft, in: Kommunalwissenschaftliche Forschung, hrsg. von W. HAUS (Schriften des Vereins für Kommunalwissenschaften e.V. Berlin), Stuttgart u.a. 1966, S. 164.

2) Vgl. ebenda, S. 164.

Umfangs der kommunalen Aufgabenerfüllung sowohl politisch wie ökonomisch als auch verwaltungstechnisch determiniert sein können.

Für eine weitgehende Konzentration öffentlicher Aufgaben auf die kommunale Ebene sprechen die verwaltungstechnischen Argumente: Viele Aufgaben sind durch dezentrale Aktoren, d.h. Gemeinden oder Gemeindeverbände infolge der Problemnähe und des Informationsvorsprungs elastischer, billiger und schneller zu bewältigen.[1] Diese Argumente allein lassen es jedoch nicht zwingend erscheinen, den Kompetenzbereich der Gemeinden (GV) entsprechend voluminös auszuweiten. Ihnen würde bereits schon dann hinreichend Rechnung getragen, wenn die Gemeinden (GV) als Stellen der "mittelbaren Staatsverwaltung"[2] öffentliche Aufgaben übergeordneter Gebietskörperschaften im Wege der Auftragsverwaltung durchführen. Eine derartige Tätigkeit der Kommunen (GV) entspricht jedoch nicht der Idee der gemeindlichen Selbstverwaltung, die "im eigenen Namen , unter eigener Verantwortung, durch eigene gewählte Organe unter der Rechtsaufsicht des Staates"[3] öffentliche Aufgaben gesetzmäßig erfüllen will.

Für eine kommunale Kompetenz in diesem Sinne argumentieren stärker die politischen Momente: Dadurch, daß entsprechend der föderalistischen Staatsauffassung über öffent-

---

1) Vgl. ALBERS, W., Aufgabe und Stellung der Gemeinden im Finanzsystem der gesamten öffentlichen Hand, in: Finanzarchiv, N.F., Bd. 19 (1958/59), S. 399.

2) FORSTHOFF, E., Lehrbuch des Verwaltungsrechts, Bd. I, Allgemeiner Teil, München 1950, S. 339 ff.

3) BECKER, E., Der Finanzausgleich, der Verwaltungsverbund und die Selbstverwaltungsgarantie, in: Kommunale Finanzen. Vorträge und Diskussionsbeiträge des 27. Staatswissenschaftlichen Fortbildungskurses der Hochschule für Verwaltungswissenschaft, Speyer 1959, S. 26.

liche Ausgaben dezentral in für die Bürger überschaubare Organisationseinheiten entschieden und danach gehandelt wird, kann das Interesse des einzelnen Staatsbürgers geweckt und die bürgerschaftliche Initiative belebt werden. [1] Daraus folgert u.a. HALLER, daß es "zur Sicherung der demokratischen Willensbildung 'von unten nach oben' sich als zweckmäßig erweist, kleinere Gemeinschaftsaufgaben selbständigen Körperschaften kleineren Umfangs zu übertragen" [2]. Die Erfahrungen mit der kommunalpolitischen Praxis lassen jedoch u.a. W. ALBERS [3] an dieser Rechtfertigung einer umfangreichen Autonomie der kommunalen Gebietskörperschaften Zweifel aufkommen. Er weist darauf hin, daß weder die geringe Beteiligung bei den Kommunalwahlen noch das geringe Interesse der Gemeindebürger an den Beratungen der Kommunalparlamente die These stützen könnten, die bürgerschaftliche Anteilnahme bei öffentlichen Angelegenheiten auf kommunaler Ebene sei größer als bei öffentlichen Maßnahmen des Bundes und der Länder. [4] Hinzu kommt, daß zumindest in den Verdichtungsgebieten der Unmittelbarkeit der Demokratie auf der Gemeindeebene durch die persönliche Bindung der Bürger an die Gemeindeaufgaben die Größe des Gemeinwesens entgegensteht.[5] Allerdings kann aus diesen Erfahrungstatbeständen kein prinzipieller Widerspruch zur Nützlichkeit kommunaler Selbstverwaltung unter dem politisch erzieherischen Aspekt

---

1) Vgl. WILLEKE, F.W., Die gemeindliche Finanzreform unter Berücksichtigung der Erhöhung bürgerschaftlicher Selbstverantwortung und Milderung der Steuerkraftunterschiede der Gemeinden, in: Kommunale Finanzen, Vorträge und Diskussionsbeiträge des 27. Staatswissenschaftlichen Fortbildungskurses der Hochschule für Verwaltungswissenschaften, Speyer 1959, S. 56.

2) HALLER, H., Finanzpolitik, Grundlagen und Hauptprobleme, Tübingen, Zürich 1957, S. 127.

3) Vgl. ALBERS, W., Die Aufgaben- und die Einnahmenverteilung auf die Gebietskörperschaften, in: Archiv für Kommunalwissenschaften, Jg. 1 (1962), S. 65 ff.

4) Vgl. ebenda, S. 71.

5) Vgl. ebenda, S. 71.

abgeleitet werden. Die vielerorts zu beobachtende Passivität des Bürgers gegenüber kommunalpolitischen Aktivitäten beweist zunächst einmal nur, daß bürgerschaftliche Partizipation nur dann stattfinden kann, wenn die u.a. aus obrigkeitsstaatlichem Denken gewachsene Kluft zwischen der Bevölkerung und der Kommunalverwaltung durch neue Formen der Kommunikation, durch bewußte Anregung und Förderung von Aktivitäten Einzelner oder Kleingruppen (und sei es anfangs auf der Basis von Kritik und Beschwerde) überbrückt und bei der Bevölkerung eine "aufgeklärte Kooperationsbereitschaft" [1] entwickelt wird. [2] Das Hemmnis der wachsenden Gemeindegröße als Folge kommunaler Neuordnungsmaßnahmen ist dann nur noch ein Organisationsproblem. Eine Lösung scheint hierbei in der Institutionalisierung einer Bezirks- oder Ortsteilverfassung zu liegen. [3]

Plädierten bislang sowohl die verwaltungstechnischen wie die allgemein politischen Argumente für eine weitgehende Dezentralisierung der staatlichen Aufgabenerfüllung durch die untere Regierungsebene, so werden grundsätzliche Schwächen einer derartigen Aufgabenverteilung bei einer ökonomischen Betrachtungsweise sichtbar. [4] [5]

---

1) OFFE, C., Sachzwang und Entscheidungsspielraum, in: Stadtbauwelt, Jg. 60 (1969), H. 23, S. 180.

2) Im einzelnen zu den Aktivierungsmaßnahmen: LAUX, E., Kommunale Selbstverwaltung im Staat der siebziger Jahre, in: Archiv für Kommunalwissenschaften, 9. Jg. (1970), S. 217 ff.

3) Vgl. jedoch die Bedenken eines "Selbstverwaltungsersatzes" bei STERN, K., Grundfragen zur Verwaltungsreform im Stadtumland. Empfehlungen zur Neuordnung von Ballungsgebieten, dargestellt am Großraum Hannover, 2. Aufl., Berlin und Frankfurt a.M. 1969, S.29 f.

4) Allerdings erfolgt diese ökonomische Betrachtung unter Verwendung politischer Werturteile und ist damit letztlich wieder politisch.

5) LIEDTKE sieht zwischen den politischen und ökonomischen Momenten bei der Bestimmung der optimalen Kompentenzstruktur einer Föderation sogar eine dichotomische Beziehung. LIEDTKE, C., Theorie der öffentlichen Güter und optimale Struktur einer Föderation, Berlin 1972, S. 103.

Zwar hat TIEBOUT [1] versucht, die Vorteile einer umfassenden kommunalen Aufgaben- und Finanzautonomie in einem Gleichgewichtsmodell darzustellen. Dabei fungieren die Gemeinden als Anbieter, die Einwohner als Nachfrager von lokalen Kollektivgütern. In Analogie zu den Preisen beim Marktmechanismus sorgen die von den Kommunen autonom erhobenen Steuern für einen Ausgleich von Angebot und Nachfrage, indem sie Wanderungen induzieren. Im Gleichgewichtsstadium entsprechen die kommunalen Budgets in Qualität und Quantität den Präferenzen der jeweiligen Einwohnerschaft. Der Aussagegehalt dieser Modellbetrachtung relativiert sich jedoch mit der Realitätsferne konstitutiver Prämissen wie: volle Mobilität aller privaten Wirtschaftssubjekte, vollkommene Transparenz über sämtliche von allen Kommunen erstellten öffentlichen Güter, Nichtexistenz von Nutzendiffusion über die Gemeindegrenzen hinaus (spillover of benefits), d.h. Koinzidenz von kommunalem Verwaltungsraum mit dem Gebiet, in dem die Nutzen der betreffenden Kollektivgüter anfallen. [2]

Bei der vorliegenden Themenstellung muß besonders dem Problem der "Spillover"-Effekte aus folgenden Gründen nähere Aufmerksamkeit gewidmet werden: Erstens wird mit der steigenden Verflechtung der wirtschaftlichen und sozialen Beziehungen unter den Kommunen der Umfang von "Spillover"-Effekten zunehmen, [3] zweitens werden im Rahmen des zentralörtlichen Versorgungskonzeptes derartige

---

1) TIEBOUT, Ch.M., A Pure Theory of Public Expenditures, in: The Journal of Political Economy, Vol. 64 (1956), S. 416-424.

2) Bei Übereinstimmung von Nutzen- und (kommunalem) Verwaltungsbereich bestimmter öffentlicher Güter herrscht nach OLSON "fiskalische Äquivalenz". Vgl. OLSON, M., Jr., The Principles of "Fiscal Equivalence". The Division of Responsibilities among different levels of Government, in: American Economic Review, May 1969, S. 483.

3) Nach BREAKs Meinung berühren nahezu alle kommunalen Leistungen in irgendeiner Weise auch die "outsiders", d.h. die außerhalb der "spillover-exportierenden" Gemeinde wohnende Bevölkerung des Umlandes.
BREAK, G.F., Intergovernmental Fiscal Relations in the United States, Studies of Government Finance, The Brookings Institution, Washington D.C. 1967, S. 68.

"Spillover"-Effekte bewußt produziert, indem ein zentraler Ort für seinen gesamten Versorgungsbereich bestimmte zentrale Güter und Dienste zur Verfügung stellt.

Bei einer dezentral organisierten Aufgabenerfüllung und damit einer dezentralen Planung der Infrastrukturinvestitionen ist die Existenz dieser "spillovers" dann problemhaft, wenn durch sie eine suboptimale Versorgung mit Infrastrukturleistungen verursacht bzw. eine optimale Allokation von Ressourcen verhindert wird. [1)]

Die These, daß bei einem dezentralisierten Entscheidungsprozeß die "Spillover"-Effekte zu einer allgemeinen Unterversorgung führen, wurde im Zusammenhang mit den Aufgaben des Erziehungssektors von WEISBROD [2)] aufgestellt. [3)] Dabei geht er davon aus, daß die Region (bzw. Gemeinde, d.V.) das Ziel verfolgt, den eigenen Wohlstand zu maximieren, indem sie ihre Infrastrukturpolitik so zu gestalten versucht, daß der Grenznutzen für die Region (bzw. Gemeinde) den Grenzkosten ihrer Infrastrukturinvestitionen entspricht. Dadurch, daß Bewohner des Umlandes die Einrichtungen der Region (Gemeinde) nutzen, wird Nutzen in die benachbarte Region (Gemeinde) exportiert ("spillover-effects"). Da derartigen "benefit-spillouts" keine kompensierenden Nutzenimporte gegenüberstehen bzw. - so WEISBROD - derartige "benefit-spill-ins" von den regionalen (kommunalen) Entscheidungsträgern nicht realisiert

---

1) MUSGRAVE,R.A.,The Theory of Public Finance, New York, Toronto, London 1959, S. 179 ff.

2) Vgl. WEISBROD, B.A., Geographic Spillover Effects and the Allocation of Resources to Education, in: MARGOLIS (Ed.), The Public Economy of Urban Communities, Washington 1965, S. 192-206; ders., External Benefits of Public Education. An Economic Analysis, Princeton 1964.

3) Die Unterversorgungsthese wird ebenfalls vertreten von: BRETON, A., A Theory of Government Grants, in: Canadian Journal of Economics and Political Science, Vol. 31 (1965), S. 175 ff.; OATES, W.E., The Theory of Public Finance in a Federal System, in: Canadian Journal of Economics, Vol. 1 (1968), S. 51 ff.

werden, sinken die Investitionen für Infrastrukturbereiche mit extensiven externen Effekten tendenziell unter das Optimum. [1] Vergleichbar umfangreiche "Spillover"-Effekte sind unter anderem bei Investitionen aus dem Bereich des Umweltschutzes, des Gesundheitswesens und des Verkehrswesens festzustellen. [2] Relativ geringe räumliche Nutzendiffusionen zeigen beispielsweise Infrastruktursubsektoren wie Elektrizitäts- und Wasserversorgung, Polizei- und Feuerschutz. [3]

WEISBRODs Unterversorgungsthese ist vielfach kritisch diskutiert worden. WILLIAMS [4] bemängelt ihre Allgemeingültigkeit: Es sei unmöglich, wegen der Komplexität der Interaktionsfelder von vornherein Unter- oder Überversorgung im Infrastrukturbereich vorauszusagen. [5]

Während sich die Einwände der genannten Kritiker noch innerhalb der von WEISBROD gesetzten Prämissen bewegen, zielt RAMSERs Untersuchung ausdrücklich auf eine Überprüfung der Voraussetzungen der Unterversorgungsthese ab. [6] Er ersetzt die in der Realität irrelevanten, sehr restriktiven Annahmen WEISBRODs durch nach seiner Meinung reali-

---

1) "Jede Gesellschaft schränkt ihre Produktion kurz vor dem sozialen Optimum ein, da sie an dem Nutzen solcher Maßnahmen uninteressiert ist, die außerhalb ihrer Grenzen anfallen." WEISBROD, B.A., zitiert bei: SCOTT, A., Wirtschaftliche Ziele einer föderativen Staatswirtschaft, in: Finanztheorie, hrsg. v. H.C. RECKTENWALD, 2. Aufl., Köln, Berlin 1970, S. 130.

2) Vgl. HIRSCH, W.Z., Local versus Areawide Urban Government Service, National Tax Journal, Vol. XVII, 1964, S. 335.

3) Vgl. ebenda, S. 335.

4) Vgl. WILLIAMS, A., The Optimal Provision of Public Goods in a System of Local Government, in: Journal of Political Economy, Vol. 74 (1966), S. 13 ff.

5) Vgl. ebenda, S. 19; ähnlich kritisch: BRAINARD, W.C., F.T. DOLBEAR, The Possibility of Oversupply of Local "Public" Goods: A Critical Note, in: Journal of Political Economy, Vol. 75 (1967), S. 86 ff.

6) Vgl. RAMSER, H.J., Dezentrale Planung der Infrastrukturausgaben, in: Finanzarchiv, N.F.,Bd. 27 (1968),S.484 ff.

stischere Prämissen. So berücksichtigt er in seiner Analyse, daß zusätzliche Infrastrukturinvestitionen durch Kredite aus anderen Regionen finanziert werden können und daß zusätzliche Investitionen von den Gebietskörperschaften als Anreiz im Wettbewerb um private Investoren benutzt werden. [1] Auf der Basis dieser Annahmen kommt RAMSER zu dem Ergebnis, "daß - unbeschadet der restriktiven Wirkung von 'spillover-effects' - insgesamt bei dezentraler Entscheidung doch eher von einer Tendenz zur Über- anstatt zur Unterversorgung gesprochen werden sollte" [2].

In jedem Fall - ob man nun der Unter- oder Überversorgungsthese folgt - besteht bei einer dezentralen Entscheidungskompetenz über die Produktion bestimmter Kollektivgüter eine Tendenz zur Fehlallokation. Will man derartige Effekte nicht einfach als Preis für die Verwirklichung der politischen Eigenwerte dieses polyzentrischen Entscheidungssystems akzeptieren, muß die übergeordnete Gebietskörperschaft korrigierend in die Entscheidungen der untergeordneten Gebietskörperschaften eingreifen.

Die Interventionsmöglichkeiten der übergeordneten Gebietskörperschaft differieren je nachdem, welche These von der Realität bestätigt wird. Im Fall der Unterversorgung hat der Oberverband bei Respektierung der föderalen Kompetenzen entweder die Möglichkeit, "nach seinem Belieben zusätzliche Investitionen durchzuführen" [3], oder aber die partizipierenden Individuen (bzw. ihre Gebietskörperschaften) zu veranlassen, in Höhe der "benefit spillover" an diejenigen Gebietskörperschaften, die die öffentlichen Güter bereitstellen, Kompensations-

---

1) Vgl. RAMSER, H.J., a.a.O., S. 495.

2) Ebenda, S. 486.

3) Ebenda, S. 502.

zahlungen zu leisten. [1] [2] Direkte Ausgleichszahlungen setzen allerdings eine Bewertung der "Spillover"-Effekte voraus. Diese problematische Aufgabe müßte ebenfalls von der übergeordneten Gebietskörperschaft gelöst werden. [3]

Im Fall der Überversorgung sollte dagegen die übergeordnete staatliche Instanz die Infrastrukturbudgets der unteren föderalen Einheiten reduzieren können. [4] Will man die föderative Kompentenzstruktur maßgeblich wegen ihrer außerökonomischen Vorteile nicht durch ein zentralistisches System ablösen, bietet sich als Lösung die gemeinsame Aufgaben- und Ausgabenplanung der unter- und übergeordneten Gebietskörperschaft an. Ob und inwieweit der Einfluß der übergeordneten Instanz hierbei dominieren wird, hängt von der Schwere des dezentralen Fehlverhaltens ab. [5]

Abgesehen von der "Spillover"-Problematik ist ein Eingriff der übergeordneten staatlichen Instanz in den Aufgabenbereich der kommunalen Ebene auch dann unter ökonomischen Aspekten notwendig, wenn die kommunale Leistungskraft infolge der bisherigen historischen Entwicklung und/oder des Fehlens eines geeigneten Finanzierungssystems die Realisierung einer staatlich gewünschten Programmsituation, z.B. relativ gleichmäßige Versorgung mit Infrastrukturleistung über ein System von zentralen Orten,in Frage zu stellen scheint.

---

1) Vgl. LIEDTKE, C., Theorie der öffentlichen Güter und optimale Struktur einer Föderation, a.a.O., S. 104 f.

2) BRETON sieht in der Existenz von "benefit spillover" eine Rechtfertigung für eine Institutionalisierung eines vertikalen Finanzausgleichs. Vgl. BRETON, A., A Theory of Government Grants, a.a.O.

3) Vgl. THUROW, L.C., Aid to State and Local Governments, in: National Tax Journal, 23 (1970), S. 24.

4) Vgl. RAMSER, H.J., Dezentrale Planung der Infrastrukturausgaben, a.a.O., S. 502.

5) Vgl. ebenda.

Zusammenfassend kann festgestellt werden, daß die Aufgabenverteilung in einem föderativen Staatswesen und damit auch Umfang und Struktur der kommunalen Aufgabenbudgets nur ein Kompromiß zwischen verwaltungsorganisatorischen, politischen und ökonomischen Argumenten sein kann. Die aus politischen und organisatorischen Gründen zu fordernde autonome Aufgabenkompetenz der Kommunen findet dort ihre legitimen Grenzen, wo ihre Auswirkungen über die kommunalen Grenzen hinaus überörtliche Interessen berühren und/oder erst die Kooperation mit der übergeordneten politischen Instanz (Land/Bund) die Realisierung von gesellschaftlich akzeptierten Zielen (z.B. Gesetz zur Landesentwicklung) ermöglicht.

2.2. Die gegenwärtigen Aufgabenkategorien der Gemeinden

Im Sinne des Art. 28 GG führen die Landesverfassung Nordrhein-Westfalens (LV.NW) und die nordrhein-westfälische Gemeindeordnung (GO.NW) den Gedanken der kommunalen Selbstverwaltung weiter. Art. 78 LV.NW erklärt die kommunalen Gebietskörperschaften zum "alleinigen Träger der öffentlichen Verwaltung, soweit die Gesetze nichts anderes vorschreiben" [1].

Ob diese Formulierung dahingehend interpretiert werden kann, daß die Summe der kommunalen Verwaltungsaktivitäten auch allein der kommunalen Aufgabenstellung entspricht, ist umstritten. [2] Immer noch wird in anderen Länderver-

1) Art. 78, Abs. 2 LW.NW. Ähnlich bestimmt § 2 GO.NW die Gemeinden (GV) zum "ausschließlichen und eigenverantwortlichen Träger der öffentlichen Verwaltung". Gemeindeordnung für das Land Nordrhein-Westfalen i.d.F. der Bekanntmachung vom 11. August 1969, GV.NW, S. 656.

2) Vgl. BÜCKMANN, W., Kommunalverfassung in Nordrhein-Westfalen, Köln 1965, S. 19.

fassungen (z.B. Bayern, Rheinland-Pfalz, Niedersachsen) der gemeindliche Tätigkeitsbereich von einem Aufgabendualismus geprägt. [1] Neben den Selbstverwaltungsaufgaben als ureigene kommunale Angelegenheiten stehen die Auftragsangelegenheiten, d.h. staatliche Angelegenheiten, die aus Gründen der ökonomischen Zweckmäßigkeit den Selbstverwaltungskörperschaften per Gesetz zur Erfüllung übertragen worden sind. [2] Diesen Aufgabendualismus scheint die Gemeindeordnung in Nordrhein-Westfalen von 1969 zumindest terminologisch überwunden zu haben. Anstatt von "Auftragsangelegenheiten" spricht § 3, Abs. 2 GO von "Pflichtaufgaben zur Erfüllung nach Weisung". Trotz dieser Umbenennung sieht KLÜBER weiterhin in den den Gemeinden (GV) übertragenen Aufgaben staatliche Aufgaben. [3] In Wahrnehmung dieser Aufgaben sind die Gemeinden Stellen der "mittelbaren Staatsverwaltung" [4].

Der Staat sorgt durch spezifizierte Anweisungen dafür, daß seine an die Selbstverwaltungskörperschaften delegierten Aufgaben entsprechend seinen konkreten Vorstellungen einheitlich durchgeführt werden.

Auch im Bereich der Selbstverwaltungsaufgaben der Kommunen ist - wenn auch mit geringerer Intensität - der Ein-

---

1) Vgl. EWRINGMANN, D., Zur Voraussage kommunaler Investitionsbedarfe. Ein Beitrag zur positiven Theorie öffentlicher Bedarfe, Opladen 1971, S. 19 und Anm.153.

2) Vgl. KLÜBER, H., Das Gemeinderecht in den Ländern der Bundesrepublik Deutschland, Berlin - Heidelberg - New York 1972, S. 35.

3) Vgl. ebenda, ebenso PAGENKOPF, H., Einführung in die Kommunalwissenschaft, 2. Aufl., Münster 1960 - Aschendorffs Juristische Handbücherei, Bd. 63, S. 84; BECKER, E., Die gemeindeverfassungsrechtliche Entwicklung im Bundesgebiet, Godesberg 1953.

4) FORSTHOFF, E., Lehrbuch des Verwaltungsrechts, Bd. 1, Allgemeiner Teil, a.a.O., S. 339 ff.

fluß des Staates festzustellen. Um die Lebensverhältnisse im Staatsgebiet zu vereinheitlichen, kann der Staat die Gemeinden zur Übernahme bestimmter Aufgaben - den sog. Pflichtaufgaben [1] - zwingen. Ihnen gegenüber stehen ebenfalls als Aufgaben der örtlichen Gemeinschaft die "freiwilligen Aufgaben", die "die Gemeinde aus eigenem Entschluß zum Wohle ihrer Bürger übernommen hat" [2]. Die kommunalen Entscheidungsträger beschließen, welche örtlichen Angelegenheiten zu öffentlichen Aufgaben der Gemeinde gemacht, in welcher Form und mit welcher Intensität entsprechende Einrichtungen und Veranstaltungen betrieben werden. Obwohl gerade dieser Freiheitsraum geeignet wäre, den örtlich geprägten und differenzierten Interessen durch individuelle Aufgabenkataloge zu entsprechen, zeigt sich bei der Wahl der Aufgabenbereiche eine Tendenz zur Uniformierung [3], unter anderem dadurch, daß sich die Kommunen bei ihren Entscheidungen weniger zu den von ihren Bürgern geäußerten Präferenzen als an den Aufgabenstrukturen bestimmter "Leitbild-Gemeinden" [4] orientieren.

Das geltende Recht erlaubt dem Staat, in alle bisher genannten Aufgabenkategorien mehr oder weniger intensiv einzugreifen. Die umfassendsten Eingriffsmöglichkeiten bestehen bei den Auftragsangelegenheiten bzw. den Pflichtaufgaben nach Weisung. Ihre Erfüllung geschieht unter

---

1) Z.B. neuerdings die Errichtung und Unterhaltung von Einrichtungen der Weiterbildung durch Gemeinden ab 40.000 Einwohner gemäß Erstem Gesetz zur Ordnung und Förderung der Weiterbildung im Lande Nordrhein-Westfalen vom 31.7.1974, GV.NW., S. 769.

2) KLÜBER, H., Das Gemeinderecht in den Ländern der Bundesrepublik Deutschland, a.a.O., S. 37.

3) EWRINGMANN, D., Zur Voraussage kommunaler Investitionsbedarfe, a.a.O., S. 20.

4) HANSMEYER, K.-H., Gemeindliche Schuldaufnahme und wirtschaftliches Wachstum, in: Archiv für Kommunalwissenschaften, 4. Jg. (1965), S. 202.

staatlicher Fach- und Rechtsaufsicht. Bei den Selbstverwaltungsaufgaben setzt die staatliche Kontrolle in Form der Kommunalaufsicht nur dann ein, wenn von den Kommunen deren Ermessensspielraum mißbräuchlich genutzt wurde.

2.3. Der Aufbau des zentralörtlichen Infrastruktursystems als Gemeinschaftsaufgabe von Land und Gemeinden

Es entspricht dem Gedanken der kommunalen Selbstverwaltung, daß zum eigenen Aufgabenbereich der Gemeinden nur örtliche Angelegenheiten gehören können. Der Wirkungskreis einer Gemeinde müßte demnach durch die kommunalen Verwaltungsgrenzen limitiert sein. Es wurde jedoch bereits darauf hingewiesen, daß in der Realität in zunehmendem Maße kommunale Aktivitäten (bei der Erfüllung von Selbstverwaltungsaufgaben) über die eigenen Gemeindegrenzen hinweg wirken ("Spillover"-Effekte), in entsprechender Weise der Umfang der kommunalen Leistungen, deren Wirkung örtlich begrenzt ist, gegen Null tendiert.

Bereits die relativ kurze Behandlung der "Spillover"-Problematik hat erkennen lassen, daß im Rahmen derartiger kommunaler Aktivitäten zunächst aus ökonomischer Sicht ein Eingreifen des Staates notwendig ist. Diese Forderung wird verstärkt, wenn der Staat über die raumübergreifenden Wirkungen dieses kommunalen Handelns landespolitische Zielsetzungen zur Versorgung des Gesamtraumes mit öffentlichen Gütern und Diensten realisieren will, wenn zu diesem Zweck bestimmte Kommunen (zentrale Orte) im Rahmen eines regionalpolitischen Zentrale-Orte-Konzepts zum Träger spezifischer Funktionen und entsprechender Einrichtungen bestimmt werden.

Dieser primär ökonomischen Forderung könnte von seiten der Vertreter eines Föderalismus im "naiven" Sinne, in dem die einzelnen staatlichen Gebilde unabhängig voneinander ihr Eigenleben führen, [1] entgegengehalten werden, die Mängel einer autonomen dezentralen Aufgabenerfüllung müßten als Preis für die politischen Eigenwerte des Selbstverwaltungsideals gezahlt werden. Diese Argumentation erscheint ebenso unsinnig wie der konträre, zentralistische Lösungsansatz, nach dem - in strenger Auslegung des Subsidiaritätsprinzips - wegen des überörtlichen Interesses an der Realisierung dieser Versorgungsfunktionen die optimale Erfüllung dieser Aufgaben durch die Gemeinden nicht mehr erwartet werden könne und deshalb in den Kompetenzbereich der übergeordneten Gebietskörperschaft, d.h. des Landes zu übertragen sei. [2] Eine dieser Interpretation des Subsidiaritätsprinzips folgende Kompetenzverschiebung würde den Wesensgehalt der kommunalen Selbstverwaltung im Kern treffen und im Widerspruch zur föderativen Staatsidee als einem der wesentlichen Elemente der Verfassung stehen.

Dem gleichen Dilemma zwischen der Forderung nach Gleichmäßigkeit der öffentlichen Leistungen bzw. Einheitlichkeit der Lebensverhältnisse und der Forderung nach Berücksichtigung regionaler und lokaler Besonderheiten über die Dezentralisierung der Staatsmacht sah sich - wenn auch auf höherer Ebene im Problemfeld der bundesstaatlichen Ordnung - die Kommission für die Finanzreform gegenüber. [3] Sie geht in ihrem Gutachten davon aus, daß

---

1) Vgl. HALLER, H., Wandlungen in den Problemen föderativer Staatswirtschaften, in: Finanzpolitik, a.a.O., S. 142.

2) Vgl. ALTEVOGT, R., Zur Berücksichtigung regionalpolitischer Forderungen bei der Gestaltung des kommunalen Einnahmesystems, Diss. Münster 1971, S. 93.

3) Vgl. Kommission für die Finanzreform, Gutachten über die Finanzreform in der Bundesrepublik Deutschland, Stuttgart, Köln, Berlin,Mainz 1966, TZ 73 ff.

der Wandel in den sozialen, politischen und ökonomischen Verhältnissen in der Bundesrepublik Deutschland durch analoge Korrekturen relevanter Verfassungsbestimmungen nachvollzogen werden muß. Die überkommene Form des Föderalismus wird demnach in der gewandelten politisch-wirtschaftlichen Ordnung als Störfaktor und Hemmschuh einer zeitgemäßen und zweckmäßigen Erfüllung der staatlichen Aufgaben angesehen. [1] Als adäquate Lösungsformel schlagen die Gutachter den sog. "kooperativen Föderalismus" vor, mit dem unter anderem durch die Schaffung neuer Institutionen ein "ausgewogenes und bewegliches System der Zusammenordnung und der Zusammenarbeit" zwischen den föderalen Ebenen ermöglicht werden soll: "Der kooperative Föderalismus ist ein aktives Staatsprinzip; er verwirklicht den Ausgleich zwischen einer klaren Aufgabenabgrenzung, ohne die eine Ordnung des Bundesstaates nicht denkbar ist, und der bundesstaatlichen Kräftekonzentration, die den höchsten Wirkungsgrad des öffentlichen Mitteleinsatzes gewährleistet." [2]

Von der Kommission selbst wird der Gedanke des kooperativen Föderalismus im Institut der "Gemeinschaftsaufgaben von Bund und Ländern" konkretisiert. [3]

Derartige Gemeinschaftsaufgaben als Ausdruck eines gemeinsamen Interessen-, Zuständigkeits- und Verantwortungsbereichs sind allerdings nicht neu. Bereits von POPITZ wird für die Aufgabenbereiche innere Sicherheit und Ordnung, Schulwesen, Straßenbau und z.T. öffentliche Fürsorge "eine gemeinschaftliche Bewirtschaftung ... durch Zentral- und Localinstanz" [4] konstatiert. Ebenso

---

1) Vgl. Kommission für die Finanzreform, Gutachten über die Finanzreform in der Bundesrepublik Deutschland, a.a.O., TZ 75.

2) Ebenda, TZ 77.

3) Vgl. ebenda, TZ 129 ff.

4) POPITZ, J., Der künftige Finanzausgleich zwischen Reich, Ländern und Gemeinden, Berlin 1932, S. 198 und S. 209 ff.

zeigen die Erfahrungen mit der Praxis öffentlicher Aufgabenerfüllung, daß faktisch bereits umfangreiche Aufgaben gemeinsam insofern bewirtschaftet werden, als daß die übergeordnete Staatsebene über eine entsprechende Dosierung ihrer finanziellen Beteiligung (bzw. über daran gekoppelte Auflagen) die kommunalen Entscheidungen im starken Maße beeinflussen kann. Dennoch war der Vorschlag der Kommission deshalb wichtig, weil mit der rechtlichen Institutionalisierung derartiger Gemeinschaftsaufgaben die rechtlich höchst zweifelhafte Praxis der Einflußnahme qua Verfügungsmacht über Finanzmittel ("Goldener Zügel") zumindest in Teilbereichen öffentlichen Handelns abgelöst wurde.

Das Institut der Gemeinschaftsaufgaben zwischen Bund und Ländern ist u.a. von VOIGTLÄNDER [1] auf bestimmte Bereiche von Selbstverwaltungsangelegenheiten übertragen worden. In Analogie zu Art. 91 a,Abs. 1 GG (Sachliche Voraussetzungen der Gemeinschaftsaufgaben) definiert er die Gemeinschaftsaufgaben von Land und Gemeinden als"kommunale Aufgaben (Selbstverwaltungsaufgaben), bei deren Erfüllung und Finanzierung Land und Gemeinden bzw. GV zusammenwirken, wenn die Aufgaben für die Gesamtheit bedeutsam sind und wegen der hohen Kostenlast einer langfristigen gemeinsamen Planung bedürfen" [2]. Mit dieser Definition zieht er gleichzeitig eine Trennlinie zu den Auftragsangelegenheiten bzw. den kommunalen Pflichtaufgaben nach Weisung, die - obwohl von den Kommunen (GV) durchgeführt - in der alleinigen Verantwortungskompetenz des Staates (Land) liegen.

---

1) VOIGTLÄNDER, H., Die speziellen Finanzzuweisungen im Rahmen des kommunalen Finanzausgleichs als Instrument zur Finanzierung der Gemeinschaftsaufgaben von Land und Gemeinden bzw. Gemeindeverbänden, in: Informationen, 19. Jg. (1969), H. 12, S. 345 ff.

2) Ebenda, S. 360.

Kategorisiert man nun nach den Kriterien der hohen Kostenlast und der überörtlichen Bedeutung die ursprünglichen Selbstverwaltungsaufgaben der Gemeinden (GV), so müßten nahezu alle infrastrukturellen Aktivitäten der Kommunen zu den Gemeinschaftsaufgaben gezählt werden, weil sie ex definitione gerade durch umfangreiche externe Effekte und durch großen Finanzbedarf und hohes Risiko charakterisiert sind. [1] Diese Schlußfolgerung wird aber von VOIGTLÄNDER selbst nicht gezogen. Vielmehr begrenzt er den Katalog von Gemeinschaftsaufgaben von Land und Gemeinde auf folgende Bereiche:

- Neu- und Ausbau des Schulwesens
- Neu- und Ausbau der kommunalen Verkehrseinrichtungen und -anlagen
- Neu- und Ausbau des Fürsorge- und Gesundheitswesens
- Maßnahmen der regionalen Wirtschaftspolitik (z.B. Förderung des sozialen Wohnungsbaus, Verbesserung der Agrarstruktur usw.) [2].

Eine Veränderung dieser Auflistung im Zeitablauf wird jedoch von ihm ausdrücklich in den Fällen konzidiert, in denen kommunale Aufgaben in die Aufgabenkompetenz des Landes übergehen und damit ex definitione ihren Gemeinschaftsaufgabencharakter verlieren bzw. in denen bestimmte Aufgaben, dadurch daß ihrer Erfüllung überörtliche Bedeutung beigemessen wird, erst die sachlichen Voraussetzungen zu Gemeinschaftsaufgaben erworben haben. [3]

---

1) Vgl. STOHLER, J., Zur rationalen Planung der Infrastruktur, Konjunkturpolitik, 11. Jg. (1965), S.281 ff., zitiert bei: FREY, R.L., Infrastruktur, Grundlagen der Planung öffentlicher Investitionen, Tübingen - Zürich 1970, S. 1.

2) VOIGTLÄNDER, H., Die speziellen Finanzzuweisungen im Rahmen des kommunalen Finanzausgleichs als Instrument zur Finanzierung der Gemeinschaftsaufgaben von Land und Gemeinden bzw. Gemeindeverbänden, a.a.O., S. 361.

3) Vgl. ebenda, S. 360.

ALTEVOGT hat dieses Konzept der Gemeinschaftsaufgaben diskutiert und zu erweitern versucht. [1]) Seiner Meinung nach müssen die Kriterien VOIGTLÄNDERs um das Kriterium eines hohen Koordinationsbedarfs ergänzt werden, um die gemeindlichen Infrastrukturinvestitionen zu Gemeinschaftsaufgaben von Land und Kommunen deklarieren zu können. Erst wenn bei kommunalen Investitionsprojekten zu der hohen Kostenlast und überörtlichen Bedeutung die Notwendigkeit von Abstimmungsmaßnahmen zwischen Land und Gemeinden hinzutritt, erscheint es ihm gerechtfertigt, diese infrastrukturellen Aktivitäten aus dem Bereich der Selbstverwaltungsaufgaben herauszugliedern und der Kategorie der Gemeinschaftsaufgaben zuzuordnen.

Trotzdem erscheint auch die Anwendung dieses dritten Kriteriums einer klaren Abgrenzung der Gemeinschaftsaufgaben vom allein kommunalen Handlungsraum problematisch zu sein. Die Abschätzung des Koordinationsbedarfs und damit die Notwendigkeit des Umfangs einer integrierenden (Landes-)Planung von Land und Gemeinden unterliegt sehr stark politischen Wertvorstellungen. Insofern wird man möglicherweise hier letztlich an einer verfassungsrechtlichen Entscheidung über Umfang und Ausgestaltung der Gemeinschaftsaufgaben von Land und Gemeinden nicht vorbeikommen können.

In jedem Fall müßten jedoch die aus der zentralörtlichen Funktion resultierenden Infrastrukturinvestitionen dann zu der Rechtskategorie "Gemeinschaftsaufgabe" gehören, wenn sie in einem Plan oder Programm festgelegt sind, an dessen inhaltlicher Gestaltung die Kommunen (GV) entscheidend beteiligt waren.

---

1) Vgl. ALTEVOGT, R., Zur Berücksichtigung regionalpolitischer Forderungen bei der Gestaltung des kommunalen Einnahmesystems, a.a.O., S. 100 ff.

Nachdem der Aufgabenbereich für eine gemeinsame Planung und Finanzierung durch Land und Gemeinden (GV) abgeklärt ist, stellt sich als nächstes die Frage, welcher politischen Ebene diese Gemeinschaftsaufgaben sinnvollerweise zur Durchführung zugeordnet werden sollten. Grundsätzlich können sowohl das Land wie die Gemeinden (GV) als ausführende Organe bestimmt werden.

Auch in dieser Frage scheint das "Troeger-Gutachten" eine geeignete Lösung anzubieten: Bei den Gemeinschaftsaufgaben von Bund und Ländern bleibt die Durchführung der Aufgaben - wenn auch unter einer eng gehaltenen Aufsicht des Bundes - bei den Ländern. [1] Diese Organisationsform und ihre analoge Übernahme bei der Organisation der Gemeinschaftsaufgaben von Land und Gemeinden (GV) erscheint deshalb empfehlenswert, weil im umgekehrten Fall (Land als Träger der Aufgaben) der Einfluß des Landes so stark zunähme, daß die Mitgestaltung der Kommune insbesondere bei der gemeinsamen Planung leicht zur Farce werden könnte. [2]

Insgesamt scheint mit dem gesetzlich noch abzusichernden und abzugrenzenden Rechtsinstitut der kommunalen Gemeinschaftsaufgaben eine geeignete Basis für eine kooperative Zusammenarbeit zwischen dem Land und der kommunalen Ebene, insbesondere zur Planung und Finanzierung des zentralörtlichen Infrastruktursystems gefunden zu sein.

Auf der anderen Seite lassen die Erfahrungen mit den bereits institutionalisierten und praktizierten Gemeinschafts-

---

1) Kommission für die Finanzreform. Gutachten über die Finanzreform in der BRD, a.a.O., TZ 141 f.

2) EHRLICHER, W. und Mitarbeiter, Kommunaler Finanzausgleich und Raumordnung, a.a.O., S. 63.

aufgaben zwischen Bund und Ländern [1] auch problematische Schwachstellen dieser Konstruktion erkennen, die im besonderen Maße deren für die zentralörtliche Infrastrukturplanung wesentliche Koordinations- und Integrationskraft in Frage stellen können.

WAGENER drückt sein Unbehagen über eine derartige Verflechtung der Aufgabenerfüllung zwischen Bund und Ländern relativ deutlich aus, wenn er in ihr die "besonders vertrackte Form der vertikalen Ressort-'Kumpanei' " [2] sieht. Dieser Planungsverbund zwischen Bundes- und Länderressorts mit übereinstimmenden Geschäftsbereichen und dadurch vielfach "gleichgerichtetem Interessenhintergrund" befähigt und tendiert zu einer Übergewichtung der entsprechenden Aufgabe, indem er die Parlamente im Planungsprozeß nahezu umgeht und "faktisch durch die Unveränderbarkeit der Mehr-Ebenen-Absprachen" bindet. [3] Diese nach den geltenden politischen Normen negativ zu bewertende Stärkung der Exekutive zu Lasten der Legislative kann allerdings dann in Grenzen gehalten werden, wenn die an der Gemeinschaftsaufgabe beteiligten Ressorts wie alle anderen Fachplanungen an einen integrierten (horizontalen) Gesamtplan gebunden sind. [4] Eine isolierte, vertikal

---

1) Gesetz über die Gemeinschaftsaufgabe "Ausbau und Neubau von wissenschaftlichen Hochschulen" (Hochschulbauförderungsgesetz) v. 1.9.1969, BGBl. I, S. 1556 ff. Gesetz über die Gemeinschaftsaufgabe "Verbesserung der Agrarstruktur und des Küstenschutzes" vom 3.9.1969, BGBl.I, S. 1573 ff.
Gesetz über die Gemeinschaftsaufgabe "Verbesserung der regionalen Wirtschaftsstruktur" vom 6.10.1969, BGBl. I, S. 1861 ff.

2) WAGENER, F., System einer integrierten Entwicklungsplanung im Bund, in den Ländern und in den Gemeinden, a.a.O., S. 10.

3) Ebenda, S. 11.

4) Während einerseits beobachtet wird, daß beispielsweise im Zusammenhang mit der "Gemeinschaftsaufgabe" Verbesserung der Agrarstruktur" die Fachressorts der Länder aus bewußtem Eigeninteresse versuchen, über einen um-
Fortsetzung auf S. 138

koordinierte Fachplanung wirkt auf die Gesamtplanung der einzelnen Staatsebenen "imperialistisch" und verhindert damit eine integrierte Entwicklungsplanung, wie sie zum Aufbau eines zentralörtlichen Infrastruktursystems notwendig erscheint. [1]

3. Der "ergänzende" Finanzausgleich als Finanzierungsmodell für ein zentralörtlich strukturiertes Infrastruktursystem

3.1. Die Zielsetzungen des kommunalen Finanzausgleichs

Aus den bisherigen Ausführungen geht hervor, daß der kommunale Finanzausgleich im wesentlichen ein "ergänzender Finanzausgleich" ist. Er betrachtet die in der Verfassung normierte Verteilung der Aufgabenkompetenzen als Datum und ergänzt die dort ebenfalls verankerte Regelung der Steuerverteilung.

Diese Einschränkung soll jedoch über den hohen Stellenwert des Finanzausgleichs im Rahmen des gesamten kommunalen Finanzsystems nicht hinwegtäuschen. Ein Blick in die Finanzstatistik zeigt, daß in etwa ein Viertel der kommuna-

---

Fortsetzung von S. 137

4) fangreichen Aufgabenkatalog, zu dessen Lösung der Bund finanziell beiträgt, entsprechend viele Landesmittel als Komplementärmittel zu binden, berichtet ein Vertreter der Staatskanzlei des Landes Hessen, daß deren Ressortminister an die Größenordnungen des integrierten Hess. Gesamtplans gebunden ist und nicht mehr Komplementärmittel bereitstellen kann, als im Plan vorgesehen. Vgl. PRUNS, H., Gemeinschaftsaufgabe "Verbesserung der Agrarstruktur und des Küstenschutzes", Die öffentliche Verwaltung, 1973, S. 220.
Vgl. HÜFNER, W., Diskussionsbeitrag im Kolloquim über Probleme und Lösungsansätze einer integrierten Infrastrukturplanung, in: Raumordnung und Infrastrukturplanung bei Bund, Ländern und Gemeinden, Deutsches Institut für Urbanistik (Hrsg.), II. unveränd. Aufl., Berlin 1974, S. 71.

1) Vgl. WAGENER, F., System einer integrierten Entwicklungsplanung, a.a.O., S. 41.

len Gesamteinnahmen aus Finanzzuweisungen resultiert (vgl. Tabelle 1). Dieser relativ hohe Anteil deutet angesichts der Tatsache, daß jede Finanztransaktion vom Land an die Kommunen ein"Stück politische Abhängigkeit" [1] umschließt, darauf hin, daß der kommunale Finanzausgleich nicht nur die Funktion eines technisch notwendigen Ausgleichssystems und einer Quelle subsidiärer Deckungsmittel ausfüllt, sondern zudem vom Land als wirksames Instrument landespolitischer Einflußnahme auf die Aktivitäten der untergeordneten Gebietskörperschaften eingesetzt werden kann. [2]

<u>Tabelle 1</u>: Struktur der Gesamteinnahmen der Gemeinden (GV) von 1961 bis 1972 in v.H.

	1961	1966	1970	1971	1972
Steuern und steuerähnliche Einnahmen	35,3	28,9	27,9	26,6	27,8
Gebühren, Entgelte, Strafen	15,6	16,4	17,4	17,3	17,7
Allgemeine und spezielle Finanzzuweisungen	21,3	26,0	25,2	23,6	24,7
Übrige Einnahmen und Darlehen	27,0	28,7	29,5	32,5	29,8
Insgesamt	100,0	100,0	100,0	100,0	100,0

<u>Quelle</u>: Statistisches Bundesamt Wiesbaden, Fachserie L Finanzen und Steuern, Reihe 1, Haushaltswirtschaft von Bund, Ländern und Gemeinden, II. Jahresabschlüsse.Die Werte für 1972 basieren auf Berechnungen des Deutschen Städtetages. Vgl. LENZ, D., Haushaltsanalyse 1973, in: Der Städtetag, 26. Jg. (1973), S. 5 f.

1) HANSMEYER, K.-H., Zur Theorie der kommunalen Finanzwirtschaft, a.a.O., S. 180.

2) Vgl. ebenda, S. 180 f.

Im einzelnen sind drei Zielsetzungen des kommunalen Finanzausgleichs zu erkennen:

(1) die Aufstockung der kommunalen Finanzmasse (fiskalische Funktion),

(2) der (tendenzielle) Ausgleich der Finanzkraftdisparitäten zwischen den einzelnen Gemeinden (redistributive Funktion) und

(3) die finanzielle Förderung kommunaler Maßnahmen im Rahmen des zentralörtlichen Versorgungssystems (raumordnungspolitische Funktion).

Sie sollen im folgenden näher erläutert werden.

3.1.1. Die fiskalische Funktion

Wie bereits ausgeführt, werden im Rahmen des kommunalen Finanzausgleichs durch das Land für notwendig erachtete Korrekturen an der kommunalen Einnahmenverteilung nicht durch Umschichtung von Einnahmen von "reichen" auf "arme" Gemeinden vorgenommen, [1] sondern durch gezielte, variierte Zuweisungen von zusätzlichen Finanzmitteln.

Insofern erfüllt der kommunale Finanzausgleich für die Gesamtheit der Kommunen zunächst einen fiskalischen Zweck.

---

1) Ein solchermaßen interkommunaler Finanzausgleich ist u.a. von EHRLICHER diskutiert worden. Allerdings hat auch er starke Bedenken, ob das Solidaritätsgefühl zwischen den Kommunen soweit entwickelt werden könne, daß es als Motiv für eine offene Dotierung finanzschwacher durch finanzstarke Gemeinden ernsthaft erwogen werden könne. Vgl. EHRLICHER, W. und Mitarbeiter, Kommunaler Finanzausgleich und Raumordnung, a.a.O., S. 75. Vgl. auch HANSMEYER, K.-H., Interkommunaler Finanzausgleich, in: Archiv für Kommunalwissenschaften, 5. Jg. (1966), S. 261 ff.

Finanziert werden die verteilten Mittel im wesentlichen über den Steuerverbund zwischen dem Land und den Gemeinden, der - wie die Realsteuergarantie - erst 1956 nachträglich in die Verfassung aufgenommen wurde.
Gemäß Art. 106, Abschn. 7, Satz 1 GG [1] fließt den Gemeinden (GV) insgesamt ein von der Landesgesetzgebung zu bestimmender Hundertsatz von dem Länderanteil am Gesamtaufkommen der Gemeinschaftssteuern (Einkommen-, Körperschaft- und Umsatzsteuer gemäß Art. 106, Abschn. 3 GG) zu. Neben diesem obligatorischen Steuerverbund sieht die Verfassung in Form eines fakultativen Steuerverbundes eine Beteiligung der Gemeinden an den Landessteuern vor (Art. 106, Abschn. 7, Satz 2 GG).

In Verbindung mit diesen Regelungen ist die Berechtigung des Begriffs "Steuerverbund" vielfach in Frage gestellt worden. Nach HACKER zeichnet sich ein Steuerverbund dadurch aus, "daß Gebietskörperschaften verschiedener Stufe eine Steuer gemeinschaftlich bewirtschaften und sich in den Ertrag teilen" [2]. Diese Charakteristik impliziert, daß alle Gemeinden (GV) zumindest an einem Teil der Verbundmasse partizipieren müssen. [3] Ein derartiger Rechtsanspruch kann jedoch aus der Verfassungsvorschrift, nach der die Kommunen (GV) nur "insgesamt" zu beteiligen sind, nicht zwingend abgeleitet werden. [4] Es liegt deshalb allein in der Verantwortung der Länder, ob alle Gemeinden

---

1) Art. 106 GG in der Fassung des 21. Gesetzes zur Änderung des Grundgesetzes vom 12. Mai 1969, BGBl. I, S. 359.

2) HACKER, H., Finanzausgleich, a.a.O., S. 407.

3) Vgl. SATTLER, H., Gemeindliche Finanzverfassung. Bedeutung gemeindlicher Finanzhoheit für die Selbstverwaltung , in: Handbuch der kommunalen Wissenschaft und Praxis, hrsg. v. Hans PETERS, Berlin, Göttingen und Heidelberg 1959, Bd. 3, S. 19.

4) Vgl. MEYER, H., Die Finanzverfassung der Gemeinden, a.a.O., S. 147.
Im gleichen Sinne argumentiert VIALON, F.K., Haushaltsrecht, 2. Aufl., Berlin und Frankfurt/M. 1959, Art. 106, Anm. 25, S. 170 f.

- unabhängig von ihrer Steuerkraft - durch Zuweisungen an der Verbundmasse beteiligt werden.

Im einzelnen setzen sich die Finanzausgleichsmassen der Bundesländer aus folgenden Einnahmen zusammen: (siehe Tabelle 2 auf S. 143).

3.1.2. Die redistributive Funktion

Ebenso wie die erstgenannte Funktion ergibt sich auch die zweite aus der Einnahmensituation der Gemeinden (GV). Den Kommunen stehen gemäß ihrer dem Selbstverwaltungsprinzip entsprechenden Finanzautonomie eigene Steuern zu. Obwohl die Berechtigung zu einem eigenen kommunalen Steuersystem im Grundsatz kaum mehr bezweifelt wird, scheinen die Ergebnisse des konkreten Systems zumindest stark korrekturbedürftig. Maßgeblich wegen der starken Streuung des Aufkommens der Gewerbesteuer, die nach wie vor im kommunalen Einnahmensystem eine bedeutsame Rolle spielt, zeigen die lokalen Steueraufkommen pro Einwohner erhebliche Unterschiede auf (vgl. Tabelle 3 auf S. 144). [1]
Auch die Gemeindereform 1970, mit der die dominierende Stellung der Gewerbesteuer via Gewerbesteuerumlage und ihrem Substitut "Gemeindeeinkommensteuer" relativiert wurde, konnte die Disparitäten im örtlichen Steueraufkommen nur verringern, nicht ausgleichen.

---

1) Diese unterschiedlichen Steueraufkommen sind nicht nur zwischen den Größenklassen der Gemeinden, sondern ebenso innerhalb der einzelnen Größenklassen festzustellen. Nähere Angaben über steuerstarke und steuerschwache Gemeinden innerhalb der einzelnen Größenklassen bei: HANSEN, A., Auswirkungen der geplanten Gemeindefinanzreform - Ergebnis der steuerstatistischen Sonderuntersuchungen, in: Wirtschaft und Statistik, H. 5, 1969, S. 248.

Tabelle 2: Die Finanzausgleichsmassen der Länder (1973
- Verbundgrundlagen und Verbundquoten -

Verbundgrundlagen	Verbundquoten in %							
	BADEN-WÜRTTEMBERG	BAYERN	HESSEN	NIEDERSACHSEN	NORDRHEIN-WESTFALEN	RHEINLAND-PFALZ	SAARLAND	SCHLESWIG-HOLSTEIN
Obligatorischer Steuerverbund:								
LÄNDERANTEILE ESt KSt USt zuzüglich/abzüglich Zahlungen im Rahmen des Länderfinanzausgleichs	23	11,11	23	20,5	28,25	21	23,5[1]	21
Fakultativer Steuerverbund:								
LÄNDERANTEILE GewSt-Umlage	23	11,1	23	-	28,25	-	-	-
Ländersteuern:								
GrErwSt	-	100	100	-	-	-	18,8[2]	21
VermSt	-	-	61,5[3]	-	-	-	-	-
KfzSt	35	75	25	20,5	30	21	18,8	68,4[4]
andere	-	-	-	-	-	-	18,8	21[5]
	6)							

1) In den sog. "Regelverband" im KFAG des Saarlandes fließen nur 90 % des Landesanteils an der Umsatzsteuer (einschließlich Ergänzungsanteile) ein. Somit ergibt sich eine reale Verbundquote an dem Landesanteil der Vermögensteuer von 21,15 %.

2) Neben dem Regelverbund werden im KFAG des Saarlandes die dem Land zustehenden Steuereinnahmen mit Ausnahme der Feuerschutzsteuer, der Vermögensteuer und des Landesanteils an der Gewerbesteuerumlage nur hilfsweise als Verbundgrundlage herangezogen.

3) Als Verbundgrundlage werden die Einnahmen aus der Vermögensteuer herangezogen, die dem Land nach Abzug der Leistungen gemäß § 6, Abs.2 des Lastenausgleichsgesetzes verbleiben.

4) Die Verbundquote resultiert insgesamt aus dem Anteil der Kraftfahrzeugsteuer (60 %), der den Kommunen direkt zufließt (§ 32 FAG) und dem Anteil (21 %) der Restsumme, die in den allgemeinen Verbund eingeht.

5) Erbschaftsteuer, Lotteriesteuer,Rennwettsteuer,Sportwettsteuer,Biersteuer.

6) Zusätzlich wird die Verbundmasse verstärkt durch 61,3 % des Aufkommens einer neu gebildeten Finanzausgleichsumlage, die 15 % der Bemessungsgrundlagen (=Steuerkraftsummen der Gemeinden und Landkreise) ausmacht.

Quelle: Zusammenstellung nach den Finanzausgleichsgesetzen (FAG) der einzelnen Länder.

Tabelle 3: Gemeindliche Steuerkraft [1]) je Einwohner in DM nach Gemeindegrößenklassen

Gemeindegrößenklasse (Gemeinden mit ... bis unter ... Einwohner)	1968	1969	1970	1971	1972
unter 1.000	72	60	116	133	149
1.000 - 2.000	99	102	140	161	183
2.000 - 3.000	123	136	162	185	211
3.000 - 5.000	145	158	179	203	229
5.000 - 10.000	168	185	200	230	258
10.000 - 20.000	187	201	217	250	289
20.000 - 50.000	223	241	254	291	326
50.000 - 100.000	237	284	271	311	359
100.000 - 200.000	237	245	285	326	372
200.000 - 500.000	229	246	293	337	371
500.000 und mehr	284	317	332	375	422
Insgesamt	188	207	233	268	309

1) Bis einschließlich 1969 steht hierfür die Realsteuerkraft, wie sie nach der Berechnungsmethode des Statistischen Bundesamtes unter Verwendung fiktiver Hebesätze ermittelt wurde. Ab 1970 wird die Realsteuerkraft (mit geänderten fiktiven Grundsteuerhebesätzen) ergänzt um den Saldo von Gemeindeanteil an der Einkommensteuer und der Gewerbesteuerumlage.

Quelle: Statistisches Bundesamt Wiesbaden, Fachserie L. Finanzen und Steuern, Reihe 9, Realsteuern, I. Realsteuervergleich, 1968 - 1972.

Die in Tabelle 3 dargestellten unterschiedlichen Steueraufkommen wären nur dann sinnvoll gewesen, wenn sie mit entsprechend unterschiedlichen Belastungen und Aufgaben der Gemeinden korrespondiert hätten.

Eine darauf basierende Argumentation übersieht jedoch die wesentlichen, die Gewerbesteuerkraft differenzierenden Momente wie Ertragskraft, Kapitalintensivität und Rechtsform [1] der besteuerten Unternehmen, die kaum mit analog differenzierten Belastungen der besteuernden Kommunen in kausalem Zusammenhang gesehen werden können. [2]

3.1.3. Die raumordnungspolitische Funktion

Die bisher genannten Funktionen des kommunalen Finanzausgleichs resultieren in erster Linie aus den qualitativen und quantitativen Unzulänglichkeiten des Systems der kommunalen Eigeneinnahmen, insbesondere des kommunalen Steuersystems. Dabei erfolgte die Zuweisung von Finanzmitteln an die Gebietskörperschaften gemäß dem Postulat der fiskalischen Gleichheit (fiscal equity): durch die Zuteilung von entsprechend dimensionierten Differenzbeträgen sollte ein "bestimmtes fiskalisches Niveau" bei allen beteiligten gleichrangigen Körperschaf-

---

1) Vgl. Gutachten zum Gemeindesteuersystem und zur Gemeindesteuerreform in der Bundesrepublik Deutschland (Bonn, 16. März 1968), erstattet vom Wissenschaftlichen Beirat beim Bundesministerium der Finanzen, Schriftenreihe des Bundesministeriums der Finanzen, H. 10, S. 22.

2) Vgl. BORRIES, H.-W. v., Raumordnung und kommunale Finanzen, Stuttgart 1963 (Forschungsarbeiten der Landesgruppe Baden-Württemberg der Deutschen Akademie für Städtebau und Landesplanung), S. 8.

ten realisiert werden. [1)]

Mit der dritten, der raumordnungspolitischen Zielsetzung, rückt der Finanzausgleich von diesem Grundgedanken der fiskalischen Gleichheit ab und stellt das andere Extrem, die fiskalische Ungleichheit, in den Vordergrund, indem nun bewußt Finanzzuweisungen zur Realisierung eines raumordnungspolitischen Konzeptes eingesetzt und konzentriert auf ausgewählte zentrale Orte gelenkt werden. [2)] Dieses Vorgehen erscheint dann legitim, wenn damit Sonderbedarfe (Investitionskosten und laufende Aufwendungen) abgedeckt werden, die dadurch begründet sind, daß diese Kommunen zusätzliche zentrale Aufgaben wahrnehmen, die im Rahmen des zentralörtlich organisierten Versorgungssystems letztlich allen Gemeinden zugute kommen.

Während der eher "sozial" determinierte Finanzausgleich mit der fiskalischen und der redistributiven Funktion eine ausreichende und in etwa gleichmäßige Deckung kommunaler Normalbedarfe für alle Gemeinden im Auge hat, will dieser "funktional" orientierte Finanzausgleich denjenigen Mehrbedarf bestimmter Gemeinden finanziell sanktionieren, der ihnen durch den Ausbau der zentralörtlichen Infrastruktur bzw. durch die laufende Erfüllung zentralörtlicher Funktionen entsteht und nicht durch andere Finanzquellen gedeckt ist. [3)]

In Wahrnehmung dieser Aufgabe greift das Land als Träger des kommunalen Finanzausgleichs direkt in die kommunale Planungs- und Finanzautonomie ein. Das geschieht dadurch,

---

1) Vgl. BÖS, D., Eine ökonomische Theorie des Finanzausgleichs, a.a.O., S. 62.

2) Vgl. ebenda.

3) Vgl. HANSMEYER, K.-H., Zur Theorie der kommunalen Finanzwirtschaft, a.a.O., S. 181;
SCHNEPPE, F., Kommunaler Finanzausgleich, in: Handwörterbuch der Raumforschung und Raumordnung, Hannover 1970, Sp. 706.

daß es Mittel aus der Masse des gemeinsamen Steuerverbunds, die zumindest zum Teil als Finanzmasse der Gemeinden (GV) anzusehen sind, bewußt in bestimmte Gemeinden steuert und gleichzeitig über Verwendungsauflagen deren infrastrukturelle Aktivitäten in landesplanerisch gewünschte Bahnen lenkt.

Ein derartiger Eingriff in die verfassungsrechtlich garantierte gemeindliche Selbstverwaltung kann nur dann zulässig sein, wenn - nach KAISER - die Erledigung der Aufgaben zwar örtlich gebunden ist, Ursache oder Wirkungen oder beide zusammen aber über den örtlichen Bereich hinausgehen und auf ihrem jeweiligen Gebiet oder gar vorzugsweise dem Volksganzen dienen, das durch den Staat repräsentiert wird. [1] Diese Charakteristik trifft exakt auf die Aufgaben zu, die bestimmten Gemeinden im Rahmen des landesplanerischen Zentrale-Orte-Konzeptes auferlegt werden. Zwar sind sie im Prinzip Kommunalaufgaben, ihre Erfüllung berührt jedoch unmittelbar überörtliche (Länder-)Interessen, indem sie landesplanerische Zielsetzungen realisieren.

Die institutionelle Basis für das legitime Eingreifen des Landes in den Selbstverwaltungsbereich der Kommunen bzw. für das kooperierende Handeln von Land und Gemeinden ist bereits an anderer Stelle erörtert worden: die "Gemeinschaftsaufgaben".

---

1) In einem (unveröffentlichten) Bericht an die Studienkommission Kommunaler Finanzausgleich, zitiert bei HACKER, H., Finanzausgleich, a.a.O., S. 432.

3.2. Kriterien eines rationalen kommunalen Finanzausgleichs

Zusammenfassend können die einzelnen Zielsetzungen nun in einen Katalog von Forderungen transformiert werden, die bei der technischen Ausgestaltung eines rationalen kommunalen Finanzausgleichs zu berücksichtigen sind. Dieser Katalog wird zunächst bei der kritischen Analyse der gegenwärtigen Regelungen der geltenden Finanzausgleichsgesetze herangezogen. Auf der Basis dieser Kritik wird anschließend versucht, einen kommunalen Finanzausgleich in der Form zu konstruieren, daß folgende Gestaltungsprinzipien weitgehend erfüllt sind:

(1) Ausreichendheit

Die fiskalische Funktion des Finanzausgleichs muß weiterhin gewahrt bleiben; d.h. die Umschichtung von Mitteln im Rahmen eines reformierten Finanzausgleichs auf bestimmte zentrale Orte darf die übrigen Gemeinden nicht in dem Maße diskriminieren, daß deren Aufgabenbereich mangels ausreichender Finanzmasse nicht mehr durchführbar wird. Andernfalls würden die dadurch bedingten Leistungseinbußen der "Umlandgemeinden" das Leistungsgefälle zwischen ihnen und den zentralen Orten weiter verschärfen. [1)]

(2) Ausgleich der Finanzkraft

Die besonderen Mängel des geltenden kommunalen Steuersystems wurden bereits angesprochen. Solange nicht durch eine Reform des kommunalen Steuersystems eine gleichmäßigere Verteilung der Finanzkraft pro Einwohner realisiert werden kann, muß der kommunale Finanzausgleich die lokalen Steuerkraftunterschiede weiterhin zumindest glätten.

---

1) Vgl. HANSMEYER, K.-H. und D. FÜRST, Die Ausstattung mit zentralörtlichen Einrichtungen ausgewählter zentraler Orte in Rheinland-Pfalz, Mainz 1970, S. 145.

Diese Grundforderungen sind so alt wie der kommunale Finanzausgleich und erscheinen vielfach als selbstverständlich und darum kaum noch als erwähnenswert. Trotzdem werden sie in diesem Prinzipienkatalog eines "neuen" Finanzausgleichs ausdrücklich aufgeführt, um von vornherein der Gefahr zu begegnen, daß mit der Umorientierung des Systems auf neue Ziele ältere, aber immer noch aktuelle Gestaltungsprinzipien übersehen bzw. im Konfliktfall mehr als notwendig verletzt werden.

(3) Prinzipielle Anerkennung zentralörtlicher Mehrbedarfe

Bestimmte in den Landesentwicklungsprogrammen bzw. -plänen ausgewiesene Gemeinden erfüllen besondere zentralörtliche Funktionen. Die damit verbundenen besonderen Finanzbedarfe dieser Gemeinden sind über den kommunalen Finanzausgleich zu fördern. Sie resultieren im wesentlichen aus den Investitionskosten zur Erstellung funktionsnotwendiger Infrastruktur und den laufenden Kosten der Leistungserstellung.

(4) Berücksichtigung der Zentralitäts- und Ausstattungsgrades

(a) Bei der Berücksichtigung der besonderen Investitionskosten der zentralen Orte hat sich der Finanzausgleich zu orientieren:

- an der Stellung des zentralen Ortes in der Hierarchie des zentralörtlichen Systems, d.h. an dem Umfang von Infrastruktureinrichtungen, die den zentralen Ort erst zur Erfüllung seiner spezifischen zentralörtlichen Funktionen befähigen (nach dem Zentralitätsgrad differenzierte Infrastrukturkataloge),
- an dem derzeitigen Ausstattungsgrad der einzelnen zentralen Orte mit funktionsbedingter Infrastruktur.

Eine einheitliche Behandlung der zentralen Orte einer bestimmten Zentralitätskategorie würde den hinsichtlich der Infrastrukturausstattung individuell unterschiedlichen "Startpositionen" dieser Orte nicht gerecht werden können.

(b) Bei der Berücksichtigung der besonderen laufenden Kosten der zentralen Orte ist ebenfalls deren individueller Ausbaugrad zu beachten. Derzeit teilausgebaute zentrale Orte werden auch innerhalb einer Zentralitätskategorie weniger zentralörtliche Funktionen wahrnehmen können als bereits voll ausgebaute Zentralorte.
Entsprechend wird auch der Umfang der im Finanzausgleich zu dotierenden laufenden Kosten variieren.

(5) Flexibilität

Nach diesem Prinzip soll das Zuweisungssystem auf Finanzbedarfsänderungen, die Änderungen im Umfang der von den einzelnen zentralen Orten wahrgenommenen Funktionen bzw. Änderungen im Zielbereich widerspiegeln, möglichst schnell und reibungslos reagieren können.
Obwohl ein gewisses Maß an Flexibilität bereits dadurch gegeben ist, daß im jährlichen Turnus über die Finanzausgleichsgesetze erneut beraten wird und dabei über diskretionäre Entscheidungen entsprechende Systemkorrekturen vorgenommen werden können, sollen möglichst Ansätze entwickelt werden, die derartige Bedarfsänderungen automatisch berücksichtigen können.

(6) Beachtung der kommunalen Selbstverwaltungsgarantie

In dieser Restriktion wird das Dilemma zwischen Effizienz des Mitteleinsatzes und der Selbstverwaltungsgarantie deutlich: [1] auf der einen Seite steht das Interesse des Landes, Mittel im Rahmen des kommunalen Finanzausgleichs zur Realisierung eines Landesentwicklungsprogramms möglichst

---

1) Vgl. HANSMEYER, K.-H. und D. FÜRST, Die Ausstattung mit zentralörtlichen Einrichtungen ausgewählter zentraler Orte in Rheinland-Pfalz, a.a.O., S. 141.

direkt bei den zentralen Orten auch in die zentralörtliche Verwendung zu lenken, auf der anderen Seite steht der Anspruch der Kommunen, im Rahmen ihres verfassungsrechtlich gesicherten Freiheitsraumes ihre Ausgabenpolitik eigenverantwortlich zur Maximierung der eigenen Zielfunktion gestalten zu können.

Der Lösungsweg wurde mit dem Instrument der "Gemeinschaftsaufgaben zwischen Land und Gemeinden" bereits angedeutet. Damit soll versucht werden,die kommunale Planung in die Planung des Landes so zu integrieren, daß die Zielgrößen für die infrastrukturellen Aktivitäten der Kommunen im Rahmen des Zentrale-Orte-Konzeptes als Resultate eines gemeinsamen Willensbildungsprozesses akzeptiert werden und deshalb eine effiziente, zweckgerichtete Finanzierung - wie auch immer - nicht mit der garantierten kommunalen Planungs- und Finanzautonomie kollidieren kann.

(7) Transparenz und Praktikabilität

Das Finanzausgleichssystem sollte nicht die Form eines Zuweisungsdschungels annehmen, der nur noch für wenige Spezialisten überschaubar ist. Der Vorteil relativ einfacher und klarer Verteilungsregelungen liegt darin, daß die Kommunen die zu erwartenden Finanzzuweisungen leichter erkennen und kalkulieren können. Im gleichen Problemzusammenhang ist generell zu prüfen, ob der Aufwand eines differenzierten hochkomplizierten Verteilungssystems in einem vertretbaren Verhältnis zu den endgültigen Wirkungen steht. [1)]

---

1) Vgl. DÜKER, R., Das Problem einer bedarfsgerechten Verteilung der Finanzzuweisungen an die Gemeinden unter besonderer Berücksichtigung der Aussagefähigkeit der kommunalen Ausgaben früherer Perioden für eine Finanzbedarfsermittlung, Diss. Freiburg i.Br. 1971, S. 61.

III. Teil: Struktur und Technik des gegenwärtigen kommunalen Finanzausgleichs

1. Die verschiedenen Zuweisungsarten

In den Finanzausgleichsgesetzen der Länder sind zwei Hauptgruppen von Finanzzuweisungen zu unterscheiden: die allgemeinen und die speziellen zweckgebundenen Finanzzuweisungen.

1.1. Die allgemeinen Finanzzuweisungen

Die allgemeinen Finanzzuweisungen fließen den Gemeinden ohne Verwendungsauflagen zur freien Disposition zu. Sie sind in ihrer finanzwirtschaftlichen Bedeutung "eine Art Steuersatzbeträge" [1]. Ihrer Grundbestimmung nach sollen sie die Eigeneinnahmen der Gemeinden, die zur Erfüllung aller gemeindlichen Aufgaben nicht ausreichen, verstärken und gleichzeitig die Steuerkraftdisparitäten zumindest mildern, "damit alle Gemeinden, gleichgültig wie es mit ihrer Wirtschaftskraft bestellt ist, zum mindesten das Minimum der ihnen durch die Lastenaufteilung übertragenen Gemeinschaftsaufgaben erfüllen können" [2].

Nach Art der Zuteilungstechnik lassen sich die allgemeinen Finanzzuweisungen in "Schlüsselzuweisungen" und "sonstige allgemeine Zuweisungen" unterteilen.

---

1) SCHEEL, W., Der kommunale Finanz- und Lastenausgleich, in: Praxis der Gemeindeverwaltung (Juli - September 1962), S. 17, Anm. 2b.

2) POPITZ, J., Der künftige Finanzausgleich zwischen Reich, Ländern und Gemeinden, a.a.O., S.200; ähnlich PATZIG,W., Der kommunale Finanzausgleich, in: M.v. BRAUCHITSCH, Verwaltungsgesetze des Bundes und der Länder, neu hrsg. von Carl Hermann ULE, Bd. II, Köln - Berlin - München - Bonn 1966, Teil B IV/2.

Die Berechnung der Schlüsselzuweisungen geschieht unter Verwendung von Normgrößen, den sogenannten Schlüsseln, die einen Vergleich zwischen Finanzbedarf und Steuerkraft einer Gemeinde ermöglichen sollen. [1]

Im Rahmen der "sonstigen allgemeinen Zuweisungen" haben die "Bedarfszuweisungen" die Funktion, speziellen und außergewöhnlichen Bedarfsfällen einzelner Gemeinden (GV) sowie generell den aus der "Schematik des Systems der allgemeinen Schlüsselzuweisungen" resultierenden Härtefällen Rechnung zu tragen. [2] Ihre Verteilung aus dem "Ausgleichsstock" erfolgt nach Prüfung der individuellen Situation der sie beantragenden Gemeinde durch die in den Landesgesetzen bestimmten politischen Instanzen (in Nordrhein-Westfalen beispielsweise durch den Innenminister und den Finanzminister) [3].

1.2. Die speziellen Finanzzuweisungen

Während bei den allgemeinen Finanzzuweisungen, insbesondere bei den Schlüsselzuweisungen, die direkte Beziehung zu bestimmten kommunalen Aufgaben und Verwaltungszweigen fehlt, tritt sie bei den speziellen Zuweisungen in den Vordergrund. [4] Es handelt sich hierbei um Zuweisungen des Landes an die Gemeinden zur Finanzierung der bei ihnen anfallenden Ausgaben in speziellen Tätigkeitsbereichen. Die Verwendung der Mittel ist zweckgebunden. In

---

1) Vgl. SCHMÖLDERS, G., Finanzpolitik, a.a.O., S. 166 f.

2) Ebenda, S. 169.

3) Vgl. Gesetz zur Regelung des Finanz- und Lastenausgleichs mit den Gemeinden und Gemeindeverbänden für das Haushaltsjahr 1973 (Finanzausgleichsgesetz 1973 - FAG 1973), GV.NW., S. 232, § 11 (3).

4) Vgl. HACKER, H., Finanzausgleich, a.a.O., S. 408.

der Literatur werden diesem Tatbestand entsprechend für diese Zahlungsströme Synonyma wie zweck- oder besser verwaltungszweiggebundene Zuweisungen (HACKER), Zweckzuweisungen oder verwendungsdeterminierte Transfers (HANSMEYER) verwendet. [1]

Hinter diesen Begriffen verbergen sich nach Intention und technischer Ausgestaltung die unterschiedlichsten Arten von Zuschüssen: "Zu den speziellen Zuweisungen rechnet die Gewährung eines kleinen Zuschusses für eine Schulfahrt nach Berlin oder die Beihilfe für den Bau eines Sportplatzes ebenso wie die Erstattung der Kosten des Amtes für Verteidigungslasten oder die Bundes- und Landesanteile an den Versorgungsbezügen." [2]

Ohne ins Detail gehen zu wollen, sind vier Gruppen zu erkennen: [3]

(1) Kostenerstattungen für Auftragsangelegenheiten,

(2) Ersatz von Dritten im Auftrage des Landes (Bundes) gewährten Leistungen (durchlaufende Gelder),

(3) schlüsselmäßige Zuweisungen für bestimmte Aufgabengebiete und

(4) Zuweisungen für Vorhaben auf Antrag.

zu (1): Den Gemeinden werden die Kosten für die Durchführung der Auftragsangelegenheiten bzw. der Pflichtaufgaben zur Erfüllung nach Weisung durch Pauschalbeträge rückerstattet.

---

1) Insgesamt verkörpern die Zweckzuweisungen nur einen Teil des Sonderlastenausgleichs zwischen Land und den Gemeinden. Zum größten Teil findet er außerhalb des Finanzausgleichs in zahlreichen Spezialgesetzen der Länder seinen Niederschlag. HACKER, H., Finanzausgleich,a.a.O., S. 434.
2) FUCHS, M., Zweckgebundene Zuweisungen - Hilfe oder Last für die Gemeinden ?, in: Der Gemeindehaushalt, 70.Jg. (1969), H.7, S.146.
3) Vgl. HANSMEYER,K.-H.,Zweckzuweisungen an Gemeinden als Mittel der Wirtschaftspolitik?,in: Theorie und Praxis des finanzpolitischen Interventionismus,hrsg.v.H.HALLER u.a., Tübingen 1970,S.432 in Anlehnung an: FUCHS,M., Zweckgebundene Zuweisungen, a.a.O., S. 146.

zu (2):Die Gemeinden fungieren hier als "Zahlstellen" [1] des Landes. Beispielsweise leiten sie im Rahmen des Unterhaltssicherungsgesetzes (UGS) oder des Wohngeldgesetzes Transferzahlungen an berechtigte Empfänger weiter.

zu (3):Es handelt sich hier um Zuschüsse des Landes, die den Gemeinden ohne besonderes Antragsverfahren nach bestimmten Schlüsseln zugewiesen werden. Nach diesem Modus werden zum Beispiel in Nordrhein-Westfalen die Mittel aus dem Kfz-Steuersonderverbund an die Gemeinden (GV) als Träger der Straßenbaulast vergeben.
In der Verteilungstechnik ähneln sie damit den allgemeinen Finanzzuweisungen. [2]

zu (4): Bei diesen Zuweisungen liegt zunächst nur eine generelle Zweckbindung vor. Von seiten der Gemeinden (GV) müssen derartige Mittel förmlich beantragt werden. Ihre Verteilung und Verwendung liegt im Ermessen der Verwaltung.
Als Beispiel für Nordrhein-Westfalen kann hier auf die Zweckzuweisungen im Rahmen des Schulbauprogramms verwiesen werden.

Besonders an der letzten Gruppe der Zweckzuweisungen kann die besondere Problematik dieser Zuweisungsform aufgezeigt werden. Gerade der relativ große Ermessensspielraum, den die staatliche Bewilligungsbehörde bei der Zuteilung dieser Mittel hat, eröffnet dem Land die Möglichkeit, auf die kommunale Politik, insbesondere die gemeindliche Investitionspolitik, Einfluß nehmen zu können. [3] "Der gebende

---

1) Vgl. HANSMEYER, K.-H., Zweckzuweisungen an Gemeinden als Mittel der Wirtschaftspolitik ?, a.a.O., S. 432.

2) Vgl. FUCHS, M., Zweckgebundene Zuweisungen - Hilfe oder Last für die Gemeinden, a.a.O., S. 147.

3) Vgl. HANSMEYER, K.-H., Zweckzuweisungen an Gemeinden als Mittel der Wirtschaftspolitik ? , a.a.O., S. 431; ebenso SEILER, G., Kommunale Finanzen und Kommunalaufsicht, in: Aktuelle Probleme der Kommunalaufsicht. Vorträge und Diskussionsbeiträge des 31. Staatswissenschaftlichen Fortbildungskurses der Hochschule für Verwaltungswissenschaft, Speyer, Berlin 1963, S. 107 f.

Verband wird sich (nämlich) sichern müssen, daß das empfangende Glied den Betrag überhaupt für den Zweck der Bestimmung verwendet, er wird vorher prüfen, ob der Zweck erfüllungswürdig ist und daß dem Glied die eigenen Mittel fehlen, er wird die Grundsätze für die Durchführung aufstellen, deren Einhaltung überwachen, über die ausgegebenen Mittel Abrechnung verlangen usw.: der gebende Verband kontrolliert also den empfangenden." [1)]

Diese Eingriffsmöglichkeiten in den Freiheitsraum der Kommunen werden je nach Standpunkt des Betrachters unterschiedlich bewertet werden müssen. Aus der Sicht des Landes bedeuten die Zweckzuweisungen mit ihrer "Lenkungsfunktion und -effizienz" zusammen mit den Instrumenten der Kommunalaufsicht ein geeignetes Mittel, eigene Zielsetzungen durch eine Steuerung kommunaler Aktivitäten durchzusetzen. [2)] Für die Kommunen bedeutet die Tatsache, daß die Realisierung bestimmter kommunaler Aufgaben nicht in erster Linie vom Beschluß der kommunalen Willensträger, sondern von der Art der Richtlinien und der Möglichkeit abhängt, Zuschüsse zu erhalten, [3)] eine unzulässige und untragbare Einschränkung der kommunalen Selbstverwaltungsautonomie. [4)]

---

1) POPITZ, J., Der Finanzausgleich, in: Handbuch der Finanzwissenschaft, 1. Aufl., Bd. 2, Tübingen 1927, S. 373.

2) Vgl. EWRINGMANN, D., Zur Voraussage kommunaler Investitionsbedarfe, a.a.O., S. 50 f.

3) FUCHS, M., Zweckgebundene Zuweisungen, a.a.O., S. 169.

4) Vgl. die umfassende Kritik bei DEMNY, J., Die Gefahr einer Einschränkung der Autonomie der Gemeinden durch Zweckzuweisungen, erläutert am Beispiel Nordrhein-Westfalen, Diss. Köln 1966.

2. Die quantitative Struktur des Finanzausgleichs

Bevor anhand der qualitativen Analyse der gegenwärtigen Bestimmungen des Finanzausgleichs die raumordnungsrelevanten Effekte der einzelnen Verteilungstechniken herausgearbeitet werden, erscheint es sinnvoll, zunächst die quantitative Bedeutung der unterschiedlichen Finanzzuweisungen in Form einer knappen Übersicht aufzuzeigen.

Zu diesem Zweck wird in der Tabelle 4 auf S. 159 ff. die quantitative Entwicklung des Finanzausgleichssystems in Nordrhein-Westfalen von 1971 bis 1975 wiedergegeben. Die relevanten Daten der anderen Flächenländer können für das Rechenjahr 1973 dem Anhang entnommen werden.

Tabelle 4 zeigt deutlich, welcher hohe Stellenwert den Zweckzuweisungen im Rahmen des Finanzierungsverbundes zwischen dem Land und den Kommunen (GV) zugewiesen werden muß. Selbst wenn man die Zuweisungen zu den Kosten der Auftragsverwaltung - wie es ab 1975 auch offiziell geschieht - den allgemeinen Finanzzuweisungen zurechnet, so werden immer noch mehr als die Hälfte der Zuweisungen vom Land auf die Gemeinden (GV) mit Verwendungsauflagen vergeben.

Diese Zweckzuweisungen unterscheiden sich - abgesehen von ihrem Verteilungsmodus und damit von der Intensität der Einflußnahme des Staates - nach der Art ihrer Finanzierung: Während die unter Ziffer 2 aufgeführten Zuweisungen aus dem gemeinsamen Steuerverbund von Land und Gemeinden gespeist werden, erfolgt die Finanzierung der unter Ziffer 3 aufgelisteten Zuschüsse aus Landesmitteln. In der zuerst genannten Gruppe dominieren die Zuweisungen zur Vorbereitung und Durchführung von städtebaulichen Maßnahmen neben den Finanzzuweisungen im Rahmen des Schulbauprogramms. Ab 1975 sollen zusätzlich aus den Mitteln des Steuerverbundes Zuschüsse für Theater, Einrichtungen der Weiterbildung und des Rettungswesens und für kommunale Kultureinrichtungen gewährt werden.

Durchschnittlich zwei Drittel der Zweckzuwendungen außerhalb des Steuerverbundes fließen an die Gemeinden (GV) und Landschaftsverbände zur Unterhaltung, Instandsetzung und Ausbau der Verkehrsinfrastruktur (Straßen, öffentliches Nahverkehrssystem u.ä.). Weitere, wenn auch wesentlich geringer dimensionierte Schwerpunkte sind in den Zuschüssen zu Maßnahmen der Wasserwirtschaft, der Fürsorge- und Familienhilfe zu erkennen. Im Gegensatz zu den vorhergenannten Zuwendungen sind diese Finanzzuwendungen jedoch nicht im Finanzausgleichsgesetz verankert, sondern erscheinen lediglich im Landeshaushaltsplan.

Von den allgemeinen Zuweisungen erhalten die Gemeinden als Schlüsselzuweisungen mit durchschnittlich 73 v.H. den größten Anteil. Weitere Schlüsselzuweisungen (ca. 12,3 bzw. 11,2 v.H.) werden den Kreisen bzw. den Landschaftsverbänden zur Verfügung gestellt.

Als Manövriermasse für Bedarfszuweisungen an Gemeinden (GV) wurde in den letzten Jahren ein fixer Betrag von 90 Mio. DM angesetzt.

Während sich bis 1974 die Relationen sowohl zwischen allgemeinen und speziellen Finanzzuweisungen wie zwischen den Zweckzuweisungen aus Mitteln des Steuerverbundes und den Zuschüssen aus Landesmitteln kaum gravierend verändert haben, ist der Gesamtumfang der Zuweisungen erheblich gestiegen. Zwischen 1971 (5.365 Mio. DM) und 1974 (9.036 Mio. DM) kann ein Zuwachs von 68,4 v.H. verzeichnet werden.

Tabelle 4a: Finanzzuweisungen des Landes Nordrhein-Westfalen an die Gemeinden (GV) in den Rechnungsjahren 1971 - 1975 (in Mio. DM)

Jahr	1971	1972	1973	1974	1975
1) Allgemeine Finanzzuweisungen					
davon Schlüsselzuweisungen an:					
Gemeinden	1.623	1.880	2.331	2.858	3.081
Kreise	278	322	387	474	511
Landschaftsverbände	245	295	349	428	463
davon Bedarfszuwendungen	89	90(51)[1)]	90	90	90
Summe der allgemeinen Finanzzuweisungen	2.235	2.638	3.157	3.850	4.145
2) Zweckgebundene Finanzzuweisungen aus dem Steuerverbund					
- Städtebauliche Maßnahmen	340	406	484	601	560
- Planungen, Ausstellungen und Veröffentlichungen	6	10	10	20	-
- Zuweisungen zu den Kosten der Auftragsaufgaben und Pflichtaufgaben zur Erfüllung nach Weisung	516	578	580	640	706
- Schulbauprogramm	498	581	695	944	935
- Gesundheitsämter	4	4	4	6	5
- Theater	-	-	-	-	35
- Einrichtungen der Weiterbildung	-	-	-	-	70
- Einrichtungen des Rettungsdienstes	-	-	-	-	35
- kommunale Kultureinrichtungen	-	-	-	-	20
Summe der zweckgebundenen Finanzzuweisungen	1.364	1.579	1.773	2.211	2.367
3) Zweckgebundene Darlehen und Zuweisungen außerhalb des Steuerverbundes					
- Straßen und Brücken, öffentlicher Personennahverkehr	1.143	1.434	1.771	1.986	.
- Wirtschaftswegebau	27	27	27	27	.
- Wasserwirtschaft	152	154	159	174	.
- Feuerschutz	22	27	34	19	.
- Schulwesen	69	39	19	19	.
- Kultur	31	30	33	38	.
- Fürsorge und Gesundheit, Sportförderung	120	118	285	291	.
- Familien- und Jugendhilfe	149	240	330	305	.
- Sonstige Darlehen und Zuweisung.	53	40	76	95	.
Summe der zweckgebundenen Darlehen und Finanzzuweisungen außerhalb des Steuerverbundes	1.766	2.109	2.734	2.975	
GESAMTSUMME	5.365	6.326	7.664	9.036	

1) 1972 wurden denjenigen Gemeinden, deren Anteil an der Einkommensteuer wegen der Neufestsetzung der Schlüsselzahl im Jahr 1972 gegenüber der für 1971 geltenden Schlüsselzahl zurückgeht, vom Land einmalige Sonderhilfen in Höhe von ca. 51 Mio. DM zur Verfügung gestellt. Vgl.§3,Abs.2 FAG 1972.

Tabelle 4b: Finanzzuweisungen des Landes Nordrhein-Westfalen an die Gemeinden (GV) in den Rechnungsjahren 1971 - 1975 (in v.H.)

Jahr	1971	1972	1973	1974	1975
1) Allgemeine Finanzzuweisungen davon Schlüsselzuweisungen an					
Gemeinden	72,6	71,3	73,8	74,2	74,3
Kreise	12,4	12,2	12,3	12,3	12,3
Landschaftsverbände	11,o	11,2	11,1	11,1	11,2
davon Bedarfszuwendungen	4,o	3,4(1,9)	2,8	2,8	2,2
Summe der allgemeinen Finanzzuweisungen (Anteil an den gesamten Zuweisungen)	1oo(41,7)	1oo(41,7)	1oo(41,2)	1oo(42,6)	1oo
2) Zweckgebundene Finanzzuweisungen aus dem Steuerverbund					
- Städtebauliche Maßnahmen	25,o	25,7	27,3	27,2	23,7
- Planungen, Ausstellungen und Veröffentlichungen	o,4	o,6	o,6	o,9	-
- Zuweisungen zu den Kosten der Auftragsaufgaben und Pflichtaufgaben zur Erfüllung nach Weisung	37,8	36,6	32,7	28,9	29,8
- Schulbauprogramm	36,5	36,8	39,2	42,7	39,5
- Gesundheitsämter	o,3	o,3	o,2	o,3	o,2
- Theater	-	-	-	-	1,5
- Einrichtungen der Weiterbildung	-	-	-	-	3,o
- Einrichtungen des Rettungsdienstes	-	-	-	-	1,5
- kommunale Kultureinrichtungen	-	-	-	-	o,8
Summe der zweckgebundenen Finanzzuweisungen (Anteil an den gesamten Zuweisungen)	1oo(25,4)	1oo(25,o)	1oo(23,1)	1oo(24,5)	1oo
3) Zweckgebundene Darlehen und Zuweisungen außerhalb des Steuerverbundes					
- Straßen und Brücken, öffentlicher Personennahverkehr	64,7	68,o	64,8	66,8	.
- Wirtschaftswegebau	1,5	1,5	1,o	o,9	.
- Wasserwirtschaft	8,6	7,3	5,8	5,9	.
- Feuerschutz	1,3	1,3	1,2	1,3	.
- Schulwesen	3,9	1,9	o,7	o,6	.
- Kultur	1,8	1,4	1,2	1,3	.
- Fürsorge und Gesundheit, Sportförderung	6,8	5,6	10,4	9,8	.
- Familien- und Jugendhilfe	8,4	11,4	12,1	10,3	.
- Sonstige Darlehen und Zuweisungen	3,o	1,8	2,8	3,1	.
Summe der zweckgebundenen Darlehen und Finanzzuweisungen außerhalb des Steuerverbundes	1oo(32,9)	1oo(33,3)	1oo(35,7)	1oo(32,9)	
GESAMTSUMME	(1oo %)	(1oo %)	(1oo %)	(1oo %)	

Quellen: Finanzausgleichsgesetze des Landes Nordrhein-Westfalen 1971 - 1975 ; Unveröffentlichte Mitteilungen des Städtetages Nordrhein-Westfalen über Zweckzuweisungen an Gemeinden und Gemeindeverbände nach den Landeshaushaltsplänen 1971 - 1974.

3. Die qualitative Analyse der Verteilungstechniken

Im folgenden sollen zunächst die Verfahren der Verteilung der einzelnen Finanzzuweisungen dargestellt werden.

3.1. Das Verteilungsverfahren bei Schlüsselzuweisungen an Gemeinden

Wie bereits erwähnt, haben die Schlüsselzuweisungen als allgemeine Deckungsmittel die Aufgabe, das originäre kommunale Einnahmensystem soweit zu ergänzen bzw. zu korrigieren, daß ohne Berücksichtigung besonderer Aufgaben allen Gemeinden zumindest eine finanzielle Minimalbasis zur Erfüllung ihres gesamten Aufgabenbereichs gegeben ist.

Bei der Berechnung dieser Schlüsselzuweisungen gehen die Finanzausgleichsgesetze aller Länder von dem Finanzbedarf, d.h. von einer normierten durchschnittlichen Ausgabenbelastung einerseits und der Finanzkraft der einzelnen Kommunen andererseits aus. Mittels der Schlüsselzuweisungen soll zwischen diesen Richtgrößen ein Ausgleich bewirkt werden. Hierbei folgen die Länderfinanzausgleichsgesetze noch immer im wesentlichen den grundlegenden Prinzipien des POPITZ-Gutachtens von 1932 [1)2)] und den sie

---

1) POPITZ, J., Der künftige Finanzausgleich zwischen Reich, Ländern und Gemeinden, a.a.O.

2) In seinem Gutachten beschränkte sich POPITZ zunächst auf den Vorschlag einer Systematik der Aufteilung. Die für die Praxis relevanten technischen Einzelheiten der Aufteilungsgestaltung wurden von ihm erst im Zusammenhang mit der Neuregelung des preußischen Finanzausgleichs erarbeitet. Vgl. KINKEL, K., Die Lehre von Popitz für die Gestaltung des gemeindlichen Finanzausgleichs und ihr Verhältnis zum gegenwärtigen Rechtszustand in der Bundesrepublik. Vergleich und Problematik unter besonderer Berücksichtigung einer kommunalen Finanzreform, Diss. Köln 1964, S. 104 f.

konkretisierenden Verteilungsmodalitäten, wie sie bereits im preußischen Finanzausgleichsgesetz vom 10. November 1938 [1] und der Reichsfinanzausgleichsverordnung von 1944 [2] verfaßt worden sind.

Ausgangspunkt der Berechnungen sind als Ausdruck des Finanzbedarfs einer Gemeinde die sog. "Ausgangs"- oder "Bedarfsmeßzahl" und als Ausdruck der Finanzkraft die "Steuerkraftmeßzahl". Insbesondere die Konstruktion der Ausgangs- oder Bedarfsmeßzahl erscheint im Vergleich zur Steuerkraftmeßzahl deshalb problematisch, da mit der Objektivierung und Quantifizierung des kommunalen Bedarfs gesellschafts- und wirtschaftspolitische Entscheidungen verbunden sind.

3.1.1. Die Ausgangs- oder Bedarfsmeßzahl als Ausdruck des Finanzbedarfs einer Gemeinde

Die Ausgangsmeßzahl ist rechnerisch das Produkt der Faktoren "Grundbetrag" und "Gesamtansatz". Im Gesamtansatz sollen sich möglichst alle bedarfsrelevanten Tatbestände der Kommunen ausdrücken. Der Grundbetrag ist dann letztlich eine monetäre Größe, die dafür sorgt, daß mit dem noch näher zu besprechenden "Ausgleich" zwischen Ausgangs- und Steuerkraftmeßzahl die zu verteilende Schlüsselmasse erschöpft wird. Die Verteilung erfolgt also nach dem Repartitionsprinzip.

---

1) Preußisches Finanzausgleichsgesetz vom 10. November 1938, Preußische Gesetzsammlung, S. 108.

2) Verordnung über die einstweilige Regelung des Finanz- und Lastenausgleichs (Finanzausgleichsverordnung) vom 30.10.1944, RGBl. I, S. 282.

3.1.1.1. Der Hauptansatz

Dominierendes Element des Gesamtansatzes ist der Hauptansatz. Er geht von der Zahl der Gemeindeeinwohner als wichtigstem Merkmal für den Bedarf der einzelnen Gemeinde aus. In den meisten Ländern werden die Einwohner je nach Größenklasse der Gemeinde unterschiedlich gewichtet. Mit dieser sog. "Veredelung", d.h. künstlichen Erhöhung der Einwohnerzahl mit steigender Gemeindegröße will man der Erfahrungstatsache Rechnung tragen, daß mit wachsender Gemeindegröße die Ausgaben für die gemeindliche Leistungserstellung nicht proportional, sondern progressiv ansteigen. In Nordrhein-Westfalen wird die progressive Staffelung des Hauptansatzes zusätzlich mit dem erhöhten Zuschußbedarf der Gemeinden mit zentralörtlicher Bedeutung begründet, der ihnen durch die Übernahme zentraler Aufgaben entsteht. [1)]

Tabelle 5 zeigt im einzelnen,wie in den jeweiligen Finanzausgleichsgesetzen der Bundesländer die Staffelung der Hauptansätze gestaltet wurde. Die differenzierteste Staffelung erfolgt in Hessen: Ausgehend von Gemeinden mit einer Einwohnerzahl bis einschließlich 1500 (= 100 %) schreitet die Hauptansatzstaffel 1- bzw. 2-prozentweise mit unterschiedlicher Schrittweite fort. In den anderen, in der Tabelle aufgeführten Ländern gilt für Gemeinden mit dazwischenliegenden Einwohnerzahlen der Hundertsatz, der durch lineare Interpolation aus dem jeweils oberen und unteren Hundertsatz gewonnen werden kann.

---

1) Vgl. Entwurf eines Gesetzes zur Regelung des Finanz- und Lastenausgleichs mit den Gemeinden und Gemeindeverbänden für das Haushaltsjahr 1974, Landtag Nordrhein-Westfalen, Drucksache 7/2871, Begründung zu § 5, S. 31. Ebenso: Bericht des Haushalts- und Finanzausschusses zur 2. Lesung des Entwurfs eines Gesetzes zur Regelung des Finanz- und Lastenausgleichs mit den Gemeinden und Gemeindeverbänden für das Haushaltsjahr 1973, Landtag Nordrhein-Westfalen, Drucksache 7/2500, S. 6.

Tabelle 5: Staffelung des Hauptansatzes in den Finanzausgleichsgesetzen der Bun
- Die Einwohnerzahl der Gemeinden wird mit ... v.H. angesetzt -

Gemeindegrößen (bis einschließlich ... Einwohner	BAYERN	HESSEN	NIEDERSACHSEN 1)	NIEDERSACHSEN 2)	NORDRHEI WESTFALE
1.000			100		
1.500		100			
3.000	100	108			
5.000		121	110		100
8.000		132			
10.000	110	137	120		105
15.000		144			
20.000		147	140		
25.000	125	149			
50.000	135	152	150	100	115
100.000	140	154		110	120
150.000		156			
200.000		158		115	125
250.000	145				
500.000	150			130	132
mehr als 500.000	für jede weitere 100.000 E. 1 %	160	je weitere 3.000 E. 1 %	140	135

1) kreisangehörige Gemeinden
2) kreisfreie Gemeinden

Quelle: Finanzausgleichsgesetze der Bundesländer (Stand 1973).

In der Aufstellung sind die Bundesländer Baden-Württemberg und Schleswig-Holstein deshalb nicht vertreten, weil ihre geltenden Finanzausgleichsgesetze eine Veredelung der Einwohnerzahl über Hauptansatzstaffelung nicht (mehr) vorsehen. Seit dem Finanzausgleichsgesetz 1970 geht Schleswig-Holstein bei der Beratung der Schlüsselzuweisungen an die Gemeinden von der effektiven Zahl der Wohnbevölkerung in den einzelnen Gemeinden aus (§ 9, Abs. 1). Ähnliches gilt für Baden-Württemberg: Auch hier zählt zunächst die effektive Einwohnerzahl der Gemeinde, die jedoch dann - unabhängig von jeglicher Gemeindegrößenklassifizierung - nach Maßgabe des Bevölkerungswachstums der letzten 10 Jahre erhöht wird (§ 7, Abs. 1,2). Im entscheidenden Gegensatz zu Schleswig-Holstein wird allerdings eine Finanzbedarfsdifferenzierung zwischen den Gemeindegrößenklassen dadurch konzidiert, daß die modifizierten Einwohnerzahlen im weiteren Verlauf der Bedarfs"berechnung" mit Kopfbeträgen multipliziert werden, die in ihrer Höhe nach Gemeindegrößenklassen unterschiedlich sind. [1]

3.1.1.2. Die Ergänzungsansätze, insbesondere der Schüleransatz in Nordrhein-Westfalen und die Raumordnungsansätze in Rheinland-Pfalz, im Saarland und in Schleswig-Holstein

Weitere "bedarfserhöhende" Tatbestände werden bei der Berechnung der Ausgangsmeßzahl durch sogenannte Ergänzungsansätze erfaßt. [2] Rein rechnerisch bewirken

---

1) "Der Kopfbetrag wird jährlich durch gemeinsame Rechtsverordnung des Innenministeriums und des Finanzministeriums so festgesetzt, daß dem Finanzbedarf der Gemeinden in den einzelnen Größenklassen durch die Schlüsselzuweisungen angemessen Rechnung getragen wird." Gesetz über den kommunalen Finanzausgleich i.d.F. vom 22. Juni 1970 (FAG 1970), Gesetzblatt, S. 258, §7,Abs.3.

2) Synonym werden Termini wie: Neben- oder Sonderansätze verwendet. HAVERKAMPF unterscheidet in diesem Zusammenhang zwischen "Ordnungsansätzen", die auf eine Verwirklichung einer bestimmten räumlichen Ordnungsvorstellung ausgerichtet sind, und "Strukturansätzen", die - langfristig und kurzfristig - bestimmte Sonderbelastungen
Fortsetzung auf S. 166

diese Ergänzungssätze eine zusätzliche Erhöhung ("Veredelung") der Einwohnerzahl der berechtigten Gemeinden.

Die Übersicht in Tabelle 6 zeigt, welche Tatbestände von den Gesetzgebern in den einzelnen Ländern als besonders bedarfssteigernd angesehen werden. Gleichzeitig wird deutlich, wie unterschiedlich in den einzelnen Ländern von der Möglichkeit Gebrauch gemacht wird, örtliche Bedarfsbesonderheiten, die von der Gemeindegröße unabhängig sind, über Nebenansätze ins Kalkül zu ziehen. Während in Hessen 1973 noch sechs Ergänzungsansätze den Hauptansatz modifizieren können, hat das Land Niedersachsen bis auf den Ergänzungsansatz für Gemeindezusammenschlüsse alle Sonderansätze aus dem Finanzausgleichsgesetz gestrichen. [1] Eine qualitative Analyse der einzelnen Ansätze würde zudem noch erkennen lassen, daß auch gleichlautende Sonderansätze in den einzelnen Ländern technisch höchst unterschiedlich ausgestaltet sind und dementsprechend abweichende Wirkungen zeigen können. [2]

Im Rahmen der vorliegenden Untersuchung erscheint es angebracht, eine weitergehende Darstellung und Analyse

---

Fortsetzung von S. 165
2) ausgleichen sollen. HAVERKAMPF, H.E., Räumliche Streuung unterschiedlicher kommunaler Einnahmesysteme. Eine Modellsimulation am Beispiel Nordrhein-Westfalen, a.a.O., S. 20.

1) Es muß weiterhin darauf hingewiesen werden, daß - obwohl bestimmte Nebenansätze noch immer in den Finanzausgleichsgesetzen aufgeführt werden - ihre Bedeutung sukzessive geschmälert wird. So ist im Finanzausgleichsgesetz des Landes Nordrhein-Westfalen 1973 der Grenzlandansatz um 2 Prozentpunkte (von 10 v.H. auf 8 v.H.) gekürzt worden. Er soll in den nächsten 4 Jahren mit jeweils 2 % völlig abgebaut werden. Vgl. Bericht des Haushalts- und Finanzausschusses zur 2. Lesung des FAG 1973, a.a.O., S. 7.

2) Eine detaillierte Darstellung nahezu aller in der Tabelle aufgeführten Sonderansätze ist zu finden bei: PIKULLIK, H., Das System des kommunalen Finanzausgleichs in der Bundesrepublik Deutschland, Diss. Marburg 1966, S. 168 ff.

Tabelle 6: Ergänzungsansätze zum Hauptansatz in den Finanzausgleichsgesetzen der
jahre 1961 - 1966 - 1973

Ergänzungsansätze	BADEN-WÜRTTEMBERG			BAYERN			HESSEN			NIEDER-SACHSEN			NORDRH WESTFA	
	'66	'66	'73	'61	'66	'73	'61	'66	'73	'61	'66	'73	'61	'6
1. Raumordnungsansatz														
2. Schüleransatz														
3. Grenzlandansatz				x	x	x		x	x				x	
4. Bäderansatz								x	x					
5. Ergänzungsansatz für Kinder/Jugendliche/unselbst. Bevölkerung	x			x	x		x	x	x	x			x	
6. Ergänzungsansatz für Bevölkerungswachstum	x	x		x	x	x	x	x	x	x				
7. Ergänzungsansatz für Gemeindezusammenschlüsse			x			x			x			x		
8. Straßenansatz														
9. Ergänzungsansatz für Grubengemeinden														
10. Stationierungsansatz			x						x					
11. Ergänzungsansatz für Kriegszerstörung (Demontage)				x			x			x			x	

Quellen: Für 1961: Zusammenstellung nach den 1961 geltenden Finanzausgleichsgeset
Kommunaler Finanzausgleich und Raumordnung, a.a.O., S. 29.
Für 1966: Zusammenstellung bei BOHMANN,H.,Das Gemeindefinanzsystem,2.übe
Für 1973: Eigene Zusammenstellung nach den 1973 geltenden Finanzausgleic

allein auf diejenigen Sonderansätze zu konzentrieren, die ausdrücklich die Wahrnehmung zentralörtlicher Funktionen als bedarfserhöhenden Tatbestand in das Finanzausgleichssystem einbringen wollen. Für Nordrhein-Westfalen sind das der "Schüleransatz", für Rheinland-Pfalz, Saarland und Schleswig-Holstein deren "Raumordnungsansätze".

Der Schüleransatz in Nordrhein-Westfalen

Der sogenannte Schüleransatz wurde 1970 erstmals als Ersatz für den bis dahin geltenden Kinderansatz und den Unselbständigenansatz, die die sozio-strukturellen Besonderheiten der Gemeinden berücksichtigen sollten, in das Finanzausgleichssystem des Landes Nordrhein-Westfalen eingeführt. Unter anderem erschien diese Änderung deshalb notwendig, weil mit der von der Schulentwicklungsplanung angestrebten räumlichen Zentralisierung der Schulen auch im ländlichen Raum die Kosten für die Ausbildung der Kinder nicht mehr unbedingt bei den Gemeinden anfallen, in denen die Kinder auch wohnen. [1)]

Unabhängig vom Wohnort der Schüler, aber unter Berücksichtigung der unterschiedlichen Belastungen durch die einzelnen Schulformen, werden den Gemeinden, die Schulträger sind, zusätzliche "Veredelungspunkte" zum Hauptansatz in Höhe einer gewogenen Schülerzahl gewährt.

Die Gewichtung entspricht in ihrer Relation dem Zuschußbedarf je Schüler für die einzelnen Schulformen und basiert auf einer Totalerhebung der Istausgaben im Jahre 1970.

---

1) Vgl. ESSER, F., Schulfinanzierung und Schulbau im Lande Nordrhein-Westfalen, in: Der Gemeindehaushalt,10, 1972, S. 227.

Im Finanzausgleichsgesetz 1973 wurden demnach die Schülerzahlen wie folgt modifiziert:

Schüler bei den

a)	Grundschulen und den noch nicht gegliederten Volksschulen	mit 75 v.H.
b)	Hauptschulen	mit 100 v.H.
c)	Sonderschulen	mit 125 v.H.
d)	Realschulen	mit 100 v.H.
e)	Gymnasien	mit 170 v.H.
f)	Berufsschulen	mit 62 v.H.
g)	Berufsfachschulen und Fachschulen	mit 222 v.H.
h)	Gesamtschulen	mit 177 v.H.
i)	Kollegs	mit 232 v.H. [1]

Die Analyse der Schulkosten, wie sie in der Totalerhebung (Befragung) 1970 ermittelt wurden, ließ zwischen den Gemeindegrößenklassen signifikante Unterschiede bei den Aufwendungen je Schüler für ein und dieselbe Schulform sichtbar werden. Als wesentliche Ursache hierfür werden die relativ höheren Belastungen der kleineren Gemeinden durch die Kosten für den Schülertransport angesehen. [2]

Um auch diese Bedarfsmomente berücksichtigen zu können, werden die bereits nach Schulformen "veredelten" Schülerzahlen nun noch zusätzlich nach der Gemeindegrößenklasse des Schulträgers gewichtet:

---

1) Gesetz zur Regelung des Finanz- und Lastenausgleichs mit den Gemeinden und Gemeindeverbänden für das Haushaltsjahr 1973 (Finanzausgleichsgesetz 1973 - FAG 1973), GV.NW., S. 232, § 5, Abs. 2, Satz 3.

2) Vgl. ESSER, F., Schulfinanzierung und Schulbau im Lande Nordrhein-Westfalen, a.a.O., S. 228.

"Der Schüleransatz beträgt für eine Gemeinde

mit 50.000 und mehr Einwohnern	169 v.H.
mit 20.000 bis unter 50.000 Einwohnern	174 v.H.
mit weniger als 20.000 Einwohnern	181 v.H.

der Schülerzahl nach Satz 3." [1)]

Insgesamt wird also die Punktezahl, um die zur Berücksichtigung der besonderen Belastungen der Schulträgergemeinden deren individueller Hauptansatz aufgestockt werden soll, nach folgender Formel berechnet:

Schülerzahl x Prozentsatz (Gewicht) für die
einzelnen Schulformen
x Schüleransatz nach der Gemeindegröße. [2)]

Der Raumordnungsansatz in Rheinland-Pfalz

Rheinland-Pfalz nahm als erstes Land bereits 1963 einen besonderen Ergänzungsansatz für Gemeinden mit zentralörtlicher Bedeutung in den Finanzausgleich auf.

§ 4 Nr. 3 des Finanzausgleichsgesetzes lautet:

"Den durch den Minister des Innern im Einvernehmen mit dem Minister für Finanzen und Wiederaufbau und der Staatskanzlei bestimmten kreisangehörigen Gemeinden, denen besondere Aufwendungen dadurch entstehen, daß sie für das umliegende Gebiet von zentralörtlicher Bedeutung sind, wird ein Ergänzungsansatz in Höhe von 25

1) Finanzausgleichsgesetz 1973, § 5, Abs. 2, Satz 4.

2) Erstmalig im Finanzausgleichsgesetz 1975 wird von der Aufteilung des Schüleransatzes in drei Größenklassen abgesehen. Die unterschiedlichen Belastungen infolge der Schülerfahrkosten werden nunmehr durch besondere Zuweisungen aus dem Ausgleichsstock (Bedarfszuweisungen) ausgeglichen.
Vgl. Gesetz zur Regelung des Finanz- und Lastenausgleichs mit den Gemeinden und Gemeindeverbänden für das Haushaltsjahr 1975 (Finanzausgleichsgesetz 1975 - FAG 1975), GV.NW., S. 149, § 5, Abs.2; § 11, Abs. 3.

v.H. der absoluten Zahl des Hauptansatzes gewährt; dies gilt nicht für Gemeinden, denen ein Ergänzungsansatz nach vorstehender Nummer 2 (Ansatz für Grenzgemeinden - d. Verf.) gewährt wird." [1]

Von dieser Regelung profitierten in erster Linie diejenigen zentralen Orte, die mit entsprechender Infrastruktur bereits ausgerüstet ihre Funktionen für das Umland voll erfüllen konnten. So flossen nach Angaben des rheinland-pfälzischen Raumordnungsberichtes 1969 von den nach § 4, Nr. 3 gewährten ca. 3,5 Mio. DM Schlüsselzuweisungen rund 95 % den zentralen Orten von vollausgestalteten Unterzentren aufwärts zu. [2] Eine derart ausgerichtete Förderungspolitik konterkariert eine Raumordnungspolitik, die gerade im weiteren Auf- und Ausbau des zentralörtlichen Versorgungsnetzes (d.h. unter Umständen Entwicklung neuer Zentren) ein geeignetes Mittel sieht, ausgewogene Lebensverhältnisse in allen Landesteilen zu schaffen, insbesondere die Lebensbedingungen in den schwach strukturierten Gebieten städtischen Anforderungen anzupassen. [3]

Um diese Mängel abzustellen, wurde 1969 der Vorschlag formuliert, Gemeinden mit zentralörtlicher Bedeutung einheitlich zu behandeln und dem unterschiedlichen Zen-

---

1) Landesgesetz zur Änderung von Vorschriften auf dem Gebiet des Finanzausgleichs und des Grunderwerbsteuerrechts vom 17. Dezember 1963, GVBl. Rheinland-Pfalz, S. 229.

2) Darüber hinaus erhielten diese zentralen Orte in den Jahren 1967/68 rund 10 % der im Rahmen des Ausgleichs- und Investitionsstocks zur Verfügung stehenden 55 Mio. DM, und zwar
1,755 Mio. DM Bedarfszuweisungen aus dem kommunalen Ausgleichsstock zum Haushaltsausgleich und
3,730 Mio. DM Zuschüsse für Maßnahmen des Gemeinwohls.
Raumordnungsbericht 1969 der Landesregierung Rheinland-Pfalz, Mainz 1969, S. 23.

3) Vgl. die landesplanerischen Zielsetzungen bei: BRENKEN, G., Das Landesentwicklungsprogramm Rheinland-Pfalz - Räumliche Strukturen des Landes und die von der Landesregierung beschlossene raumordnerische Gesamtkonzeption, in: Kommunalwirtschaft, H.5, 1971,S.191 ff.

tralitätsgrad (Kleinzentrum, Unterzentrum, Mittelzentrum) [1] durch eine Differenzierung des Ergänzungsansatzes Rechnung zu tragen. [2]

Dem Entwurf folgend wurde der Ergänzungsansatz im Finanzausgleichsgesetz 1970 wie folgt geändert:

"3. Ein Ergänzungsansatz für zentrale Orte.

Kreisangehörige Gemeinden, die nach dem Landesentwicklungsprogramm oder den regionalen Raumordnungsplänen als zentraler Ort bestimmt sind, erhalten vom Beginn des Rechnungsjahres, das auf die Bestimmung folgt, einen Ergänzungsansatz zwischen 10 und 25 v.H. der absoluten Zahl des Hauptansatzes. Bis zur Verbindlichkeit eines regionalen Raumordnungsplanes (§ 13 Abs. 1 Satz 5 des Landesplanungsgesetzes) wird kreisangehörigen Gemeinden, denen besondere Aufwendungen dadurch erwachsen, daß sie für das umliegende Gebiet von zentralörtlicher Bedeutung sind, durch den Minister des Innern im Einvernehmen mit der Staatskanzlei und dem Minister für Finanzen und Wiederaufbau ein Ergänzungsansatz nach Satz 1 gewährt.

Die Höhe des Ergänzungsansatzes richtet sich nach dem Zentralitätsgrad, der Größe des zu betreuenden zentralörtlichen Bereichs und der in den Zielen der Landesplanung ausgewiesenen allgemeinen Ausbaubedürftigkeit. Allgemeine Richtlinien hierüber erläßt der Minister des Innern im Einvernehmen mit der Staatskanzlei und dem Minister für Finanzen und Wiederaufbau." [3]

---

1) Oberzentren werden in der Staffelung nicht berücksichtigt, da der Ergänzungsansatz gemäß § 4, Nr. 3 FAG nur für kreisangehörige Gemeinden gilt.

2) Entwurf eines Landesgesetzes zur Änderung des Finanzausgleichsgesetzes, Landtag Rheinland-Pfalz, Drucksache VI/1474 vom 5.11.1969, S. 4 und S. 13.

3) Landesgesetz über den Finanzausgleich in Rheinland-Pfalz (Finanzausgleichsgesetz - FAG) vom 28. April 1970, GVBl. Rheinland-Pfalz, S. 145, § 4, Nr. 3.

Nach diesen Richtlinien konnten 1972 die Gemeinden mit zentralörtlicher Bedeutung zur Berechnung ihres Ergänzungsansatzes folgende Basissätze und Zuschläge geltendmachen:

- als Basissatz nach dem Zentralitätsgrad
  - o bei Mittelzentren 17 v.H.
  - o bei Unterzentren 13 v.H.
  - o bei Kleinzentren 10 v.H.

- als Zuschläge

  1. nach der Größe des zentralen Ortes

bei Gemeinden mit	weniger als		1000	Einw.	5 v.H.
"	1000	bis unter	2000	"	4 v.H.
"	2000	"	3000	"	3 v.H.
"	3000	"	4000	"	2 v.H.
"	4000	"	5000	"	1 v.H.

  2. nach der Größe des zentralörtlichen Bereichs bei einem Verhältnis der Einwohnerzahl des zentralörtlichen Bereichs (ohne zentralen Ort) zur Einwohnerzahl des zentralen Ortes

von	1 : 1	bis unter	1 : 2	2 v.H.
"	1 : 2	"	1 : 3	4 v.H.
"	1 : 3	"	1 : 4	6 v.H.
"	1 : 4	"	1 : 5	8 v.H.
"	1 : 5	und mehr		10 v.H.

  3. für die nach dem Raumordnungsplan auszubauenden zentralen Orte 3 v.H.

Der Ergänzungssatz beträgt jedoch höchstens 25 v.H. [1)]

1) Ministerialblatt der Landesregierung Rheinland-Pfalz vom 8. August 1972, Nr. 14, Sp. 671.

Der Raumordnungsansatz im Saarland

Der Grundsatz der besonderen Förderung von kommunalen Aktivitäten, die über die eigene Gemeindegrenze hinaus wirkten, ist bereits im Finanzausgleichsgesetz (FAG) von 1964 zu finden:

> "Das Land gewährt Gemeinden und Gemeindeverbänden zu Unternehmungen auf kulturellem, wirtschaftlichem oder sozialem Gebiet im Falle des Bedürfnisses Beihilfen nach Maßgabe des Landeshaushaltes, sofern die Bedeutung dieser Unternehmungen erheblich über den örtlichen Bereich hinausgeht." [1)]

Diese recht allgemeine Förderungsmaxime wird im Finanzausgleichsgesetz 1970 näher spezifiziert. Über die Förderungswürdigkeit "kommunaler Unternehmungen mit überörtlicher Bedeutung" entscheiden die raumordnungspolitischen Zielsetzungen, wie sie im Raumordnungsprogramm des Saarlandes vom 10. Oktober 1967 [2)] manifestiert sind. "Damit soll gewährleistet werden, daß die Finanzhilfen des Landes für die Gemeinden und Gemeindeverbände in sinnvoller Weise und mit optimalem Nutzeffekt zur möglichst gleichmäßigen Versorgung der Bevölkerung mit Leistungen eingesetzt werden." [3)]

---

1) Gesetz über den kommunalen Finanzausgleich im Saarland (Finanzausgleichsgesetz - FAG) in der Fassung vom 8. Juli 1964, ABl. Saarland, S. 737, § 5.

2) Raumordnungsprogramm des Saarlandes, Allgemeiner Teil vom 10.10.1967, abgedruckt in "Raumordnung im Saarland", Zweiter Raumordnungsbericht 1970, Landesplanungsbehörde, Ministerium des Innern, Saarbrücken 1970, S. 55 ff. Die generellen Richtlinien und Handlungsgrundsätze des Raumordnungsprogramms sind in dem am 28. April 1970 verabschiedeten Besonderen Teil des Programms näher konkretisiert und in ihrer räumlichen Differenzierung dargestellt worden.
Vgl. WEYRATH , Raumordnung im Saarland - Grundlagen, Wege und Ziele,in: Kommunalwirtschaft 7, 1971, S.207.

3) Entwurf eines Kommunalfinanzausgleichsgesetzes - KFAG - Landtag des Saarlandes, Drucksache V/1616 vom 31.3. 1970, Begründung, S. 7.

Die forcierte Steuerung von Finanzmitteln in die zentralen Orte erscheint aus zwei Gründen den Gesetzgebern legitim: Einerseits hätten alle Gemeinden infolge der bisherigen Finanzausgleichsmaßnahmen den Ausbau einer auf ihre "örtlichen Bedürfnisse bezogenen Grundausstattung" durchführen können. Somit könne diese Phase der Landesentwicklung insbesondere in den kleineren ländlichen Gemeinden "im Großen und Ganzen als abgeschlossen" angesehen werden. Andererseits müsse sich der Ausbau der Infrastruktureinrichtungen zur Deckung des gehobenen und höherer spezialisierten Bedarfs aus bestimmten Sachzwängen in einem Netz von zentralen Orten vollziehen. Dementsprechend müßten hier besondere Finanzbedarfe anerkannt und über spezifische Finanzausgleichsmaßnahmen honoriert werden. [1)]

Ausdrücklich wird jedoch im gleichen Zusammenhang vermerkt, daß ein totaler Ausgleich der Mehraufwendungen, die infolge der Wahrnehmung zentralörtlicher Funktionen bestimmten Kommunen zufallen, über Finanzzuweisungen des Landes nicht angestrebt werden soll. Einem derartigen Vorhaben stünden neben den kaum lösbaren rechnerischen Problemen der exakten Ermittlung von Belastungen nach Umfang der zentralen Funktionen und Größe des Versorgungsbereichs die fiskalisch staatspolitische Restriktion in Gestalt der berechtigten Finanzansprüche der übrigen Kommunen entgegen. [2)]

Auf der Basis dieser Überlegungen wird dem besonderen Finanzbedarf der Gemeinden mit zentralörtlicher Bedeutung erstmals im Kommunalfinanzausgleichsgesetz vom 27. Mai 1970 [3)] in Form eines besonderen Ergänzungssatzes für zentrale Orte Rechnung getragen.

---

1) Vgl. Entwurf eines Kommunalfinanzausgleichsgesetzes - KFAG - Landtag des Saarlandes, Drucksache V/1616 vom 31.3.1970, Begründung, S. 9.

2) Vgl. ebenda.

3) Gesetz Nr. 22 "Kommunalfinanzausgleichsgesetz - KFAG" vom 27. Mai 1970, ABl. Saarland, S. 574.

§ 11, Abs. 4 lautet:

"Zentralen Orten wird ein Ergänzungsansatz gewährt, der sich in Hundertsätzen an der Einwohnerzahl (§ 14) des von ihnen in der jeweils höchsten Stufe zu versorgenden Bereiches ausschließlich der eigenen Einwohnerzahl (§ 14) bemißt. Die Hundertsätze betragen für die Ausgleichsjahre 1970 und 1971

2 vom Hundert bei Oberzentren
3 vom Hundert bei Mittelzentren
8 vom Hundert bei Unter- und Grundzentren,

für die folgenden Ausgleichsjahre

4 vom Hundert bei Oberzentren
6 vom Hundert bei Mittelzentren
16 vom Hundert bei Unter- und Grundzentren.

Die Bestimmung der zentralen Orte und der von ihnen zu versorgenden Bereiche ergibt sich aus dem hierfür maßgebenden Raumordnungsplan in der am 30. September des dem Ausgleichsjahr vorangehenden Jahres verbindlichen Fassung."

Bereits 1972 ist diese Regelung zugunsten der Oberzentren geändert worden: Der Vom-Hundert-Satz bei Oberzentren wird von bisher vier auf sechs angehoben. [1]

Diese Änderung war bedingt durch die prekäre Finanzlage des Oberzentrums Saarbrücken. Insbesondere als Dienstleistungsmetropole des Landes sieht sich Saarbrücken Ansprüchen hinsichtlich der Verkehrsflächen (Straßen, Plätze, Parkflächen, Garten- und Parkanlagen) ausgesetzt, die sich Mittel-, Grund- und Unterzentren nicht stellen. [2]

---

1) Gesetz Nr. 956, Zweites Gesetz zur Änderung des Gesetzes Nr. 922 "Kommunalfinanzausgleichsgesetz - KFAG - vom 27. Mai 1970, vom 21. Dezember 1972, ABl. Saarland, S. 42.

2) Vgl. Entwurf zum Änderungsgesetz des Gesetzes Nr. 922 "Kommunalfinanzausgleichsgesetz - KFAG - vom 27. Mai 1970, Landtag des Saarlandes, Drucksache VI/900, vom 26. Juli 1972, S. 7 f.

Im Vergleich zum Zentralitätsansatz im Finanzausgleichsgesetz von Rheinland-Pfalz sind im vorliegenden Ergänzungsansatz zwei Tatbestände besonders bemerkenswert: Während in Rheinland-Pfalz als Basis zur Veredelung qua Zentralität die über den Hauptansatz bereits modifizierte Bevölkerung des Zentralortes herangezogen wird, geht das Finanzausgleichsgesetz des Saarlandes bei der Berechnung des Ergänzungsansatzes allein von der Bevölkerung des Nachbarschaftsbereichs (Bevölkerung des Versorgungsbereichs ./. Bevölkerung des zentralen Ortes) aus. Dahinter steckt die Intention, daß die aus der eigenen Bevölkerung resultierende Belastung des Zentralortes bereits in der Staffelung des Hauptansatzes hinlänglich berücksichtigt wurde. [1]

Des weiteren fällt auf, daß im Gegensatz zur Regelung in Rheinland-Pfalz im saarländischen Finanzausgleichsgesetz die Prozentsätze des Ergänzungsansatzes mit zunehmender Zentralitätsstufe geringer werden. Mit diesem Berechnungsmodus will man der Tatsache Rechnung tragen, "daß die zentralen Orte höherer Stufe nur für einen relativ kleinen Teil ihres gesamten Versorgungsbereiches auch die Aufgaben der unteren Zentralität wahrnehmen" [2].

Der Raumordnungsansatz in Schleswig-Holstein

Wie bereits erwähnt, wird im Finanzausgleichsgesetz des Landes Schleswig-Holstein auf eine Veredelung der Einwohnerzahlen, die die Finanzbedarfsunterschiede zwischen Kommunen unterschiedlicher Größenordnung über den Hauptansatz bzw. die Bedarfsunterschiede zwischen Gemeinden unabhängig von ihrer Größenordnung über Sonderansätze normativ berück-

---

1) Vgl. Entwurf eines Kommunalfinanzausgleichsgesetzes vom 31.3.1970, a.a.O., S. 32.

2) Ebenda.

sichtigt, grundsätzlich verzichtet. "Alle Einwohner werden als Bedarfsverursacher gleich behandelt." [1)]

Allerdings erkennt auch der Gesetzgeber in Schleswig-Holstein spezielle Bedarfsunterschiede bestimmter Gemeinden dann an, wenn sie als Folge zusätzlicher Aufgaben auftreten. Für die übergemeindlichen Aufgaben der zentralen Orte werden deshalb besondere Schlüsselzuweisungen gewährt: [2)] "Der 'veredelte' Einwohner als Bezugsgröße im Finanzausgleich wird durch den 'tatsächlichen' Einwohner und die besondere Funktion bestimmter Gemeinden ersetzt" [3)].

Diese besonderen Schlüsselzuweisungen für zentrale Orte müssen im engen Zusammenhang mit dem sog. Investitionsfonds gesehen werden, der seit 1965 in das Finanzausgleichssystem aufgenommen wurde. Mit diesen beiden Instrumenten können die gemeindlichen Aktivitäten stärker als je zuvor auf die Realisierung raumordnungspolitischer Zielsetzungen des Landes ausgerichtet werden. Dabei übernehmen nach dem Willen des Gesetzgebers die Schlüsselzuweisungen für übergemeindliche Aufgaben die Funktion als Deckungsmittel für die laufenden Aufwendungen zum Unterhalt der zentralörtlichen Einrichtungen, der Investitionsfonds unterstützt dagegen über Darlehen die kommunale Investitionspolitik.

---

1) Entwurf eines Gesetzes über den Finanzausgleich in Schleswig-Holstein (Finanzausgleichsgesetz - FAG), Schleswig-Holsteinischer Landtag, Drucksache VI/849 vom 19.9.1969, S. 29.

2) Eine prinzipiell vergleichbare Intention liegt den "besonderen" Schlüsselzuweisungen der vier kreisfreien Städte zugrunde, die sie dadurch bekommen, daß sie im gleichen Maße wie die Kreise auch an der Kreisschlüsselmasse beteiligt werden. Damit sollen gewissermaßen die "Kreisaufgaben" der kreisfreien Städte dotiert werden.
Vgl. BREUSING, R., Ein neuartiger kommunaler Finanzausgleich, in: Der Landkreis, H. 6, 1970, S. 181.

3) Entwurf eines Gesetzes über den Finanzausgleich in Schleswig-Holstein vom 19.9.1969, a.a.O., S. 29.

Derzeit werden jedoch Teile der Schlüsselzuweisungen auch zum Ausbau und Neubau eines funktionsfähigen Netzes zentraler Einrichtungen verwendet. Das geschieht in erster Linie in ländlichen Gebieten, für die gerade ein umfangreicher Infrastrukturdefizit charakteristisch ist. [1]
Auf jeden Fall sind sie jedoch zur Erfüllung übergemeindlicher Aufgaben zu verwenden, d.h. obwohl sie zu den allgemeinen Deckungsmitteln gerechnet werden, ist ihre Verwendung eingeschränkt. Dazu ist weiterhin, um eine örtliche Zersplitterung der Mittel zu verhindern, ihre Verwendung ausschließlich in den zentralen Orten vorgeschrieben. [2]

Erstmals wurden den zentralen Orten die Schlüsselzuweisungen für übergemeindliche Aufgaben im Finanzausgleichsgesetz 1970 [3] gewährt: Ihr Anteil an der Finanzausgleichsmasse (nach Abzug der Vorwegzuweisungen) betrug in den Jahren 1970 bis 1973 durchweg 16,3 %. [4]

Die Verteilung dieser "Zentralitätsmasse" auf die im Landesraumordnungsplan als Oberzentren, Mittelzentren und Unterzentren bestimmten Gemeinden sowie auf die in den Regionalplänen bestimmten ländlichen Zentralorte (§ 18, Abs. 3) geschieht in zwei Stufen: Zunächst werden die Mittel auf die einzelnen Zentralitätsstufen verteilt. Maßstäbe hierfür sind die Bevölkerungsanteile, die durch Einrichtungen in den einzelnen Zentralitätsstufen zu ver-

---

1) Entwurf eines Gesetzes über den Finanzausgleich in Schleswig-Holstein vom 19.9.1969, a.a.O., S. 30.

2) Erste Ausführungsanweisung zum Gesetz über den Finanzausgleich in Schleswig-Holstein, Amtsblatt für Schleswig-Holstein 1970, S. 420, TZ 20.2 - 20.3.

3) Gesetz über den Finanzausgleich in Schleswig-Holstein (Finanzausgleichsgesetz - FAG) vom 25.3.1970, GVOBl. Schleswig-Holstein, S. 50, § 18.

4) Die (quotale) Aufteilung der Finanzausgleichsmasse wird in § 7 FAG geregelt. Die absoluten Beträge der Schlüsselzuweisungen an zentrale Orte betrugen:

1970	47,6 Mio. DM
1971	60,5 Mio. DM
1972	60,2 Mio. DM
1973	69,7 Mio. DM.

Quelle: Ausführungsanweisungen zu den Finanzausgleichsgesetzen 1970 - 1973.

sorgen sind, aber nicht zur Bevölkerung der versorgenden zentralen Orte gehören. Die Richtwerte werden vom Gesetzgeber zugunsten der ländlichen Zentralorte modifiziert, da in diesem Bereich der Ausbau der Infrastruktur am stärksten zurückhängt.

In der zweiten Phase werden die Anteile der einzelnen Zentralitätsstufen auf die einzelnen zentralen Orte aufgeteilt. Bei den Oberzentren, d.h. bei den Gemeinden Flensburg, Kiel, Lübeck, Neumünster geschieht das nach dem Kriterium ihrer Einwohnerzahl. Innerhalb der übrigen Funktionsstufen wird der Anteil an der Zentralitätsmasse durch die jeweilige Anzahl der Zentren dividiert. Damit wird praktisch unterstellt, daß im Raumordnungsplan das gesamte Landesgebiet von zentralen Orten mit in Qualität und Quantität vergleichbaren Einzugsbereichen abgedeckt ist. Schwierigkeiten, die sich aus Grenzfällen der Gruppeneinteilung ergeben, werden durch Hilfen aus dem Investitionsfonds ausgeglichen. [1]

Um diesen geschilderten Verteilungsmodus zu verdeutlichen, soll die Berechnung der bis 1973 geltenden Vom-Hundert-Sätze für die Anteilswerte der Zentralitätsstufe und die weitere Verteilung für das Rechnungsjahr 1973 wiedergegeben werden. [2] Dabei wird von

4 Oberzentren (OZ),
14 Mittelzentren (MZ),
32 Unterzentren (UZ) und
61 ländlichen Zentralorten (LZO)

ausgegangen.

Die durch Einrichtungen der zentralen Orte zu versorgende und anzurechnende Bevölkerung verteilt sich folgendermaßen auf die Funktionen:

---

1) Vgl. Entwurf eines Gesetzes über den Finanzausgleich in Schleswig-Holstein vom 19.9.1969, a.a.O., S. 38.

2) Siehe hierzu die Anlage 4 (Die zentralen Orte im Finanzausgleich), Entwurf eines Gesetzes über den Finanzausgleich in Schleswig-Holstein vom 19.9.1969, a.a.O., S. 45.

Funktion	Versorgungsbereiche (Einwohnerzahl)	OZ (4)	MZ (14)	UZ (32)	LZO (61)
OZ (4)	1.107.200	1.107.200	-	-	-
MZ (18)	1.439.900	320.000	1.119.900	-	-
UZ (50)	1.077.000	86.100	301.600	689.300	-
LZO(111)	730.600	26.300	92.200	210.600	401.500
	4.354.700	1.539.600	1.513.700	899.900	401.500
	100 %	35,3 %	34,8 %	20,7 %	9,2 %

Die Prozentsätze werden nun - wie bereits erwähnt - wegen des offensichtlich größeren Infrastrukturdefizits des ländlichen Bereichs zugunsten der ländlichen Zentralorte modifiziert.

Auf die einzelnen Funktions- bzw. Zentralitätsstufen entfallen danach folgende Quoten der Zentralitätsmasse: [1) 2)]

Funktionsstufen	Anteil der Zentralitätsmasse in v.H.	in 1000 DM (1973)
OZ	29,8	20.778
MZ	31,7	22.103
UZ	17,9	12.481
LZO	20,6	14.364
Insgesamt	100,0	69.726

Nach dem Gewicht ihrer eigenen Einwohner erhalten die einzelnen Oberzentren folgende Zuweisungen:

1) Finanzausgleichsgesetz vom 25.3.1970, § 18, Abs. 4.

2) Zur Aufteilung der Schlüsselzuweisungen für übergemeindliche Aufgaben im Finanzausgleichjahr 1973 siehe: Vierte Ausführungsanweisung zum Finanzausgleichsgesetz, in: Amtsblatt für Schleswig-Holstein 1973, S. 950 ff. (Anlage 6).

Oberzentren	in v.H.	in 1000 DM (1973)
Flensburg	14,1	2.930
Kiel	39,5	8.207
Lübeck	35,6	7.397
Neumünster	10,8	2.244
	100,0	20.778

Den übrigen zentralen Orten wurden 1973 für übergemeindliche Aufgaben folgende Schlüsselzuweisungen gewährt:

je Mittelzentrum	1.473.540 DM
je Unterzentrum	367.080 DM
je ländlichen Zentralort	220.968 DM.

Die Erfahrungen mit diesem Verfahren zur Berücksichtigung zentralörtlicher Mehrbedarfe in den Finanzausgleichsjahren 1970 bis 1973 ließen einige Änderungen für das Finanzausgleichsgesetz 1974 angebracht erscheinen. Als höchst unbefriedigend wirkte sich das Verteilungssystem insbesondere für diejenigen Unterzentren aus, die in bestimmten Bereichen bereits mittelzentrale Funktionen für das Umland erfüllten. [1]

Aus diesem Grund werden ab 1974 die "Unterzentren mit Teilfunktionen eines Mittelzentrums" als besondere Funktionskategorie geführt. Von der Zentralitätsmasse fallen dieser Gruppe 7,7 % zu, d.h. im Rechnungsjahr 1974 voraussichtlich pro Zentrum ein Betrag von 815.978 DM. [2]

---

1) Vgl. Entwurf eines Gesetzes zur Änderung des Finanzausgleichsgesetzes, Schleswig-Holsteinischer Landtag, Drucksache 7/718 vom 18.9.1973, S. 15 f.

2) Ebenda, Anlage 4 (Die zentralen Orte im Finanzausgleich), S. 22.

3.1.1.3. Der einheitliche Grundbetrag

Hauptansatz und Ergänzungsansätze ergeben insgesamt den Gesamtansatz. Damit stellt er zunächst nichts anderes dar als eine mehrfach "veredelte" Einwohnerzahl, deren Höhe im engen Zusammenhang mit dem Finanzbedarf der Gemeinden gesehen wird.

Zur Berechnung der Ausgangsmeßzahl wird der Gesamtansatz mit einem für alle Gemeinden einheitlichen DM-Betrag, dem sogenannten Grundbetrag, multipliziert. [1] Dadurch erfolgt jedoch keine monetäre Bewertung der in der Punktzahl der einzelnen Ausgangsmeßzahlen ausgedrückten Finanzbedarfsrelationen der einzelnen Gemeinden in dem Sinne, daß nun der konkrete Finanzbedarf einer Gemeinde in Mark und Pfennig berechnet worden ist. Vielmehr hat der einheitliche Grundbetrag den Rang einer monetären Hilfsgröße, die so zu dimensionieren ist, daß mit dem "Ausgleich" der Differenz zwischen Ausgangs- und Steuerkraftmeßzahl die für Schlüsselzuweisungen an Gemeinden festgesetzte Finanzmasse aufgeteilt wird (Repartitionsverfahren). [2]

Die "bewerteten" Ausgangsmeßzahlen der einzelnen Gemeinden können also bestenfalls Auskunft über Finanzbedarfsrelationen zwischen Gemeinden erteilen.

---

1) Eine Ausnahme macht in diesem Zusammenhang das Land Baden-Württemberg. Vgl. S. 165.

2) In Nordrhein-Westfalen betrugen die Grundbeträge

1972	284,21 DM
1973	331,07 DM
1974	393,24 DM.

3.1.2. Die Steuerkraftmeßzahl als Indikator der kommunalen Finanzkraft

Mit der Steuerkraftmeßzahl soll dem in Form der Ausgangsmeßzahl normierten Finanzbedarf die eigene finanzielle Leistungsfähigkeit der Gemeinde gegenübergestellt werden. Ausgangspunkte der Berechnung sind die Grundsteuer A und B, die Gewerbesteuer nach Ertrag und Kapital, der kommunale Anteil an der Einkommensteuer sowie die Gewerbesteuerumlage, die als Subtrahend die Bemessungsgrundlage mindert. Die Bagatellsteuern der Gemeinden werden hierbei also nicht berücksichtigt.

Ebenso wie bei der Ermittlung der Ausgangsmeßzahl werden auch im Berechnungsverfahren der Steuerkraft die relevanten kommunalen Daten modifiziert. Diese "Veredelung" geschieht durch die Verwendung von fiktiven, landeseinheitlichen Hebesätzen ("Nivellierungssätze"). Damit soll u.a. verhindert werden, daß Gemeinden bewußt durch niedrige Hebesätze ihre potentielle Steuerkraft nicht ausnutzen, um auf diese Weise einerseits Unternehmen Standortanreize bieten zu können, andererseits die dadurch entstehenden Mindereinnahmen durch Ausgleichszahlungen zu kompensieren versuchen.

Die Tabelle 7 auf S. 185 zeigt eine Übersicht über die in den Ländern geltenden Berechnungsmodalitäten zur Steuerkraftmeßzahl.

Die Verwendung fiktiver Hebesätze geht - abgesehen von dem bereits genannten Grund - von der weiteren Überlegung aus, daß eine von der konkreten Anspannung der Hebesätze in der einzelnen Kommune abstrahierende Steuerkraft eine sinnvollere Berechnungsgrundlage für Schlüsselzuweisungen darstellt als das reale Steueraufkommen einer Gegemeinde. [1] Als "Normgrößen" für die Steuerkraft wären

1) Siehe auch EHRLICHER, W. und Mitarbeiter, Kommunaler Finanzausgleich und Raumordnung, a.a.O., S. 31.

Tabelle 7: Elemente der Steuerkraftmeßzahlen in den Bundesländern (1973) - Anteile in v
der Grundbeträge (Meßbeträge) -

Bundesländer	Grundsteuern A	Grundsteuern B	Gewerbesteuer nach Ertrag und Kapital abzügl.GewStUmlage	Gemeinde Einkomme
BADEN-WÜRTTEMBERG	195	185	300	
BAYERN	140	140-230	240 [1]	50
HESSEN	140	130-260	270 [1]	
NIEDERSACHSEN	195	a) 200 [3] b) 270	a) 250 [1] b) 270	
NORDRHEIN-WESTFALEN	99-108	162-225	225-270	
RHEINLAND-PFALZ	140	140-230	144 [4]	
SAARLAND	130	180	150 [4]	
SCHLESWIG-HOLSTEIN [5]	150	180	120 [4]	

Quelle: Eigene Zusammenstellung nach den geltenden Finanzausgleichsgesetzen der Länder.

1) In den Gesetzestexten wird dieser Hebesatz auf "60 % der Grundbeträge" bzw. "Meßbetr
Damit wird in etwa dem Abzug der Gewerbesteuerumlage (ca. 40 % des Aufkommens oder 1
getragen.

2) Soweit die Beteiligungsbeträge je Einwohner unter 50 % des Landesdurchschnitts liege
des Gemeindeanteils an der Einkommensteuer angesetzt.

3) a) kreisangehörige Gemeinden, b) kreisfreie Städte.

4) In der relativ geringen Höhe der Hebesätze wird dem Abzug der Gewerbesteuerumlage Re
gehenden Hebesätzen vergleichbar zu machen, müßten ca. 120 Prozentpunkte hinzugezähl

5) Für Schleswig-Holstein erscheinen in der Tabelle die Angaben für die kreisangehörige
der kreisfreien Städte addiert sich aus 2/3 der nach dem Muster der Tabelle errechne
von 65 % ihrer allgemeinen Gemeindeschlüsselzuweisungen.

in diesem Zusammenhang die gewogenen Durchschnittshebesätze in den einzelnen Ländern denkbar gewesen:

Tabelle 8: Gewogene Durchschnittshebesätze in v.H. in den Bundesländern (1972)

Länder	Grundsteuer A	Grundsteuer B	Gewerbesteuer nach Ertrag und Kapital
Baden-Württemberg	226	224	322
Bayern	269	277	324
Hessen	229	243	328
Niedersachsen	226	268	298
Nordrhein-Westfalen	119	242	265
Rheinland-Pfalz	234	254	310
Saarland	155	210	323
Schleswig-Holstein	202	258	290

Quelle: Statistisches Bundesamt, Fachserie L, Finanzen und Steuern, Reihe 9, Realsteuern, I. Realsteuervergleich 1972, S. 65 ff.

Ein Vergleich zwischen Tabelle 7 und Tabelle 8 zeigt, daß die fiktiven Hebesätze in allen Ländern z.T. erheblich unter den gewogenen Durchschnittshebesätzen liegen, d.h. daß in der Mehrzahl der Fälle ein Teil der kommunalen Realsteuereinnahmen nicht in die Steuerkraftmeßzahl einkalkuliert wird. Diese Unterbewertung der kommunalen Finanzkraft bewirkt, daß der Kreis der zuweisungsberechtigten Gemeinden tendenziell zugunsten der finanzstärkeren Kommunen ausgedehnt wird. Oder umgekehrt: Durch die Verwendung von fiktiven einheitlichen Hebesätzen, die im Vergleich zu den effektiven Hebesätzen relativ niedrig festgesetzt sind, werden die finanzschwächeren Gemeinden benachteiligt. [1)]

1) Vgl. LITTMANN, K. und Mitarbeiter, Die Gestaltung des kommunalen Finanzsystems unter raumordnungspolitischen Gesichtspunkten, Hannover 1968,S.14 f.; EHRLICHER, W. und Mitarbeiter, Kommunaler Finanzausgleich und Raumordnung, a.a.O., S. 31 f.

3.1.3. Der Ausgleich zwischen Ausgangs- und Steuerkraftmeßzahl

Die Differenz zwischen der Ausgangsmeßzahl als Indikator für den kommunalen Finanzbedarf und der Steuerkraftmeßzahl als Maßstab für die gemeindliche Finanzkraft wird in den meisten Bundesländern nur zum Teil ausgeglichen. Hierfür maßgeblich sind in den Finanzausgleichsgesetzen die sog. "Ausschüttungsquoten". Sie betragen in

Bayern, Hessen, Niedersachsen, Nordrhein-Westfalen und Schleswig-Holstein	50 %
und in Rheinland-Pfalz	33,3 %

der Differenz zwischen Ausgangs- und Steuerkraftmeßzahl. Allein das Saarland sieht einen vollständigen Ausgleich dieser Differenz vor. Für das Land Baden-Württemberg kann eine feste Ausschüttungsquote nicht angegeben werden. Aufgrund des bereits erwähnten, besonderen Zuweisungssystems wird sie jährlich neu aus dem Verhältnis der um die Mehrzuweisungen gekürzten Schlüsselmasse zu den Schlüsselzahlen (= Bedarfsmeßzahl ./. Steuerkraftmeßzahl) berechnet. [1)]

Zusätzlich zu den Schlüsselzuweisungen sehen die Finanzausgleichsgesetze der meisten Länder für Gemeinden mit geringer Steuerkraft Sonderschlüsselzuweisungen dann vor, wenn Steuerkraftmeßzahl und Schlüsselzuweisung einen bestimmten Prozentsatz der Ausgangsmeßzahl nicht erreichen (("Sockelgarantie" bzw. "Finanzkraftgarantie").

---

1) Im Rechnungsjahr 1973 betrug die Ausschüttungsquote über 70 %. REMMLINGER, H., Der Finanzausgleich in Baden-Württemberg nach dem Gesetz vom 19.7.1973 (GesBl., S. 205), in: Der Gemeindehaushalt, 74. Jg. (1973), S. 221 ff.

In Hessen, Nordrhein-Westfalen und Rheinland-Pfalz werden zu den "allgemeinen" Schlüsselzuweisungen solange Sonderschlüsselzuweisungen gezahlt, bis schließlich von der Ausgangsmeßzahl folgende Anteilssätze erreicht sind:

Hessen	75 % [1]
Nordrhein-Westfalen	90 %
Rheinland-Pfalz	75 %.

In Baden-Württemberg erhalten Gemeinden sog. "Mehrzuweisungen" in Höhe von 30 % (1973) des Differenzbetrages zwischen der Hälfte der Bedarfsmeßzahl und der Steuerkraftmeßzahl. [2]

In Bayern erhalten diejenigen Gemeinden, deren Steuerkraftmeßzahl je Einwohner unter 65 v.H. des mit dem Hundertsatz ihres Hauptansatzes angesetzten Landesdurchschnitts bleibt, 40 v.H. des Differenzbetrages als Sonderschlüsselzuweisung (§ 3, Abs. 2 FAG).

In Schleswig-Holstein wird zur Berechnung der Sonderschlüsselzuweisungen ein Teilbetrag der Ausgangsmeßzahl festgelegt (= Garantiebetrag x Einwohnerzahl). Die Hälfte des Betrages, um den die Steuerkraftmeßzahl hinter diesem Teilbetrag zurückbleibt, erhalten die Gemeinden als Sonderschlüsselzuweisungen (§ 8, Abs. 2 FAG).

Die besondere Förderung finanzschwacher Gemeinden über Sonderschlüsselzuweisungen erhält ihren Sinn vor dem Hintergrund der Auswirkungen von Ausschüttungsquoten. Anhand eines Modells sollen sie kurz dargestellt werden:

---

1) Gemäß § 11, Abs. 1, Satz 2 können der Minister der Finanzen und der Minister des Innern diesen Hundertsatz bis auf 80 v.H. erhöhen (FAG 1973, Hessen).

2) REMMLINGER, H., Der Finanzausgleich in Baden-Württemberg nach dem Gesetz vom 19.7.1973 (GesBl., S. 205), a.a.O., S. 221 ff.

Es wird davon ausgegangen, daß die verfügbare Schlüsselmasse M dadurch, daß die (positiven) Differenzen zwischen den Ausgangsmeßzahlen (A_i) und Steuerkraftmeßzahlen (St_i) der Gemeinden i = 1 ... n zu einer bestimmten Quote q (O - q - 1) ausgeglichen werden, auszuschöpfen ist.

Entsprechend ist der einheitliche Grundbetrag x zu dimensionieren, der mit dem Faktor G_i, d.h. der "veredelten" Einwohnerzahl (Gesamtansatz) der Gemeinden die Ausgangsmeßzahl A_i ergibt ($A_i = G_i \cdot x$). Es gilt:

$$M = \sum_{i=1}^{n} (A_i - St_i) \cdot q = q \left(\sum_{i=1}^{n} A_i - \sum_{i=1}^{n} St_i \right)$$

$$\frac{M}{q} = \sum_{i=1}^{n} A_i - \sum_{i=1}^{n} St_i = \sum_{i=1}^{n} G_i \cdot x - \sum_{i=1}^{n} St_i$$

$$\sum_{i=1}^{n} G_i \cdot x = \frac{M}{q} + \sum_{i=1}^{n} St_i$$

$$x = \frac{\frac{M}{q} + \sum_{i=1}^{n} St_i}{\sum_{i=1}^{n} G_i}$$

Die letzte Gleichung zeigt deutlich, daß mit sinkender Ausschüttungsquote q der einheitliche Grundbetrag x und damit letztlich die Ausgangsmeßzahlen aller Gemeinden steigen. Damit wird aber wiederum der Kreis derjenigen Gemeinden größer, die wegen einer positiven Differenz zwischen Ausgangs- und Steuerkraftmeßzahl zuweisungsberechtigt sind. Bei einer relativ geringen Ausschüttungsquote werden selbst die finanzstärksten Kommunen Schlüsselzuweisungen beanspruchen können. Infolge des Repartitionsprinzips kann dieser Effekt nur zu Lasten der finanzschwächeren Gemeinden geschehen und gefährdet damit den ursprünglich intendierten Zweck der Schlüsselzuweisungen, unter den Gemeinden einen allgemeinen Lastenausgleich herbeizuführen. [1]

Diese Auswirkungen werden nun in zweifacher Weise mit der Gewährung von Sonderschlüsselzuweisungen korrigiert. Erstens fließt aufgrund der "Sockelgarantie" den finanzschwächeren Gemeinden direkt zusätzliche Finanzmasse zu. Zweitens wird dadurch, daß diese Finanzmittel aus der Schlüsselmasse entnommen werden, der einheitliche Grundbetrag x vermindert und damit über die oben geschilderte Kausalkette der Kreis der Gemeinden reduziert, die Schlüsselzuweisungen beanspruchen können. [2]

3.2. Das Verteilungsverfahren der Schlüsselzuweisungen an Landkreise

Alle Länder gewähren den Landkreisen gesondert allgemeine Schlüsselzuweisungen. Ihre Berechnung und Verteilung erfolgt in etwa nach dem gleichen Prinzip wie bei den Schlüsselzuweisungen an die Gemeinden: Für jeden Kreis werden normierte Indikatoren des Finanzbedarfs und der Finanzkraft errechnet, gegenübergestellt und in Höhe einer bestimmten Quote ausgeglichen.

Als Richtgröße für den Bedarf dient die "veredelte" Einwohnerzahl der kreisangehörigen Gemeinden. [3] Allerdings

1) Vgl. LITTMANN, K. und Mitarbeiter, Die Gestaltung des kommunalen Finanzsystems unter raumordnungspolitischen Gesichtspunkten, a.a.O., S. 15 f.

2) Siehe auch EHRLICHER, W. und Mitarbeiter, Kommunaler Finanzausgleich und Raumordnung, a.a.O., S. 34.

3) Ausnahmen: Von der effektiven Einwohnerzahl der Kreise gehen das Saarland und Schleswig-Holstein aus. Nordrhein-Westfalen verzichtet auf eine Hauptansatzstaffelung, gewährt allerdings den Gemeinden den Schüleransatz und den Grenzlandansatz.

wird die Veredelung nun "in umgekehrter Richtung" vorgenommen. Während bei den Gemeindeschlüsselzuweisungen der Hauptansatz mit zunehmender Gemeindegröße steigt, nimmt bei den Kreisschlüsselzuweisungen die Gewichtung der Einwohner mit steigender Ortsgröße ab. Dahinter steht die Annahme, daß ein Landkreis, dem viele kleine Gemeinden angehören, vergleichsweise höhere Verwaltungskosten erfordert als ein Kreis, der sich aus wenigen, aber größeren Gemeinden zusammensetzt. [1]

Das Finanzausgleichsgesetz in Bayern wendet auf Landkreise die gleichen Sonderansätze an wie auf Gemeinden. In Hessen werden starkes Bevölkerungswachstum und geringe Besiedelungsdichte des Landkreises "bedarfssteigernd" angerechnet. Nordrhein-Westfalen erhöht die Einwohnerzahl des Kreises gegebenenfalls um den Schüler- bzw. Grenzlandansatz. Das Finanzausgleichsgesetz von Rheinland-Pfalz akzeptiert bei bestimmten Landkreisen an der Landesgrenze einen Sonderbedarfsansatz.

Der Ausgangsmeßzahl wird als Ausdruck der Finanzkraft der Landkreise eine sogenannte "Umlagekraftmeßzahl" gegenübergestellt. [2] Da den Landkreisen keine nennenswerten Erträge aus eigenen Steuern zufließen, geht diese Normgröße von der Hauptfinanzquelle der Landkreise aus, der Kreisumlage. Mittels dieser Umlage übertragen die kreisangehörigen Gemeinden einen Teil ihrer Finanzkraft, d.h. einen bestimmten Prozentsatz (Umlagesatz) ihrer Steuerkraftsummen [3] auf die Landkreise. [4]

---

1) Vgl. BUCHTER, K., Die Landkreise als Träger des interkommunalen Finanzausgleichs und als letzte Stufe des kommunalen Finanzausgleichssystems, Diss. Erlangen 1969, S. 54.

2) Ausnahme: Baden-Württemberg geht bei der Berechnung der Kreisschlüsselzuweisungen von der Steuerkraftmeßzahl der Kreise aus. Sie entspricht einem Teilbetrag der Steuerkraftsummen der kreisangehörigen Gemeinden zuzüglich der Grunderwerbsteuer (plus Zuschlag). (§ 9 FAG 1970).

3) Zur Steuerkraftsumme zählen die für die Gemeinden geltenden Steuerkraftzahlen zuzüglich eines Prozentsatzes ihrer Schlüsselzuweisungen.

4) Hierzu im einzelnen u.a.: FÜRST, D., Die Kreisumlage, Analyse eines Instruments des Finanzausgleichs, a.a.O.

Aus den gleichen Gründen, mit denen die Steuerkraftmeßzahlen der Gemeinden normiert werden, werden die Umlagekraftmeßzahlen der Kreise modifiziert. Anstelle der effektiven Umlagesätze der einzelnen Kreise, mit denen die Steuerkraftsumme multipliziert wird, verwenden die Finanzausgleichsgesetze aller Länder fiktive Umlagesätze, die in ihrer Höhe unter dem Durchschnitt der tatsächlichen Sätze liegen.

Der Ausgleich der positiven Differenz zwischen der Bedarfs- und der Umlagekraftmeßzahl wird allein im Saarland zu 100 % vorgenommen; die übrigen Länder gleichen nur in Höhe der Ausschüttungsquote (50 %) aus. [1] Um trotzdem allen Kreisen eine bestimmte Mindestfinanzkraft zu gewährleisten, werden in den Ländern außer Baden-Württemberg und Saarland zusätzliche Kreisschlüsselzuweisungen gewährt.

Die Auswirkungen der geschilderten Berechnungsmodalitäten (fiktive Umlagesätze, Ausschüttungsquote, Sockelgarantie) stimmen mit den Effekten der vergleichbaren Regelungen bei der Berechnung der Schlüsselzuweisungen für Gemeinden überein. Tendenziell erhöhen fiktive Umlagesätze, die in ihrer Höhe unter den effektiven liegen, im Verein mit Ausschüttungsquoten unter 100 % die Anzahl der Landkreise, die aufgrund einer positiven Differenz zwischen Bedarfs- und Umlagekraftmeßzahl Anspruch auf Schlüsselzuweisungen haben können. Diese Konstruktion muß sich zuungunsten der finanzschwachen Landkreise auswirken. Allerdings wird ihr Effekt durch die Gewährung von Sonderschlüsselzuweisungen an besonders finanzschwache Landkreise zum Teil kompensiert.

---

1) In Baden-Württemberg richtet sich die Höhe der Ausschüttungsquote nach dem Verhältnis von Schlüsselmasse zu den Schlüsselzahlen (= Differenz aus Bedarfs- und Steuerkraftmeßzahlen) aller Landkreise (§ 8, Abs.2, Satz 2 FAG 1970).

3.3. Das Verteilungsverfahren bei Bedarfszuweisungen

Es gehört zu dem Wesensmerkmal eines Ausgleichssystems, welches sich - wie der kommunale Finanzausgleich - an mehr als eine Gebietskörperschaft wendet, daß es wegen der beschränkten Informationsverarbeitungskapazität die volle Individualität einer Gebietskörperschaft kaum erfassen und berücksichtigen kann. [1] Diesem Zwang zum Schematismus zufolge werden die individuellen Bedarfe der einzelnen Kommunen (GV) in gruppengleiche Bedarfe transformiert (vgl. die Gemeindegrößenklassifizierung beim Hauptansatz), obwohl innerhalb dieser Gruppen unterschiedliche Wirtschafts- und Sozialstrukturen konsequenterweise mit höchst differierenden Bedarfsstrukturen verbunden sind. Zum Ausgleich von Härtefällen, die in besonderen Notfällen oder bei außerordentlichen Belastungen aus einem schematisierten Finanzausgleich nahezu zwangsläufig resultieren müssen, gewähren alle Bundesländer ihren Gemeinden (GV) Bedarfszuweisungen.

Gerade weil mit der Vergabe von Bedarfszuweisungen der Ausgleich "individualisiert" werden soll, sind naturgemäß in keinem Finanzausgleich gesetzlich fixierte, konkrete Verteilungsregeln zu finden. In allen Ländern findet die Verteilung nach diskretionären Entscheidungen der Innenministerien und/oder der Finanzministerien statt, vielfach unter Mitwirkung von Vertretern kommunaler Interessen.

---

1) Vgl. BUCHTER, K., Die Landkreise als Träger des interkommunalen Finanzausgleichs und als letzte Stufe des kommunalen Finanzausgleichssystems, a.a.O., S. 36 f.

3.4. Kritik der gegenwärtigen Verteilungstechnik bei Schlüsselzuweisungen

Die folgende Kritik der dargestellten Verteilungstechniken orientiert sich zunächst an den klassischen Intentionen der Schlüsselzuweisungen: Aufstockung und Nivellierung der kommunalen Finanzkraft. Im weiteren wird zu untersuchen sein, ob und inwieweit mittels der Schlüsselzuweisungen zusätzlich das regionalpolitische Konzept der zentralen Orte finanziell unterstützt werden kann, indem über bestimmte Modifikationen der Bedarfs- bzw. Ausgangsmeßzahlen die Sonderbedarfe der zentralen Orte ihren entsprechenden Ansatz finden. Im Mittelpunkt dieses Teils der kritischen Analyse stehen die Finanzausgleichsregelungen, mit denen die Länder Rheinland-Pfalz, Saarland und Schleswig-Holstein bereits seit einigen Jahren die Sonderbelastungen der zentralen Orte generell abgelten, bzw. der "Schüleransatz", mit dessen Hilfe das Land Nordrhein-Westfalen speziell diejenigen Belastungen der zentralen Orte ausgleichen will, die ihnen als Träger der Schulen entstehen.

3.4.1. Kritik der Hauptansatzstaffelung

Dem Kapitel 3.1.1.1. ist zu entnehmen, daß in nahezu allen Ländern der kommunale Finanzbedarf pro Einwohner in Abhängigkeit von der Gemeindegröße gesehen, daß mit der progressiven Staffelung des Hauptansatzes ein Ansteigen des Pro-Kopf-Bedarfs mit wachsender Gemeindegröße anerkannt wird.

Zur Rechtfertigung einer derartigen Bedarfsdifferenzierung sind in der Literatur unterschiedliche Argumente zu finden:

Aufgrund einer mathematisch-statistischen Analyse wird z.B. nachgewiesen, daß mit der wachsenden Gemeindegröße die Ausgaben für kommunale Leistungen pro Einwohner im Durchschnitt steigen. Bereits Anfang der 30er Jahre führte A. BRECHT eine derartige Untersuchung durch und deduzierte aus den Ergebnissen das "Gesetz der progressiven Parallelität zwischen Ausgaben und Bevölkerungsmassierung" [1]. Dieses "Gesetz" ist inzwischen durch weitere Untersuchungen "bestätigt" worden. [2] Es muß jedoch als sehr fragwürdig angesehen werden, wenn - wie bei JÄGER zu lesen - aus den Ergebnissen einer Korrelationsanalyse zwischen Gemeindegröße und Ausgabenumfang Aussagen über mit der Ortsgröße differierende "kommunale Kollektivbedarfe" abgeleitet werden. [3] Eine derartige Schlußfolgerung über-

---

1) BRECHT, A., Internationaler Vergleich der öffentlichen Ausgaben, Berlin und Leipzig 1932.

2) So etwa bei DEPPE, L., Das Verhältnis der kommunalen Ausgaben zur Größe, Struktur, Funktion und Finanzkraft städtischer Gemeinden, untersucht am Beispiel der sozialen und kulturellen Ausgaben in Nordrhein-Westfalen, Diss. Münster 1966; EVERS, H., Gemeindegröße und Verwaltungsaufwand, in: Informationen , 7. Jg. (1957), S. 147 ff.; GROLL, M., Ausgabengestaltung und Gemeindegröße. Ein Beispiel zur Beurteilung des kommunalen Verwaltungsaufwandes bei verschiedenen Ausgabetypen, Mitteilungen aus dem Institut für Raumforschung, H.38, Bad Godesberg 1958; LENORT, N.J., Strukturforschung und Gemeindeplanung. Zur Methodenlehre der Kommunalpolitik, Köln und Opladen 1960, S. 298 ff.
LENORT weist darauf hin, daß die Ausgaben bei wachsender Gemeindegröße nicht ständig zunehmen. Der Verlauf ihrer Entwicklung wird sowohl durch sprunghafte Erhöhungen wie durch degressive Phasen charakterisiert. Während beispielsweise der Verlauf der Verwaltungskosten einen stetigen Anstieg aufweist, vollzieht sich der Anstieg der Personalkosten in Sprüngen bei ca. 25.000, 35.000, 40.000 und 150.000 Einwohnern. Während für den Bereich "öffentliche Sicherheit und Ordnung" eine kritische Schwelle bei ca. 50.000 Einwohnern zeigt, liegt für den Verwaltungszweig "Kultur" dieser Wert bei ca. 100.000 Einwohnern (S. 200 f.).

3) JÄGER, K.H., Kommunale Aufgabenstellung und staatliche Finanztransfers an die Gemeinden, Probleme des vertikalen kommunalen Finanzausgleichs in der Bundesrepublik, Diss. Frankfurt a.M. 1968, S. 60. "Insbesondere der Tatbestand des progressiven Anstiegs des kommunalen Kollektivbedarfs mit zunehmender Gemeindegröße, gelegentlich als Brechtsches Gesetz bezeichnet ..."

sieht, daß das kommunale Ausgabeverhalten in starkem Maße input-orientiert ist, daß in besonderem Maße die Finanzkraft einer Kommune als maßgebliche Bestimmungsgröße für das Volumen der Ausgaben angesehen werden muß. [1] Gilt diese letzte These, dann spiegeln die unterschiedlich hohen Pro-Kopf-Ausgaben der Kommunen nicht oder zumindest nicht ausschließlich echte Finanzbedarfsunterschiede wider, sondern in erster Linie unterschiedliche kommunale Finanzpotentiale. Das könnte wiederum bedeuten, daß gerade in den Gemeinden, deren Budgets bisher relativ gering bemessen waren, für die Zukunft - unter der Zielsetzung in etwa gleicher Lebensverhältnisse - umfangreiche Nachholbedarfe vermutet werden müssen. [2]

Eine mehr normative Begründung für die Anerkennung eines relativ höheren Bedarfsniveaus für kommunale Leistungen in großen Städten geht auf POPITZ zurück. [3] In seinem Gutachten werden die einwohnerschwachen (ländlichen) Gemeinden dadurch charakterisiert, daß infolge der Wirtschaftsbetätigung der Einwohner der Teil des Gemeindegebietes, der zur Befriedigung des kollektiven Bedarfs

---

1) BRECHT selbst weist bereits auf diesen Zusammenhang hin, indem er feststellt, "daß nicht nur die öffentlichen Ausgaben, sondern auch die öffentlichen Einnahmen mit der Bevölkerungsmassierung in der Regel progressiv steigen". BRECHT, A., Internationaler Vergleich der öffentlichen Ausgaben, a.a.O., S. 25. Im gleichen Sinne auch ALBERS, W., Möglichkeiten und Grenzen eines interkommunalen Finanzausgleichs, in: Kommunale Finanzreform, Schriftenreihe des Forschungsinstituts der Friedrich-Ebert-Stiftung, Hannover 1962, S. 68; DÜKER, R., Das Problem einer bedarfsgerechten Verteilung der Finanzzuweisungen an die Gemeinden, a.a.O., S. 128 ff.

2) "In ihnen (den tatsächlichen Ausgaben - d. Verf.) spiegeln sich aber auch Mangel und Überfluß wider. Dringende Aufgaben, die infolge einer unzureichenden Ausstattung mit Finanzierungsmitteln nicht getätigt werden können, werden nicht erfaßt, während verschwenderische Ausgaben, die dank reichlicher Deckungsmittel möglich sind, als Bedarf gerechnet werden." ALBERS,W., Finanzausgleich (III), a.a.O., S. 569.

3) POPITZ, J., Der künftige Finanzausgleich zwischen Reich, Ländern und Gemeinden, a.a.O., S. 279 ff.

dient, in seiner Bedeutung so vollständig gegenüber dem Raum, "auf dem sich die Arbeit der Einwohner und ihr tägliches Leben abspielt," zurücktritt und es somit "auf seine Beschaffenheit wenig ankommt. Es besteht kein Bedarf an gepflegten Wegen, die Wege dienen ja nur dazu, daß sie die Einwohnerschaft zu einer Arbeit führen, bei der sie ohnehin keine Anforderngen auf Schutz gegen die Unbilden der Witterung zu stellen gewohnt sind. Nur für die noch nicht erwerbstätige Bevölkerung wird ein wichtiger Teil des Bedarfs in Gestalt der Schule kollektiv erfüllt." [1)]

Demgegenüber gewinnt in den einwohnerstarken städtischen Gemeinden der Raum des Gemeindegebietes, der zur Befriedigung des Kollektivbedarfs dient, gegenüber dem Raum für die individuelle Bedürfnisbefriedigung und Berufsbeteiligung stark an Bedeutung. "Die Straße spielt im Leben dieser Menschen eine ungleich andere Rolle als das Wegenetz einer Landgemeinde. Es wird an sie der Anspruch gestellt, daß sie dem Einwohner in möglichst bequemer Form gestattet, die Entfernung zwischen seinem Wohnraum und der Arbeitsstätte zu überwinden, und zwar so, daß auch bei schlechter Witterung keine zeitlichen Hemmungen und keine Nachteile entstehen. Aus dem Landweg, der zum Ackerland führt, wird die gepflasterte, planmäßig entwässerte, gereinigte und beleuchtete Straße der Stadt." [2)] Schließlich wird auch den Gebäuden, die zur Befriedigung kollektiver Bedarfe vorhanden sein müssen, in den städtischen (Industrie-)Gemeinden eine höhere Wertung zuteil:
"Die Schulen haben Kinder aufzunehmen, die aus engen Wohnverhältnissen kommen und nicht das weite Gebiet des Landes zu Verfügung haben, der Bedarf geht also in der

---

1) POPITZ, J., Der künftige Finanzausgleich zwischen Reich, Ländern und Gemeinden, a.a.O., S. 280.

2) Ebenda.

Stadt auf räumlich großzügig ausgestattete Schulräume, während man sich auf dem Lande mit einfachen Schulräumen begnügen kann, und schließlich erwartet der Großstädter auch von den Rathäusern und Gemeindehäusern etwas anderes als die von ihrer ländlichen Betätigung kommenden Einwohner der Landgemeinden, die sich in den seltenen Fällen, in denen sie mit den Organen der Gemeinde zu tun haben, ohne weiteres mit engen Räumen zufrieden geben." [1)]

Nach den derzeit geltenden politischen Wertvorstellungen kann dieser POPITZschen Argumentation nicht mehr gefolgt werden. Mit dem grundgesetzlichen Postulat der Einheitlichkeit der Lebensverhältnisse (Art. 106, Abs. 3, Nr.2 GG) jedenfalls ist eine prinzipiell zwischen ländlichem Raum und städtischen Agglomerationen differenzierende Versorgung mit Kollektivgütern nicht mehr in Einklang zu bringen. Als einziges Bundesland hat bisher Schleswig-Holstein aus den "geänderten Verhältnissen" rigorose Konsequenzen gezogen: Seit dem Finanzausgleichsgesetz 1970 wird bei der Ermittlung der Ausgleichsmeßzahl auf jegliche Veredelung der Einwohnerzahl verzichtet, wird jeder Einwohner als Bedarfsverursacher gleich gewertet. [2)]

Trotz aller Einwendungen gegen die Schlußfolgerungen aus den anfangs erwähnten Korrelationsanalysen und gegen die die Bevölkerung im ländlichen Bereich diskriminierende Beweisführung von POPITZ könnte zur Rechtfertigung eines mit der Gemeindegröße progressiv gestaffelten Haupt-

---

1) POPITZ, J., Der künftige Finanzausgleich zwischen Reich, Ländern und Gemeinden, a.a.O., S. 281.

2) In Thesenform wird dieser Schritt wie folgt begründet:
"- Der Bedarf zwischen Gemeinden verschiedener Größenklasse gleicht sich mehr und mehr an.
- Dem berechtigten Anspruch aller Bürger auf gleichwertige Leistungen der Gemeinden muß Rechnung getragen werden.
- Die bisherige Methode, den Hauptansatz zu berechnen, ist im Laufe der Jahrzehnte fragwürdig geworden."
Entwurf eines Gesetzes über den Finanzausgleich in Schleswig-Holstein (Finanzausgleichsgesetz - FAG) vom 19.9.1969, a.a.O., S. 34.

ansatzes das Argument angeführt werden, daß kommunale Aktivitäten zur Befriedigung kollektiver Bedürfnisse in städtischen Verdichtungsgebieten mit höheren Kosten verbunden seien als vergleichbare Maßnahmen in ländlichen Gebieten. In der Tat sind derartige Kostenprogressionen mit der Zunahme des Ballungsgrades zu beobachten. Die Ursachen für diese Entwicklung liegen zum einen in den mit dem Ballungsgrad ansteigenden Faktorkosten, zum anderen in den ab einer bestimmten Ballungsgrenze notwendigen, zusätzlichen kommunalen Aufgaben (z.B. zusätzliche Maßnahmen zur inneren Sicherheit, Beseitigung von Verkehrsengpässen durch U-Bahnen usw.). Offensichtlich werden in diesen zusätzlichen Kosten die Nachteile der Agglomeration sichtbar.

Die entscheidende Frage, ob die daraus resultierenden zusätzlichen Finanzbedarfe entsprechende Finanzausgleichsmaßnahmen rechtfertigen dürfen, wird in der Literatur in unterschiedlichster Weise beantwortet: LITTMANN [1] lehnt es rigoros ab, auftretende Ballungskosten durch den Finanzausgleich aufzufangen. Er hält es für "ökonomisch irrational", ungünstige Standorte dadurch zu subventionieren, daß die tatsächlichen volkswirtschaftlichen Verluste, die durch ein weiteres Wachsen der Agglomerationen entstehen, den einzelnen privaten Unternehmern abgenommen und der Allgemeinheit angelastet werden sollen. [2] In gleicher Weise plädiert EHRLICHER [3] - ebenfalls unter raumordnungspolitischen Aspekten - dafür, daß "im Interesse einer optimalen Faktorkombination steigende Sozialkosten als Standortnachteil bemerkbar bleiben

---

1) LITTMANN, K., Finanzpolitik und Wirtschaftsraum, in: Kommunale Steuer-Zeitschrift, H. 4 (1963), S. 65 ff.

2) Vgl. ebenda, S. 69 f.

3) EHRLICHER, W. und Mitarbeiter, Kommunaler Finanzausgleich und Raumordnung, a.a.O.

und nicht durch ausgleichspolitische Maßnahmen in ihrer Wirkung abgeschwächt oder kompensiert werden sollen" [1].

Die Gegenposition zu dieser Meinung wird u.a. von JÄGER [2] vertreten. Obwohl auch er die raumordnerische Problematik bei der Subventionierung von Ballungskosten erkannt hat, hält er es für angebracht, "zwangsläufige" Finanzbedarfssteigerungen, die mit bestimmten Schwellenwerten der gemeindlichen Größenentwicklung in Erscheinung treten, durch vertikale Finanzausgleichsmaßnahmen abzufangen, "wenn die gemeindeeigene Steuerleistungsfähigkeit unzureichend ist" [3]. Dieses Votum wird in erster Linie durch das Argument untermauert, man könne letztlich die festgestellten Kostenprogressionen nicht einfach wegdiskutieren und eine rationale Raumordnungspolitik dadurch erzwingen, daß man die größeren Gemeinden letztlich "aushungert". [4]

Diesem sehr pragmatischen, aber politisch wesentlichen Vorbehalt ist im großen und ganzen zuzustimmen. Ohne Zweifel würden zumindest aus kurzfristiger Sicht die Einnahmenausfälle der größeren Gemeinden, die mit dem totalen Wegfall des gestaffelten Hauptansatzes, d.h. mit der gleichrangigen Gewichtung aller Einwohner als Bedarfsverursacher verbunden sind, kaum zu verkraften und politisch durchzusetzen sein.

---

1) EHRLICHER, W. und Mitarbeiter, Kommunaler Finanzausgleich und Raumordnung, a.a.O., S. 42.

2) JÄGER, K.H., Kommunale Aufgabenstellung und staatliche Finanztransfers an die Gemeinden, a.a.O.

3) Ebenda, S. 156.
Hinsichtlich der Intention vergleichbare, ähnliche Stellungnahmen (am Problem des kommunalen Steuersystems, insbesondere des Anstiegs der Steuerkraft mit der Gemeindegröße) sind zu finden bei: DÖRING, E., Kritische Analysen der Vorschläge zur Gemeindesteuerreform, Diss. Frankfurt a.M. 1964, S. 49 ff.; KLOTEN, N., Standortwirkungen kommunaler Besteuerungsformen, in: Kommunale Finanzen und Finanzausgleich, a.a.O., S. 142 f.

4) JÄGER, K.H., Kommunale Aufgabenstellung und staatliche Finanztransfers an die Gemeinden, a.a.O., S. 156.

Andererseits wirkt natürlich eine Politik, die automatisch auch für die Zukunft die Kostenprogression in den Agglomerationen akzeptiert und alimentiert, tendenziell weiter ballungsfördernd. [1] Indem nach dem Postulat "worst first" [2] die Großstädte vorrangig gefördert und finanziell befähigt werden, Infrastrukturengpässe zu beseitigen und damit Agglomerationsnachteile zu verdecken, kann die Situation eintreten, daß die kleinen und mittleren Städte nach Struktur und Funktion mangels entsprechender Förderung immer unattraktiver werden, während trotz intensiver Förderung die Großstädte nach Überschreiten einer bestimmten Bevölkerungszahl ("Ballungsoptimum") [3] den Versorgungsansprüchen der Einwohner nicht gerecht werden können. [4]

Zwischen den beiden geschilderten Positionen ist zumindest für eine Anpassungszeit ein mittlerer Weg zu finden. So wäre es beispielsweise denkbar, die derzeit in den meisten Ländern geltenden Hauptsatzstaffelungen soweit abzuschwächen, daß einerseits in den Großstädten ein Finanzchaos verhindert wird, andererseits aber für die Zukunft aus raumordnungspolitischer Sicht unerwünschte

---

1) Der Automatismus resultiert aus der Berechnungsmethode der Hauptansatzstaffelung: Aufgrund einer Analyse von Finanzstatistiken über die Ist-Ausgaben der Kommunen in den vergangenen Haushaltsjahren werden die Prozentsätze der Hauptansatzstaffel berechnet.

2) HANSEN, N.M., Intermediate Size Cities as Growth Centers, New York, Washington, London 1971, S. 85.

3) Die Frage nach der optimalen Form und Größe der Agglomerationen ist umstritten und bislang ungelöst. Vgl. BOUSTEDT, O., Agglomeration, in: Handwörterbuch für Raumordnung und Raumforschung, a.a.O., Sp. 30.
Das Optimum in Relationen von positiven und negativen Agglomerationseffekten zu definieren ("Das Agglomerationsoptimum wird dann überschritten, wenn mit wachsender Bevölkerungszahl die positiven von den negativen Effekten überkompensiert werden") hieße, die Meß- und Definitionsproblematik von dem einen zu dem anderen Begriff übertragen.

4) BUTTLER, F., Entwicklungspole und räumliches Wirtschaftswachstum, Untersuchungen zur Identifikation und Inzidenz von Entwicklungspolen. Das spanische Beispiel 1964-1971, Tübingen 1973, S. 92 f.

Ballungstendenzen, die vom derzeitigen Verteilungssystem der Finanzzuweisungen unterstützt werden, beseitigt werden. [1)]

In neuerer Zeit wird im Rahmen der Diskussion über die Ausgestaltung des Schlüsselsystems die Favorisierung der größeren Gemeinden via Haupteinsatzstaffel mit den zusätzlichen Aufgaben begründet, die diese Gemeinden als zentrale Orte übernommen haben und von deren Durchführung auch die Einwohner der kleineren Umlandgemeinden profitieren. [2)]

Tatsächlich entstehen den Gemeinden mit zentralörtlicher Bedeutung durch die Wahrnehmung ihrer spezifischen Versorgungsfunktionen für ihre Verflechtungsgebiete zusätzliche Finanzbedarfe, die bei der Bemessung von Finanzzuweisungen zu berücksichtigen sind. Selbst wenn man unterstellt, daß diese zentralörtlichen Mehrbedarfe bei der Bemessung der Finanzzuweisungen zu berücksichtigen sind, wäre jedoch die obige Begründung nur dann schlüssig, wenn die eigene Bevölkerungszahl der zentralen Orte im direkten Zusammenhang mit dem Grad der Zentralität - oder genauer - mit dem konkreten Umfang der wahrgenommenen zentralörtlichen Funktionen gesetzt werden könnte. Eine derartige Affinität kann jedoch nicht gesehen werden. [3)] Innerhalb der einzelnen Gemeindegrößenklassen nehmen die einzelnen Gemeinden einen unterschiedlichen Umfang überörtlicher Versorgungsfunktionen wahr. Dieser Umstand ist unter ande-

---

1) Siehe auch ALBERS, W., Finanzzuweisungen und Standortverteilung, in: Kommunale Finanzen und Finanzausgleich, a.a.O., S. 279 f.

2) Vgl. beispielsweise die Begründung zu § 5 in den Entwürfen der Finanzausgleichsgesetze für die Haushaltsjahre 1973 bis 1975 in Nordrhein-Westfalen.

3) Vgl. SCHNEPPE, F., Raumbedeutsame Wirkungen des kommunalen Finanzausgleichs in Niedersachsen, Hannover 1968, S. 82 ff.

rem damit zu erklären, daß selbst bei gleichem Zentralitätsgrad letztlich der individuelle Ausstattungsgrad mit Infrastruktureinrichtungen als "conditio sine qua non" über den aktuellen Umfang zentralörtlicher Funktionserfüllung entscheidet.

Es bleibt also festzustellen, daß über die Hauptansatzstaffelung die besonderen Finanzbedarfe zentraler Orte nicht adäquat im Verteilungssystem der Finanzzuweisungen berücksichtigt werden können.

Vor diesem Hintergrund gewinnt eine Zusammenstellung des Innenministeriums des Landes Nordrhein-Westfalen an Interesse, mit deren Hilfe untersucht werden sollte, ob bereits nach dem geltenden Schlüsselsystem des Finanzausgleichs - ohne explizite ausgewiesen zu werden - allgemeine Schlüsselzuweisungen für zentralörtliche Aufgaben an Kommunen bestimmter Größenklassen verteilt werden.

Tabelle 9 zeigt in der Spalte (1) in Vom-Hundert-Sätzen die Relationen des sogenannten "Zuschußbedarfs II a" pro Einwohner zwischen den Gemeindegrößenklassen. Unter dem Zuschußbedarf II a einer Gemeinde ist der Betrag zu verstehen, der sich ergibt, "wenn man von den Gesamtausgaben der ordentlichen Rechnung alle zweckgebundenen Einnahmen sowie die allgemeinen Deckungsmittel abzieht, die sich nicht aus Steuern und allgemeinen Finanzzuweisungen ergeben" [1]. [2] Es ist deutlich zu erkennen, daß der Zuschußbedarf je Einwohner mit steigender Ortsgröße zunächst relativ konstant bleibt, z.T. sogar sinkt, ab

---

1) SCHEEL, W., Der kommunale Finanzausgleich im Lande Nordrhein-Westfalen, in: Praxis der Gemeindeverwaltung, E 1 NW, Finanzausgleich, April-Juni 1970, 75. Lieferung (Loseblattausgabe), S. 56 f.

2) Als Basis der Prozentreihe wurde der gewogene durchschnittliche Zuschußbedarf pro Einwohner der Gemeinden mit weniger als 5.000 Einwohner gewählt. Er beträgt in Spalte (1) 258,35 DM, in Spalte (2) 255,08 DM (Rechnungsjahr 1970).

Tabelle 9: Zuschußbedarf II a im Haushaltsjahr 1970 - ohne Schulen, jedoch eins

Gemeindegrößenklassen	Zuschußbedarf IIa in %	bereinigter Zuschuß-bedarf IIa in %	Differe Sp.2./.
	(1)	(2)	(3)
500.000 und mehr Einwohner [1]	147,6	108,1	- 39,5
200.000 bis unter 500.000 E. [2]	138,6	107,1	- 31,5
100.000 bis unter 200.000 E. [3]	133,3	104,5	- 28,8
50.000 bis unter 100.000 E.	126,1	108,5	- 17,6
20.000 bis unter 50.000 E.	115,1	103,4	- 11,7
10.000 bis unter 20.000 E.	101,8	93,9	- 7,9
5.000 bis unter 10.000 E.	98,3	98,1	- 0,2
3.000 bis unter 5.000 E.	104,3	104,3	--
2.000 bis unter 3.000 E.	100,9	101,2	+ 0,3
1.000 bis unter 2.000 E.	96,3	96,2	- 0,1
weniger als 1.000 E.	94,1	93,8	- 0,3
weniger als 5.000 E.	100,0	100,0	--
Insgesamt	122,3	103,6	- 18,7

1) ohne Düsseldorf
2) ohne Bonn
3) ohne Leverkusen und Biefefeld

Quelle: Anlage 1 des Schreibens des Innenministers an den Präsidenten des Landta vom 27. März 1972 (AZ.III.B2 - 6/10 - 3595/72).

einer Ortsgröße von 20.000 Einwohnern jedoch ständig bis zu den Agglomerationen von 500.000 und mehr Einwohnern um ca. 50 Prozentpunkte steigt.

In der Spalte (2) wird der gesamte Zuschußbedarf II a um die Ausgaben "bereinigt", die in Wahrnehmung zentraler Funktionen getätigt wurden. Es sind dies kommunale Ausgaben für Krankenhäuser, kulturelle Veranstaltungen (Einzelplan 3: Theater, Konzerte, Wissenschaftspflege), Sportstätten und Einrichtungen der Sozial- und Jugendhilfen. Diese Reihe repräsentiert nun den Zuschußbedarf, der cum grano salis infolge eines auf den lokalen Bedarf begrenzten Leistungsangebots entstanden ist. Der nun erheblich geringere Bedarfsanstieg mit wachsender Ortsgröße deutet darauf hin, daß die zuschußbedarfssteigernden zentralörtlichen Funktionen vornehmlich von Gemeinden der oberen Größenklassen wahrgenommen werden.

Spalte (3) der Tabelle gibt die Differenz zwischen den vorhergenannten Reihen wieder, repräsentiert somit den Anteil des Zuschußbedarfs, der zu Lasten bestimmter zentralörtlicher Funktionen zu buchen ist.

Spalte (4) beinhaltet die im Jahre 1972 geltende Hauptansatzstaffelung, die auf die in der Vorspalte aufgeführte Gliederung der Gemeindegrößenklassen umgerechnet wurde.

In der Spalte (5) wird schließlich in Form der Differenz zwischen den Werten des Hauptansatzes und den relevanten Prozentsätzen des "bereinigten" Zuschußbedarfs angezeigt, daß ein erheblicher Teil der "Veredelungspunkte" des Hauptansatzes im direkten Zusammenhang mit den zentralörtlichen Funktionen gesehen werden muß, um deren Ausgaben der gesamte Zuschußbedarf II a in der Spalte (2) der Tabelle gekürzt worden ist.

Diese Ergebnisse der Analyse weisen darauf hin, daß in der in Nordrhein-Westfalen geltenden Staffelung des Hauptansatzes bereits Bedarfsansätze für bestimmte zentralörtliche Funktionen enthalten sind. Die schon weiter oben erwähnte Beobachtung, daß die Kommunen innerhalb ein und derselben Größenklassen aufgrund unterschiedlicher Zentralität respektive differierender Infrastrukturausstattung in entsprechend unterschiedlichem Umfang diese Funktionen erfüllen (können), läßt jedoch befürchten, daß die Schlüsselzuweisungen, die infolge dieser Bedarfsansätze gewährt werden, eben nicht nur diejenigen Gemeinden erreichen, die für ihr Umland zentralörtliche Aufgaben wahrnehmen.

Unter diesen Umständen besteht die Gefahr, daß über die Hauptansatzstaffelung sowohl "Berechtigte" wie "Unberechtigte" Zuweisungen erhalten und damit ein großer Teil der Mittel nicht in die intendierte Verwendung gelangt. [1]

3.4.2. Kritik der Ergänzungsansätze

Ergänzungsansätze haben die Funktion, die besonderen Situationen einzelner Gemeinden, soweit sie für die Messung des Finanzbedarfs von Bedeutung sind und nicht über den Hauptansatz abgedeckt werden können, für das Finanzausgleichssystem rechenbar zu machen.

Die Verwendung dieses bedarfsdifferenzierenden Instruments wird jedoch vielfach als problematisch angesehen. Unter rein rechentechnischen Gesichtspunkten ist zunächst der Verlust an Einfachheit und Transparenz des Rechensystems

---

1) Vgl. SCHNEPPE, F., Raumbedeutsame Wirkungen des kommunalen Finanzausgleichs in Niedersachsen, a.a.O., S. 84.

zu beklagen, der mit der Komplizierung des Schlüssels durch zusätzliche Bedarfskriterien verbunden ist. Dieser Vorwurf wiegt dann besonders schwer, wenn der dadurch bedingte Mehraufwand an Verwaltungsleistung mit vergleichsweise geringen Umverteilungseffekten zugunsten der zu fördernden Gemeinden gekoppelt ist. [1] [2] Diese unbefriedigenden Finanzausgleichswirkungen führt STAHL primär darauf zurück, daß in vielen Nebenansätzen "finanzausgleichsfremde" Gesichtspunkte eine Rolle spielten, wodurch der Finanzausgleich überfordert würde. [3]

Hinzu kommt ein weiterer Nachteil: Einmal institutionalisierte Begünstigungen in Form von Sonderansätzen bergen die Gefahr in sich, nur mit erheblichen Schwierigkeiten wieder abgebaut werden zu können, selbst wenn das Rechtfertigungsmotiv seine ursprüngliche Substanz vollkommen verloren hat. [4] So gewährte noch im Rechnungsjahr 1966 das Land Rheinland-Pfalz bestimmten Gemeinden einen Ergänzungsansatz für Kriegsschäden und Demontage. [5] Ähnliche Beharrungstendenzen sind in Nordrhein-Westfalen

---

1) Vgl. HAVERKAMPF, H.E., Räumliche Streuung unterschiedlicher kommunaler Einnahmesysteme, a.a.O., S. 61 f.

2) Aus ähnlichen Motiven warnt HIELSCHER vor der Konstruktion neuer Nebenansätze. "Sie bringen in aller Regel keine echte Hilfe für das Spezialproblem. Ihre Auswirkung im einzelnen läßt sich so gut wie gar nicht vorausberechnen, vor allem wegen der Kollision mit der überragenden Wirkung des Hauptansatzes." HIELSCHER, E., Brauchbare Maßstäbe für kommunale Finanzzuweisungen, in: Kommunale Finanzen und Finanzausgleich, a.a.O., S. 295.

3) STAHL, F., Wirtschaftserschließung ein Finanzausgleichsproblem, Regensburg 1955, S. 40, zitiert bei PATZIG, W., Der kommunale Finanzausgleich, a.a.O., B IV, S. 28.

4) Siehe EHRLICHER, W. und Mitarbeiter, Kommunaler Finanzausgleich und Raumordnung, a.a.O., S. 30.

5) Vgl. Tabelle 6.

im Zusammenhang mit dem Abbau des Grenzlandansatzes zu erkennen. [1]

Während dennoch die Verwendung von Ergänzungsansätzen in den meisten Ländern insgesamt rückläufig ist, [2] sind auf der anderen Seite in Nordrhein-Westfalen, Rheinland-Pfalz und im Saarland neue Ansätze geschaffen worden, die speziell die besonderen Belastungen zentraler Orte ins Kalkül ziehen wollen. Nachdem ihre Konstruktionen bereits skizziert wurden, sollen sie im folgenden hinsichtlich ihrer Auswirkungen kritisch geprüft werden.

---

1) Der Regierungsentwurf zum FAG 1973 sah eine Kürzung des Grenzlandansatzes von 10 auf 5 v.H. vor. Diese Kürzung wurde damit begründet, daß durch die kommunale Neuordnung Gebiete in den Grenzlandansatz einbezogen würden, die einer besonderen Betreuung als Grenzland nicht bedürften. Zudem hätten die strukturellen Schwierigkeiten der Gemeinden in Grenznähe seit Schaffung des Grenzlandansatzes weitgehendst beseitigt werden können. Die CDU-Fraktion hielt dagegen die Aufgabe des Grenzlandansatzes z.Z. noch nicht für erfüllt und beantragte, den Ansatz in der ursprünglichen Höhe zu belassen. Daraufhin wurde der Kompromiß geschlossen, für 1973 den Grenzlandansatz auf 8 % festzusetzen, um ihn dann in den folgenden vier Jahren sukzessive völlig abzubauen.
Bericht des Haushalts- und Finanzausschusses zur 2. Lesung des Entwurfs eines Gesetzes zur Regelung des Finanz- und Lastenausgleichs mit den Gemeinden und Gemeindeverbänden für das Haushaltsjahr 1973, Landtag Nordrhein-Westfalen, Drucksache 7/2500 vom 13. März 1973, S. 7.

2) Extremfall Niedersachsen: Hier wird seit 1962 vollkommen auf die Verwendung von Ergänzungsansätzen verzichtet.

3.4.2.1. Schüleransatz in Nordrhein-Westfalen

Mit der Substitution der "klassischen" Strukturansätze des § 4, Abs. 2 Finanzausgleichsgesetz 1969 ("Kinderansatz", "Ansatz nach der unselbständigen Bevölkerung") durch den "Schüleransatz" verschob sich von der Finanzausgleichsmotivation her der Akzent vom allein relativen (tendenziellen) Ausgleich bestehender Sonderbelastungen zur programmatischen Bevorzugung der zentralen Orte. [1)]

Dieser Schüleransatz wurde mit der Absicht konzipiert, die besonderen laufenden Belastungen zentraler Orte als Träger von schulischen Einrichtungen bei der Bemessung von Schlüsselzuweisungen angemessen berücksichtigen zu können. Ob über den Berechnungsmodus dieses Nebenansatzes die den Schulträgergemeinden entstehenden Kosten pro Schüler der jeweiligen Schulform relativ realistisch wiedergegeben werden, soll in Tabelle 10 geprüft werden.

In ihr werden den effektiven laufenden Ausgaben (einschließlich Lernmittel) und Schülerfahrtkosten je Schüler und Schulform [2)] die relevanten Veredelungspunkte des Schüleransatzes, die mit dem Grundbetrag des Rechnungsjahres 1973 (= 331,07 DM) "bewertet" wurden, gegenübergestellt. Dieser Ansatz pro Schüler differenziert nach Schulformen wurde nach folgender Formel berechnet:

Prozentsatz für die Schulform x Schüleransatz nach Ortsgröße x Grundbetrag.

---

1) Siehe HAVERKAMPF, H.E., Räumliche Streuung unterschiedlicher kommunaler Einnahmesysteme, a.a.O., S. 36.

2) Die Ausgaben resultieren aus der Totalerhebung der laufenden Ausgaben der Gemeinden für die einzelnen Schulen in den Jahren 1970 bis 1972.
Vgl. ESSER, F., Der kommunale Finanzausgleich 1974 in Nordrhein-Westfalen, in: Städte- und Gemeinderat, 1/1974, S. 15.

Tabelle 10

Schulformen	effektive Ausgaben [1] der Gemeinden mit einer Einwohnerzahl ... in DM pro Schüler [2]			
	a	b	c	[illegible]
Grundschule	460,89	401,93	436,10	501
Hauptschule	674,19	599,74	547,06	59
Sonderschule	762,52	672,64	776,44	74
Realschule	725,11	657,51	690,45	59
Gymnasien	752,00	785,03	895,45	1.01
Berufsschule	-	378,04	367,40	-
Berufsfachschule und Fachschule	379,49	946,23	1.256,20	1.33
Gesamtschule	1.372,07	1.489,89	1.240,18	1.06

1) Rechnungsjahr 1972

2) Gemeindeeinwohnerzahl a = unter 20.000, b = 20.000 bis unter 50.00

Vergleicht man die Werte der beiden Zahlenkomplexe, so wird deutlich, daß die Bedarfsansätze in ihrer Ausgangsmeßzahl derzeit als im großen und ganzen hinreichende Äquivalente für die realen laufenden Leistungen der kommunalen Schulträger - auch über die Gemeindegrenze hinaus - angesehen werden können. Da die den Schulträgergemeinden qua Schüleransatz zusätzlich zugewiesenen Schlüsselzuweisungen aus der allen Gemeinden prinzipiell zustehenden Schlüsselmasse finanziert werden, erfolgt durch diese differenzierende Besserstellung zugleich auf indirekte Weise eine kostenmäßige Beteiligung auch derjenigen Gemeinden, die nicht Schulträger sind.

Somit scheint insgesamt mit dem Schüleransatz ein geeignetes Instrument gefunden zu sein, zumindest einen Bereich der zentralörtlichen Funktion bestimmter Gemeinden finanziell adäquat abzugelten. Im Gegensatz zu dem stark pauschalierenden Hauptansatz knüpft der Schüleransatz differenziert nach spezifischen Kostenverursachern - sowohl einheimischen wie auswärtigen Schülern - direkt an reale Leistungen an. Der Mangel dieses Verfahrens liegt jedoch auf der Hand: Der das gesamte System weiter komplizierende Rechenmodus und die geplanten Korrekturen der Kostenrelationen nach Schulformen können nur mit erheblichen Verwaltungskosten durchgeführt werden.

3.4.2.2. Raumordnungsansätze in Rheinland-Pfalz und im Saarland

Sowohl in Rheinland-Pfalz wie auch im Saarland wird versucht, über besondere Nebenansätze, d.h. über eine zusätzliche Veredelung der Einwohnerzahlen die besonderen Finanzprobleme der zentralen Orte zu lösen. Bei dieser Konstruktion kann der Effekt der Ergänzungsansätze nur im Kontext mit der Wirkung des Hauptansatzes betrachtet werden. Die Frage ist, ob die unter dem Aspekt der Förderung zentraler Orte insgesamt negativ zu beurteilende Verteilungswirkung der Hauptansatzstaffelung durch den Ergänzungsansatz verstärkt oder zugunsten der zentralen Orte korrigiert wird.

Der rheinland-pfälzische Ergänzungsansatz in der Fassung des Finanzausgleichsgesetzes von 1970 stellt zunächst nur eine Rahmenbestimmung dar, die durch Daten der Landesplanung (Landesentwicklungsprogramm, regionale Raumordnungspläne) und Richtlinien des Innenministers konkretisiert wird. Nach dem auf Seite 173 zitierten Rundschreiben des Innenministers erfolgt die Berechnung des Ergänzungsansatzes nach dem Zentralitätsgrad (Basissatz), nach der Größe des zentralen Ortes und des von ihm zu versorgenden zentralörtlichen Bereichs sowie letztlich nach der allgemeinen (nicht weiter definierten) Ausbaubedürftigkeit entsprechend den Zielen der Landesplanung. Prinzipiell kann einer Bedarfsdifferenzierung nach den genannten Kriterien zugestimmt werden. Die Regelungen im Einzelfall fordern dagegen eine kritische Kommentierung heraus.

Die Vermutung, daß in der Regel mit zunehmendem Zentralitätsgrad der Umfang an Spillover-Effekten, d.h. an zentralörtlichen Leistungen wächst. [1] läßt es als angemessen erscheinen, den Basissatz mit steigendem Zentralitätsgrad ebenfalls steigen zu lassen. Es stellt sich allerdings die Frage, inwieweit die konkreten "Punkte"-Relationen zwischen Mittel-, Unter- und Kleinzentren realen durchschnittlichen Finanzbedarfsunterschieden als Folge eines nach Zentralität differenzierten Aufgabenbündels gerecht werden. [2]

Ebenso fragwürdig erscheint die Regelung des Zuschlags zum Basissatz nach der Größe des zentralen Ortes, der im wesentlichen wegen der Begrenzung auf kreisangehörige Gemeinden mit unter 5.000 Einwohnern nur Unter- und Kleinzentren zugute kommt. Es ist letzthin nicht ersichtlich, weshalb in einem funktional orientierten Ergänzungsansatz der zentralörtliche Sonderbedarf mit sinkender Ortsgröße allgemein zunehmen soll.

Starke Bedenken muß auch der konkrete Modus auslösen, mit dem die Größe des zu versorgenden zentralörtlichen Bereichs in den Bedarfsansatz eingerechnet werden soll. Demnach steigen die Zuschläge zum Basissatz in dem Maße, wie die Einwohnerzahl des zu betreuenden Umlandes hinter der Einwohnerzahl des versorgenden zentralen Ortes zurückbleibt. Diese Regelung ist deshalb unverständlich, weil sinnvollerweise angenommen werden muß, daß zwischen der Größe des Umlandbereichs und dem durch die spezielle Funktion verursachten Finanzbedarf des zentralen Ortes eine positive Korrelation besteht.

1) Siehe hierzu auch HANSMEYER, K.-H. und D. FÜRST, Die Ausstattung mit zentralörtlichen Einrichtungen ausgewählter zentraler Orte in Rheinland-Pfalz, a.a.O.,S.142.

2) Weder aus dem Entwurf zum Finanzausgleichsgesetz 1970 noch aus dem Rundschreiben des Ministeriums des Innern vom 12.7.1972 konnten Hinweise zur Begründung der konkreten Basissätze nach dem Zentralitätsgrad entnommen werden. Rückfragen beim Ministerium des Innern bestätigten die Annahme, daß die differenzierten Vom-Hundert-Sätze keine realen Bedarfsrelationen widerspiegeln.

Die Verteilungswirkung dieses Ergänzungsansatzes kann allein schon wegen seiner Beschränkung auf kreisangehörige Gemeinden nicht besonders hoch eingeschätzt werden. Die durch ihn initiierten Mehreinnahmen der zentralen Orte betrugen im Jahre 1971 ca. 9,8 Mio. DM, 1972 ca. 12,7 Mio. DM, 1973 ca. 11,3 Mio. DM. [1] Mißt man diese Beträge am Gesamtumfang der Schlüsselzuweisungen (1973 ca. 311,1 Mio. DM), so wird deutlich, daß mit Hilfe des Zentralitätsansatzes die weiter oben diskutierten Verteilungseffekte des Hauptansatzes kaum hinreichend korrigiert werden können.

Anders als beim Ergänzungsansatz des Landes Rheinland-Pfalz gilt der Zentralitätsansatz im Saarland auch für die kreisfreien Gemeinden. Weitere Besonderheiten sind bereits bei der Darstellung der Regelungen angesprochen worden. Die ebenfalls an dieser Stelle dargelegte Begründung für die inverse Rangfolge der Begünstigung nach dem Zentralitätsgrad, die sich ausschließlich an Bedarfskriterien orientierte, kann noch hinsichtlich ihrer rein regionalpolitischen Implikation ergänzt werden: die akzentuierte Förderung von Gemeinden unterer Zentralität soll deren Attraktivität soweit steigern, daß die Wanderungstendenzen zu den Agglomerationen gebremst werden. Nur wenn diese Zentren optimal mit Versorgungseinrichtungen ausgestattet sind, werden sie die Bevölkerung des Umlandes an sich binden, werden sie die Entlastungsfunktionen für die Agglomerationen übernehmen können. [2]

---

1) Die o.g. Zuweisungen entfielen im Jahre 1972 auf 170 Gemeinden mit 868.320 Einwohnern. Zusätzlich erhielten die zentralen Orte in den Jahren 1971-73 verstärkte Zuweisungen aus dem kommunalen Ausgleichsstock und aus dem Investitionsstock (vgl. §§ 13, 14 FAG). Raumordnungsbericht 1973 der Landesregierung Rheinland-Pfalz, Mainz 1974, S. 19.

2) Vgl. HAVERKAMPF, H.E., Räumliche Streuung unterschiedlicher kommunaler Einnahmesysteme, a.a.O., S. 56.

Als prinzipiell positiv ist anzusehen, daß die "Veredelung nach Zentralität" von der unmodifizierten Bevölkerungszahl des von den einzelnen Zentren zu versorgenden Umlandes ausgeht. Allerdings dürfen in diesem Zusammenhang die Probleme nicht übersehen werden, die mit der Abgrenzung der Verflechtungsbereiche verbunden sind. Die Ergebnisse von Befragungsaktionen, wie sie beispielsweise im Jahre 1964 zur Ermittlung der Verflechtungsbereiche im Saarland durchgeführt worden sind, müssen auf jeden Fall dann überprüft und gegebenenfalls korrigiert werden, wenn eben durch die Entwicklung damals nur teilausgebauter Zentren eine Umorientierung der Bevölkerung auf andere Einkaufs- und Versorgungskerne zu erwarten ist.

Ein weiterer Kritikpunkt richtet sich gegen die undifferenzierte Behandlung der Gemeinden innerhalb einer Zentralitätsstufe. Wie bereits bemerkt, erscheint es problematisch, beispielsweise allen Gemeinden, die nach dem Raumordnungsplan die Funktionen eines Mittelzentrums ausüben (sollen), einen in etwa gleichgroßen Sonderfinanzbedarf zu unterstellen. Offensichtlich vernachlässigt eine derartige Regelung die individuellen Startpositionen der einzelnen Zentren, die in den unterschiedlichen Ausstattungsgraden mit zentralörtlicher Infrastruktur ihren Ausdruck finden. Tatsächlich wird jedoch gerade dadurch der zentralörtliche Mehrbedarf determiniert. Während ein voll funktionierendes Mittelzentrum pro Einwohner des Versorgungsbereichs einen höheren laufenden Bedarf hat als ein teilausgebautes Mittelzentrum, wird umgekehrt eben dort der Investitionsbedarf (Nachholbedarf) naturgemäß höher anzusetzen sein. Diese mit dem Ausbaugrad der Zentren gegenläufig korrelierende Tendenz der beiden Bedarfsarten kann jedoch nicht als eine Art Kompensationsmechanismus interpretiert werden, der ein Außerachtlassen dieser Ausgangslagen im großen und ganzen rechtfertigen würde.

3.4.2.3. Raumordnungsansatz in Schleswig-Holstein

Mit der Neuregelung des Finanzausgleichs im Jahre 1970 wurde in Schleswig-Holstein die grundsätzliche Bedarfsdifferenzierung zwischen großen und kleinen bzw. zwischen städtischen und ländlichen Gemeinden abgeschafft. Im Widerspruch zum POPITZschen Rechensystem werden den Bürgern - unabhängig von der Größe ihrer Wohngemeinde - gleiche Ansprüche nach öffentlichen Leistungen zuerkannt. Durch den Wegfall der bis dahin geltenden Hauptansatzstaffelung erfolgt die Verteilung der allgemeinen Finanzzuweisungen nun konsequenterweise nach dem Prinzip der mangelnden eigenen Steuerkraft.

Ohne diesem Gleichheitspostulat im Kern zu widersprechen, mußte gleichermaßen berücksichtigt werden, daß aus technisch-ökonomischen Gründen eine Konzentration bestimmter Einrichtungen der kommunalen Daseinsvorsorge in zentralörtlichen Gemeinden notwendig war. In Anerkennung dieser überörtlichen Aufgabenerfüllung werden deshalb diesen Gemeinden zusätzliche Schlüsselzuweisungen gewährt.

Obwohl der Verteilungsmodus - wie dessen Darstellung in Kapitel 3.1.1.2. zeigt - sehr kompliziert ist, hat er im Vergleich zu den Ergänzungsansätzen in Rheinland-Pfalz und im Saarland den Vorteil größerer Transparenz: Die räumliche Verteilung der Zentralitätsmasse auf die zentralen Orte kann relativ einfach berechnet werden. [1] Diese positiv zu wertende Eigenschaft wird allerdings durch Hypothesen und Prämissen erkauft, die nicht unbedenklich erscheinen.

---

1) Vgl. HAVERKAMPF, H.E., Räumliche Streuung unterschiedlicher kommunaler Einnahmesysteme, a.a.O., S. 60.

So trägt es ohne Zweifel zur Transparenz des Systems bei, wenn die Gewährung der Zuweisungen ohne Rücksicht auf die Steuer- bzw. Finanzkraft der zentralörtlichen Gemeinden erfolgt. Das diesen Modus rechtfertigende Motiv, nach dem diese Mittel ja nicht für die Kommune selbst, sondern speziell für die zusätzliche Aufgabenerfüllung zugunsten der Bewohner des Verflechtungsbereichs bestimmt sind, [1] wird jedoch schon dann fragwürdig, wenn im Widerspruch zu dieser Logik die Aufteilung der Mittel auf die einzelnen Oberzentren nach deren eigener Einwohnerzahl vorgenommen wird.

Zumindest ebenso kritikanfällig ist die pauschale Gleichbehandlung der einzelnen Mittel- und Unterzentren bzw. der ländlichen Zentralorte. Gleich hohe Schlüsselzuweisungen an die einzelnen Zentren derselben Funktionsstufe könnten nur dann als sinnvoll akzeptiert werden, wenn damit in etwa gleichhohe Ausgabenbedarfe abgedeckt werden sollten, d.h. wenn man allen Gemeinden desselben Zentralitätsgrades einen nahezu äquivalenten Versorgungsbereich (Zahl der zu versorgenden Einwohner) und ein vergleichbares Niveau in der zur Erfüllung ihrer speziellen Aufgaben notwendigen Infrastrukturausstattung unterstellen könnte. Eine derartige Homogenität wird in der Realität jedoch kaum zu finden sein.

Zudem muß dieser Verteilungsmodus aus einem weiteren Grund kritisch beurteilt werden: Anstatt die Mittel nach Maßgabe eines Landesentwicklungsplanes schwerpunktmäßig einzusetzen, wie es insbesondere im Aufbaustadium des Infrastruktursystems sinnvoll gewesen wäre, [2] werden sie

---

1) Siehe BREUSING, R., Ein neuartiger kommunaler Finanzausgleich, in: Der Landkreis, Jg. 40 (1970), H. 6, S. 181.

2) Vgl. zur Forderung" Nicht kleckern, sondern klotzen!" GIERSCH, H., Das ökonomische Grundproblem der Regionalpolitik, in: Gestaltungsprobleme der Weltwirtschaft, Festschrift für A. Predöhl, Göttingen 1964, S. 396.

innerhalb derselben Zentralitätsstufe gleichmäßig über alle zentralen Orte gestreut mit dem Effekt, daß die einzelnen Zuweisungsbeträge speziell die Gemeinden niedriger Zentralität kaum zu den regionalpolitisch gewünschten Infrastrukturinvestitionen stimulieren oder überhaupt befähigen können. [1)]

3.5. Zusammenfassung der Kritik

Im vorangegangenen Abschnitt ist untersucht worden, ob und inwieweit durch bestimmte Verteilungstechniken (Bedarfsansätze) bei allgemeinen Finanzierungszuweisungen bereits in den derzeit geltenden Finanzausgleichsgesetzen die Sonderbedarfe zentraler Orte berücksichtigt werden. Insbesondere beschäftigte sich die Analyse mit der allgemeinen und der speziell raumordnungspolitischen Adäquanz einer Staffelung des Hauptansatzes in der Bedarfsmeßzahl nach Maßgabe der Gemeindegröße, mit den im Prinzip vergleichbaren Modifikationen ("Veredelungen") der Einwohnerzahlen bestimmter Gemeinden über Ergänzungsansätze (Schüleransatz in Nordrhein-Westfalen, Raumordnungsansätze in Rheinland-Pfalz und im Saarland) und letztlich mit der Eignung besonderer Schlüsselzuweisungen als Äquivalent für die besonderen überörtlichen Leistungen zentraler Orte nach dem Modus des Finanzausgleichsgesetzes in Schleswig-Holstein.

Im großen und ganzen positiv konnte allein der Schüleransatz des Finanzausgleichsgesetzes in Nordrhein-West-

---

1) Vgl. VOIGTLÄNDER, H., Der kommunale Finanzausgleich in Schleswig-Holstein im Spannungsfeld von Wachstum und Konjunkturpolitik - Eine kritische Analyse des Finanzausgleichsgesetzes 1970 -, in: Die Gemeinde 1970, S. 187.

falen gewertet werden. Mit diesem Ergänzungsansatz wurde ein Instrument geschaffen, das den tatsächlichen Belastungen der zentralen Orte, die ihnen in Erfüllung wenn auch nur einer, so doch bedeutsamen Funktion entstehen, Rechnung tragen kann. Besonders in der Ausbauphase des zentralörtlichen Versorgungssystems zeichnet sich dieser Bedarfsansatz dadurch aus, daß er sich flexibel den quantitativen und qualitativen Veränderungen im Bildungsangebot der zentralörtlichen Gemeinden anpaßt.

Allerdings wurde einschränkend darauf hingewiesen, daß die Realitätsnähe der Kostenrelationen zwischen den Schulformen und damit die Qualität dieses Bedarfsansatzes nur aufgrund aufwendiger Datenerhebungen und -auswertungen gewahrt werden können.

Die Eignungsprüfung der Hauptansatzstaffelung nach Gemeindegrößenklassen als Instrument zur generellen Abgeltung zentralörtlicher Mehrbedarfe führte zu einem negativen Ergebnis. Eine derart schematisierende Bedarfsdifferenzierung nach der Gemeindegröße wäre nur dann gerechtfertigt, wenn die Einwohnerzahl der zentralen Orte als hinreichendes Indiz für deren zentralörtliche Aufgabenstellung (bzw. effektive Funktionswahrnehmung), mit anderen Worten für deren zentralörtlichen Mehrbedarf akzeptiert werden könnte. Eine derartige Korrelation kann jedoch - zumal im Stadium der Entwicklung eines zentralörtlich organisierten Versorgungssystems - nicht unterstellt werden.

In diesem Zusammenhang wurde generell die Rechtfertigung einer Bedarfsdifferenzierung via Hauptansatzstaffelung geprüft. Es wurde festgestellt, daß eine diese Regelung konservierende Argumentation auf der Basis der POPITZschen Beweisführung derzeit gesellschaftspolitisch nicht mehr opportun ist. Allein unter deckungspolitischen Aspekten kann einer stark reduzierten Hauptansatzstaffel zugestimmt werden, die einerseits die infolge von Ballungskosten evidenten Finanznöte der größeren Städte als unerwünschte, doch nicht wegzudiskutierende Fakten berücksichtigen kann, andererseits jedoch weiteren Ballungstendenzen entgegenzusteuern versucht.

Dazu muß allerdings ausdrücklich betont werden, daß mit der Verminderung der Hauptansatzspanne eine besondere Dotierung der zentralörtlichen Aufgaben bestimmter Gemeinden einhergehen muß.

Regelungen, die explizite zentralörtliche Sonderbedarfe im Finanzausgleichssystem kalkulierbar zu machen versuchen, sind in Form von besonderen Ergänzungsansätzen zum Hauptansatz in den Finanzausgleichsgesetzen von Rheinland-Pfalz und des Saarlandes zu finden. Die kritische Untersuchung dieser "Zentralitätsansätze" ließ erkennen, daß sie in der geltenden Ausgestaltung kaum als geeignete Instrumente zur finanziellen Förderung und Entwicklung eines zentralörtlichen Versorgungssystems gelten können. Mit dem gleichen Ergebnis schloß die Analyse des Verteilungsmodus der besonderen Schlüsselzuweisungen für zentrale Orte nach den Bestimmungen des Finanzausgleichsgesetzes von Schleswig-Holstein.

All diesen Regelungen muß gleichermaßen entgegengehalten werden, daß sie nicht in der Lage sind, die individuellen "Startpositionen" der einzelnen Gemeinden und insbesondere deren unterschiedlich umfangreiche Nachholbedarfe nach zentralörtlichen Infrastruktureinrichtungen angemessen zu berücksichtigen.

Dieser Hauptkritikpunkt führt nun zu der Frage, ob dieser Mangel an Differenziertheit durch den Einbau eines "Ausstattungsindex" in die Bedarfsmeßzahl des Verteilungsschlüssels (bzw. in Elemente dieser Bedarfsmeßzahl) behoben werden könnte. Ein derartiger "Ausstattungsindex" müßte so konstruiert sein, daß er individuell für jeden zentralen Ort den Nachholbedarf an Infrastruktur als Differenz zwischen einem normativ definierten Ausstattungs-Soll und der bereits bestehenden Ausstattung signalisiert.

Prinzipiell kann die Machbarkeit eines derartigen Bedarfsindex für zentrale Orte nicht in Zweifel gezogen werden. Allerdings würde seine Konstruktion und in bestimmten Zeitabständen notwendige Aktualisierung aufwendige Datenerhebungen und -verarbeitungen erfordern. Seine Komplexität müßte zudem die Transparenz des Ausgleichssystems tendenziell vermindern.

Der Hauptmangel dieses hochkomplizierten Instruments liegt jedoch darin, daß es zur Verteilung von allgemeinen Finanzzuweisungen eingesetzt wird, deren Verwendung - wenn auch unter bestimmten staatlichen Restriktionen (z.B. Kommunalaufsicht) - vornehmlich in der Entscheidungshoheit der Kommunen liegt. Damit muß aber zumindest die Möglichkeit ins Kalkül gezogen werden, daß die über den "Ausstattungsindex" nun feingesteuerten Mittel in eine Verwendung überführt werden, die nicht den Intentionen des Landes entspricht. Diese Möglichkeit wird zunächst denkbar, einfach weil die Entscheidungsstruktur der kommunalen Akteure durchaus von anderen Zielen (gemeindeegoistischen) determiniert sein kann als die Entscheidungsstruktur der Landespolitik. Sie wird aber in jedem Fall wahrscheinlicher, wenn durch ein Nichtbeachten der landesplanerischen Zielsetzungen der vom Land definierte Nachholbedarf an Infrastruktur bestehen bleibt und ein somit unveränderter "Ausstattungsindex" auch für weitere Rechnungsjahre von der Landespolitik besonders geförderte Finanzbedarfe anmelden kann. [1)]

1) Siehe hierzu auch JÄGER, K.H., Kommunale Aufgabenstellung und staatliche Finanztransfers an die Gemeinden, a.a.O., S. 169.

3.6. Die Verteilungstechnik bei Zweckzuweisungen

Die Verteilung der Zweckzuweisungen an die Gemeinden (GV) wird in den einzelnen Ländern je nachdem, für welche Verwendung die Zuweisungen transferiert werden, nach unterschiedlichen Verfahren in Gesetzen, Richtlinien und Verordnungen geregelt. Die dadurch bedingte Vielzahl von Einzelregelungen erlaubt es nicht, an dieser Stelle in ähnlicher Form, wie es bei den Schlüsselzuweisungen geschehen ist, einen Überblick über die konkreten Verteilungstechniken der Flächenländer zu geben. Statt dessen sollen die einzelnen Verfahrensweisen nach dem Freiheitsgrad geordnet werden, mit dem das Land (Bund) als Geber und auf der anderen Seite die Gemeinden (GV) als Empfänger ausgestattet sind. [1)]

Unter diesem Gliederungsaspekt sind drei Zuweisungstechniken zu unterscheiden:

(1) Zuweisung nach einem gesetzlich fixierten Schlüssel

Die im Landeshaushalt und/oder im Finanzausgleichsgesetz für einen bestimmten Zweck global ausgewiesenen Mittel (für Investitionsvorhaben und laufende Ausgaben) werden über einen gesetzlich fixierten Schlüssel an die Gemeinden (GV) verteilt. Bei diesen "objektivierten Zuweisungen legt der Gesetzgeber im Schlüssel die Merkmale (z.B. Einwohner, Straßenlänge) und die auf jede Einheit entfallenden Zuweisungsbeträge fest. Wegen des klaren Rechtsanspruchs wird die jährliche Zuweisungssumme somit in diesem Fall für jede Gemeinde durch einfache Multiplikation kalkulierbar. [2)]

---

1) Die folgenden Ausführungen über die Verteilungstechniken basieren im wesentlichen auf: HANSMEYER, K.-H., Zweckzuweisungen an Gemeinden als Mittel der Wirtschaftspolitik ?, a.a.O., S. 433.

2) Vgl. HACKER, H., Finanzausgleich, a.a.O., S. 451.

Beispielsweise betrugen die Zuweisungen zur Abgeltung der Kosten bestimmter Auftragsaufgaben und Pflichtaufgaben zur Erfüllung nach Weisung 1973 für kreisfreie Gemeinden 37,10 DM je Einwohner, für Kreise 30,45 DM je Einwohner (sog. Kopfbeträge) [1].

(2) Zuweisung durch die Legislative

Bei diesen sog. "Ad-hoc-Zuweisungen", deren Empfänger und Verwendungszweck im Landeshaushaltsplan bereits exakt angegeben sind, nutzt der Gesetzgeber seinen Gestaltungsspielraum am deutlichsten aus. Allerdings wird von dieser Möglichkeit vergleichsweise selten Gebrauch gemacht. In erster Linie handelt es sich um Investitionszuschüsse zu Theater- und Schulbauten sowie zu einzelnen Projekten, die für das Land von besonderer kultureller Bedeutung sind. [2]

(3) Zuweisungen nach dem Ermessen der Exekutive

Bei "Zuweisungen nach Ermessen" werden im Landeshaushaltsplan für bestimmte Zwecke Globalbeträge ausgewiesen. Die weitere Verteilung erfolgt über Anträge der Kommunen und entsprechende Bewilligungen zuständiger Landesbehörden (Ministerien und/oder Regierungspräsidenten). Das bedeutet, daß die Legislative über den Verwendungszweck lediglich "vorläufig" entschieden hat und die verbleibende, an den Ort der Verwendung führende Entscheidungskompetenz - wenn auch unter der Restriktion allgemeiner, parlamentarisch legitimierter Verteilungsgrundsätze - in der Regel in der Hand der Exekutive der übergeordneten Gebietskörperschaft liegt.

---

1) Finanzausgleichsgesetz 1973, a.a.O., § 15, Abs. 2.

2) So weist der Landeshaushaltsplan NW 1973 z.B. folgende Zuweisungen aus:
- 2 Mio. DM an die Stadt Gelsenkirchen für den Neubau der ehemals staatlichen Ingenieurschule (Haushaltsstelle 0678/883 5)
- 150.000 DM für den Wiederaufbau der stadteigenen Dominikanerkirche in Münster (Haushaltsstelle 0561/883)

Quelle: Deutscher Städtetag, Umdruck-Nr. E 1645, AZ: NW 9/31-20 vom 22.8.1973, S. 4.

Dieser Verteilungsmodus, nach dem in überwiegendem Maße Zuweisungen vergeben werden, soll anhand der Zweckzuweisungen im Rahmen des Schulbauprogramms für das Land Nordrhein-Westfalen exemplifiziert werden. [1]

Gemäß § 30 Schulverwaltungsgesetz (SchVG) [2] sind die Kommunen als Schulträger verpflichtet, Schulanlagen, Gebäude, Einrichtungen und Lernmittel in dem Maße bereitzustellen und zu unterhalten, wie es für einen ordnungsgemäßen Unterricht erforderlich ist. Die aus dieser Verpflichtung resultierenden Baukosten zählen zu den sogenannten Sachausgaben, die nach Maßgabe des § 2 Schulfinanzgesetz (SchFG) [3] vom Schulträger aufzubringen sind.

Da insbesondere diese Aufwendungen für den Schulbau die eigene Finanzkraft der Kommunen in der Regel überfordern würden, stellt das Land jährlich im Rahmen des kommunalen Finanz- und Lastenausgleichs den Gemeinden (GV) für ihre Schulbauprojekte umfangreiche Zweckzuweisungen zur Verfügung. [4]

---

1) Zusätzlich zu diesen Mitteln zahlt das Land gemäß § 9 Schulfinanzgesetz den Schulträgern Ergänzungszuschüsse zu laufenden Sachausgaben (Betriebs- und Unterhaltungskosten). Diese Mittel werden von den Regierungspräsidenten im Auftrag des Kultusministers bewirtschaftet, der im Einvernehmen mit dem Innenminister und dem Finanzminister hierzu Bewilligungsrichtlinien erlassen hat. Es handelt sich also ebenfalls um Ermessenszuschüsse des Landes, bei denen ein Rechtsanspruch des einzelnen Schulträgers ausgeschlossen ist. Vgl. ESSER, F., Schulfinanzierung und Schulbau im Lande Nordrhein-Westfalen, a.a.O., S. 229.

2) Schulverwaltungsgesetz vom 3.6.1958, GV.NW., S. 241, zuletzt geändert am 24.6.1969, GV.NW., S. 454.

3) Gesetz über die Finanzierung der öffentlichen Schulen vom 3.6.1958 i.d.F. vom 17.4.1970, GV.NW., S. 288.

4) Finanzausgleichsgesetz 1973, a.a.O., § 18.
Die zweckgebundenen Finanzzuweisungen für das Schulprogramm betrugen in diesem Rechnungsjahr 695 Mio. DM.

Während § 18 des Finanzausgleichsgesetzes lediglich bestimmt, daß die Förderung des kommunalen Schulbaus nur dann zulässig ist, wenn die kommunale Seite mindestens 25 % der Zuschußsumme aus eigenen Mitteln für denselben Zweck aufwendet (§ 18, Abs. 2), werden Einzelheiten der Förderung durch den gemeinsamen Runderlaß des Innenministers und der Finanzminister vom 13. September 1971 geregelt. [1] Demnach müssen die Gemeinden (GV) die Zuweisungen bei den Regierungspräsidenten (bei Gymnasien beim Schulkollegium) beantragen. Als Bewilligungsinstanz fungiert der zuständige Regierungspräsident.

Während sich die Kommunen (GV) als Antragsteller einer nahezu perfektionistischen Richtliniengebung der Staatsverwaltung unterstellen müssen, die ihren eigenen Planungsvorstellungen kaum noch freien Raum läßt, [2] verbleibt der Exekutive als Bewilligungsbehörde infolge zahlreicher unpräziser Formulierungen ein erheblicher Ermessensspielraum. [3] So befähigt Nr. 18 Abs. 1 des Runderlasses

---

1) Gemäß RdErl. des Innenministers und des Finanzministers vom 13.9.1971, SMBl.NW. 6022.

2) Beispielsweise:
Richtlinien für die Planung von Schul- und Hochschulbauten, RdErl. des Ministers für Wohnungsbau und öffentliche Arbeiten vom 23.2.1967, SMBl.NW. 2230.
Richtlinien für den Bau von Volks-, Real- und Höheren Schulen, RdErl. vom 9.12.1954, SMBl.NW. 2033
und spezieller:
Richtlinien für die Innenbeleuchtung mit künstlichem Licht in Schulen, RdErl. vom 20.3.1969, SMBl.NW. 236.
Eine ausführliche Darstellung des Antragsverfahrens bei: GELLEN, M., Die Zweckzuweisungen des Landes Nordrhein-Westfalen an seine Gemeinden, Darstellung, Analyse und staatsrechtliche Untersuchung, (Diss.) Köln 1970; KRANE, W. und W. SAUER, Finanzierungshilfen für Gemeinden und Wirtschaft in Nordrhein-Westfalen (Kommunale Schriften für Nordrhein-Westfalen, 35), Köln 1972, S. 83 ff.

3) Siehe dazu die Argumentation bei LUNGSTRASS, R., Die Problematik des Ermessensspielraums der Exekutive bei der Vergabe von Zweckzuweisungen an die Gemeinden (unveröffentl. Diplom-Arbeit), Köln 1972.

zum Schulbauprogramm [1] den Regierungspräsidenten bzw. das Schulkollegium im Einvernehmen mit dem Regierungspräsidenten die Höhe der Zuweisungen in der Regel in Höhe eines bestimmten Hundertsatzes der zuschußfähigen Gesamtkosten festzusetzen. "Die Gründe für die prozentuale Anteilsfinanzierung brauchen nicht aktenkundig gemacht zu werden." Weitere Freiräume offenbart Abs. 2 derselben Regelung:"Bei der Bemessung der Zuweisungen sind die Finanzkraft des Schulträgers und seine Belastungen durch unabweisbare Aufgaben angemessen zu berücksichtigen."
Die in Nr. 18, Abs. 5 fixierte Höchstgrenze für Zuweisungen auf 50 % der als zuschußfähig anerkannten Baukosten stellt letztlich nur eine Durchschnittsnorm für die Zuweisungssumme des gesamten Regierungsbezirks dar, die folglich für die Entscheidung im Einzelfall als relativ irrelevant angesehen werden kann.

Schließlich räumt Nr. 19, Abs. 1 den Bewilligungsinstanzen "ausnahmsweise und in besonderen Einzelfällen" die Möglichkeit ein, im Rahmen des Schulbauprogramms auch derartige Projekte zu fördern, bei denen die zuschußfähigen Gesamtkosten die Richtsatzkosten um mehr als 10 v. H. überschreiten. [2]

---

1) Gemäß RdErl. des Innenministers und des Finanzministers vom 13.9.1971, a.a.O.

2) Generell bestimmt Nr. 17, Abs. 1 jedoch einen Forderungsvorbehalt. Danach werden in der Regel nur Baumaßnahmen gefördert, bei denen die Gesamtkosten die Richtsatzkosten nicht überschreiten.
Diese Grundregel wird bereits im Abs. 3 derselben Vorschrift erweitert, in dem die Bewilligungsinstanzen ermächtigt werden, auch Projekte, die bis zu 10 v.H. das normierte Kostenlimit überschreiten, zu fördern.

3.7. Kritik der Verteilungstechniken bei Zweckzuweisungen

(1) Zuweisungen nach einem gesetzlich fixierten Schlüssel

Mit der Festsetzung des Verteilungsschlüssels hat die Legislative (Landesparlament) die darüber zu vergebenden Zweckzuweisungen zumindest mittelfristig definitiv den Gemeinden (GV) zugeordnet. Damit entfällt für die Exekutive jegliche Möglichkeit, diese Mittel zur Realisierung landespolitischer Zielvorstellungen in bestimmte Regionen und/oder spezielle Verwendungen zu steuern.

Dementsprechend kann ein derartiges Verfahren nur dann als sinnvoll anerkannt werden, wenn es zur Dotierung von Aufgaben erfolgt, deren Erfüllung in allen Gemeinden (GV) nahezu gleichmäßig erforderlich ist. [1] Insbesondere, wenn zur Deckung laufender Ausgaben bestimmte Pauschalbeträge je Einwohner gezahlt werden, zeigt sich die nahe Verwandtschaft zu den allgemeinen Schlüsselzuweisungen. Unter diesem Aspekt stellt sich dann die Frage, ob diese Kopfbeträge von der Systematik her nicht besser in die allgemeinen Zuweisungen einbezogen werden sollten. Mit dem Wegfall der Zweckbindung für diese Pauschalzuschüsse wäre in den Kommunen (GV) ein echter Anreiz zur sparsamen und wirtschaftlichen Verwaltung gegeben. [2]

Sofern jedoch nach diesen Schlüsselverfahren Investitionszuschüsse verteilt werden, ist dieses Vorgehen mit den gleichen Argumenten zu kritisieren, wie sie bereits an-

---

1) Vgl. HANSMEYER, K.-H., Zweckzuweisungen an Gemeinden als Mittel der Wirtschaftspolitik ?, a.a.O., S. 434.

2) In Nordrhein-Westfalen werden ab 1975 die Zuweisungen zu den Kosten der Auftragsaufgaben in die allgemeinen Finanzzuweisungen einbezogen.
Entwurf eines Gesetzes zur Regelung des Finanz- und Lastenausgleichs mit den Gemeinden und Gemeindeverbänden für das Haushaltsjahr 1975, Landtag Nordrhein-Westfalen, Drucksache 7/4111, § 3.
Vgl. dazu die Vorschläge zur Neugestaltung des Finanzausgleichs des Landkreistags Nordrhein-Westfalen. Schreiben vom 10.3.1973 - 961-10/72 - an die Mitglieder des kommunalpolitischen Ausschusses des Landtages NW, S. 4.

läßlich der Verfahren zur Verteilung von allgemeinen Schlüsselzuweisungen geäußert wurden: Eine Zuweisungstechnik nach festen Schlüsseln führt zu einer breitgestreuten Aufsplitterung der Mittel. Eine wirksame, regionalpolitisch motivierte Beeinflussung der kommunalen Investitionspolitik oder genauer: der Aus- und Aufbau eines zentralörtlichen Versorgungssystems wird jedoch nur dann zu erwarten sein, wenn die Zuweisungen nach Maßgabe eines überörtlich orientierten Investitionsprogramms konzentriert eingesetzt werden. [1)]

(2) Zuweisungen durch die Legislative

Bei dieser Art der Zuteilung bestehen, nachdem die Entscheidung über den Haushalt im Parlament gefallen ist, weder für die Exekutive noch für die Gemeinden (GV) als Empfänger Möglichkeiten, auf die Verteilung bzw. Verwendung der Mittel einzuwirken. Das Parlament hat als oberster Träger der Willensbildung eine Entscheidung getroffen, die den Empfangsort und die Verwendungsart der Zuweisungen "endgültig" regelt. [2)]

Insbesondere, wenn davon ausgegangen werden könnte, daß sich die Legislative bei der Auswahl der über Ad-hoc-Zuweisungen zu finanzierenden Investitionsprojekte an längerfristig ausgelegten Raumordnungsprogrammen bzw. Landesentwicklungsplänen orientierte, wäre damit ein wirksames Verteilungsmodell zur Realisierung überörtlicher Zielsysteme erkennbar. [3)]

---

1) Siehe auch die Kritik bei VOIGTLÄNDER, H., Die raumordnungspolitische Problematik des Finanzausgleichs zwischen Land und Gemeinden (Gemeindeverbände), Diss. Hamburg 1969, S. 192.

2) HANSMEYER, K.-H., Zweckzuweisungen an die Gemeinden als Mittel der Wirtschaftspolitik ?, a.a.O., S. 437.

3) Ebenda.

Dies impliziert gleichzeitig jedoch einen deutlichen Souveränitätsverlust bei den Kommunen, denen es allein belassen bleibt, die vom Landesparlament beschlossenen Investitionsprojekte auszuführen.

Es hat allerdings wenig Sinn, dieses vermeintliche Dilemma zwischen der Effizienz des Mitteleinsatzes und der grundgesetzlich garantierten kommunalen Selbstverwaltungshoheit als beklagenswerten, aber unüberbrückbaren Widerspruch hinzustellen. Vielmehr wird unter gleichrangiger Beachtung des aus Gründen der Effizienz geforderten Koordinationsbedarfs einerseits und der politischen Relevanz und Nützlichkeit des Selbstverwaltungsgedankens andererseits die Lösung in kommunalen Mitwirkungsmöglichkeiten zu suchen sein, die bereits im Vorfeld des parlamentarischen Entscheidungsprozesses anzusiedeln sind. Schon im Stadium der Planung sollten die individuellen Zielsetzungen der Kommunen geäußert und - nach einer Prüfung unter überörtlichen Gesichtspunkten - gegebenenfalls in den Gesamtplan integriert werden können, der dann als Entscheidungshilfe unter anderem zur Verteilung der Ad-hoc-Zuweisungen herangezogen wird.

Sicherlich dürften parlamentarische Entscheidungen, auch wenn sie direkt in den Aktionsraum der Gemeinden (GV) eingreifen, dann nicht in Konflikt mit der Selbstverwaltungsgarantie geraten, wenn mit Hilfe einer institutionalisierten Einflußnahme der kommunalen Gebietskörperschaften das Parlament "zum Notar ihres Willens" [1] gemacht werden könnte.

Über die Organisation eines diese Aspekte berücksichtigenden Willensbildungsprozesses wird später ausführlicher zu diskutieren sein.

---

1) HANSMEYER, K.-H., Zweckzuweisungen an die Gemeinden als Mittel der Wirtschaftspolitik ?, a.a.O., S. 437.

(3) Zweckzuweisungen nach Ermessen der Exekutive

Auch mit der Methode, Zweckzuweisungen auf Antrag der Gemeinden und nach Ermessen der Bewilligungsbehörden zu verteilen, könnten grundsätzlich im gleichen Maße wie bei den Ad-hoc-Zuweisungen die kommunalen Investitionsaktivitäten beeinflußt, könnte hinsichtlich der regionalpolitischen Zielsetzung ebenso wirksam die Rationalität der Mittelverwendung durchgesetzt werden.

Der Erfolg dieses Verteilungsmodells hängt jedoch vom Verhalten sowohl der Antragsteller wie der bewilligenden Exekutivorgane ab.

Von seiten der Gemeinden (GV) müßte vorausgesetzt werden, daß sie die regionalpolitisch gewünschten Investitionsprojekte zunächst einmal nachfragen, d.h. bei der Staatsverwaltung entsprechende Anträge zur Bewilligung einreichen. Ein derartiges Vorgehen kann jedoch nur dann erwartet werden, wenn die Gemeinden über die regionalpolitischen Zielsetzungen des Landes informiert sind, wenn ihnen dadurch klar geworden ist, welche Funktionen sie im zentralörtlichen Versorgungssystem auszufüllen haben und welche Infrastrukturausstattungen hierzu erforderlich sind.

Selbst wenn man nun unterstellen wollte, daß die Gemeinden (GV) ihre landesentwicklungspolitisch gewünschten Rollen im Versorgungssystem erkannt und akzeptiert, mithin auch ihre Nachfragefunktion nach Zweckzuweisungen dementsprechend ausgerichtet hätten, käme nach der derzeitigen Verwaltungspraxis ein weiteres Informationsproblem dazu: Das Antragsverfahren ist bei den einzelnen Zweckzuweisungen mit einer Fülle von Richtlinien und Erlassen verbunden, die sich dem Antragsteller wie ein Dschungel entgegenstellen, der nur unter erheblichem Verwaltungsaufwand, mit jahrelanger Erfahrung, fundierter Ausbildung und Zeitaufwand durchdrungen werden kann. [1] HANSMEYER vermutet, daß die Exekutive bewußt die Informationsdefizite der Gemeinden dazu ausnutzt, um mit dem Mittel der unvollkommenen Information herrschende Machtstrukturen zu konservieren. [2] Jedenfalls wird ohne eine Reform des Antragverfahrens (speziell ohne eine Verbesserung des Informationssystems) ein Verteilungsmodell praktiziert, das in erster Linie den Informationsstand der Kommunalbeamten und -politiker prämiiert ("Windhundverfahren") und damit zu einer Mittelverwendung tendiert, die stärker durch den Zufall als durch ein rationales Investitionsprogramm determiniert ist. [3]

Damit ein regionalpolitisch rationaler Mitteleinsatz gewährleistet werden kann, müßten die Entscheidungen der Bewilligungsbehörden auf objektiven Kriterien beruhen, die aus gesellschaftlich gewünschten Entwicklungszielen bzw. aus operationalen Investitionsprogrammen abzuleiten sind, die diese Ziele konkretisieren.

Die Praxis der Vergabepolitik zeigt jedoch ein anderes Bild: Obwohl Zweckzuweisungen an Gemeinden (GV) "grundsätzlich nur für solche Aufgaben gewährt werden (sollen), an deren Durchführung ein erhebliches Landesinteresse

---

1) Vgl. LUNGSTRASS, R., Die Problematik des Ermessensspielraums der Exekutive bei der Vergabe von Zweckzuweisungen an die Gemeinden, a.a.O., S. 35 f. Seine Untersuchungen zum Informationsverhalten der Gemeinden führten zu dem Ergebnis, daß viele Gemeinden sich weniger durch amtliche Verlautbarungen, sondern primär durch Zusammenstellungen kommunaler Spitzenverbände und inoffizieller Handbücher informieren. Beispielsweise durch: KRANE, W. und H. BLANKENSTEIN, Zweckgebundene staatliche Zuwendungen, in: Der Gemeinderat, Jg. 23 (1969), H. 2 und H. 3; KLEIN, H., Schulbauhandbuch Nordrhein-Westfalen, Kommunale Schriften für Nordrhein-Westfalen, Köln 1970.

2) Vgl. HANSMEYER, K.-H., Zweckzuweisungen an die Gemeinden als Mittel der Wirtschaftspolitik ?, a.a.O., S. 438.

3) Vgl. ebenda.

besteht ..." [1], und obwohl sich die Grundstruktur des Landesinteresses hinsichtlich der Verteilung von Infrastruktureinrichtungen erkennbar seit 1966 aus dem Landesentwicklungsplan I ergibt, wurden noch 1970 etwa 50 Anträge auf Ausnahmegenehmigung zur Errichtung von Hauptschulen außerhalb von Gemeinden mit zentralörtlicher Bedeutung genehmigt. [2]

Eine solche Verfahrensweise schürt den Verdacht, daß in diesen Fällen politischer Opportunismus an die Stelle der ökonomischen Rationalität getreten ist, daß Ermessensentscheidungen vielfach als "Stöhn- und Jammerprämien" verteilt werden, die "diejenigen am meisten erhalten, welche die besten Beziehungen haben und am meisten 'barmen' können" [3].[4]

---

1) Richtlinien für Zuwendungen des Landes Nordrhein-Westfalen an Gemeinden und Gemeindeverbände und für den Nachweis der Verwendung der Mittel nach § 64 a, Abs. 1 RHO vom 8. November 1966, SMBl.NW. 6300, Nr. 4, Abs. 1.

2) Siehe Siebter Bericht der Landesregierung Nordrhein-Westfalen über Stand, Maßnahmen und Aufgaben der Landesplanung, Düsseldorf 1970, S. 25.

3) Vgl. MURALT, W., Der Finanzausgleich in Anhalt, Diss. Erlangen 1932, S. 65.

4) Auf die Möglichkeiten der Kommunen, durch intensive Kontaktpflege mit den Bewilligungsbehörden deren Entscheidungsspielraum zum Teil selbst auszufüllen, d.h. deren Entscheidungen zu ihren Gunsten zu beeinflussen, weist u.a. F.W. SCHARPF hin: Untersuchungen der Haushaltsstrukturen der Städte Konstanz und Singen haben jedenfalls Hinweise darauf erbracht, daß die Kommunen keineswegs unter dem Zwang stehen, ihre Investitionsentscheidungen an der Verfügbarkeit von Zweckzuweisungen des Landes zu orientieren, sondern daß derartige Entscheidungen unter rein kommunalen Gesichtspunkten getroffen werden können im Vertrauen darauf, daß für die ausgewählten Projekte bei guter Information und guten Kontakten zur Landesverwaltung im Ergebnis immer die üblichen Zuschußbeträge zu erhalten sein werden. SCHARPF, F.W., L. MEHRWALD, R. SCHMITGES, G.P.SCHWARZ, Strukturelle Ineffizienz in der Politikverflechtung zwischen Land und Kommunen, Referat zum Wissenschaftlichen Kongreß 1973 der Deutschen Vereinigung für Politische Wissenschaften, Hamburg 1973, Preprint Series of International Institute of Management, I/73-45, S. 11; ebenso FRÖHNER, K., Finanzhilfen für Gemeinden, Stuttgart 1968; GELLEN,H.,Zweckzuweisungen und kommunale Selbstverwaltung, Köln 1971.

Zu dieser Problematik trägt zweifelsfrei auch die Vielzahl von Einzelfonds bei, aus denen die Zweckzuweisungen gespeist werden. Dadurch, daß die Kompetenzen zur Verwaltung der einzelnen "Töpfe" über die verschiedenen Ministerien verteilt sind, daß mehrere Ressorts unzulässigerweise gleichzeitig Zuweisungen für gleiche oder ähnliche Verwendungszwecke zur Verfügung stellen, [1] erscheint es nahezu zwangsläufig, daß die Mittel unkoordiniert "verkleckert" werden und nicht in die Verwendung gelangen, die zur Realisierung der regionalpolitischen Zielsetzung angemessen gewesen wäre.

Hinzu kommt ein weiterer Kritikpunkt: Vielfach wird die Gewährung von Zweckzuweisungen von einer finanziellen Eigenbeteiligung der beantragenden Kommune (GV) abhängig gemacht (vgl. beispielsweise die Regelung der Zuweisung im Rahmen des Schulbauprogramms, § 18 Abs. 2 Finanzausgleichsgesetz NW 1973 [2]). Von der Gemeinde (GV) wird verlangt, daß sie eine "Interessenquote", einen bestimmten Prozentsatz der Projektkosten aus Eigenmitteln aufbringt. Obwohl die Beteiligungsquote durchaus dann ihren Sinn haben kann, wenn dadurch der Umfang der Projekte vermindert wird, die allein deshalb von den Gemeinden (GV) kreiert und geplant wurden, um in den Genuß von Zuschüssen zu gelangen, [3] müssen die Bedenken hinsichtlich dieser Vorschrift doch überwiegen. Es besteht die Gefahr, daß insgesamt das Investitionsinteresse der Gemeinden gebremst wird, [4] daß insbesondere die leistungsschwä-

1) Vgl. VOIGTLÄNDER, H., Die speziellen Finanzzuweisungen im Rahmen des kommunalen Finanzausgleichs als Instrument zur Finanzierung der Gemeinschaftsaufgaben von Land und Gemeinden bzw. Gemeindeverbänden, a.a.O., S.364.

2) Vgl. S.

3) Vgl. EHRLICHER, W. und Mitarbeiter, Kommunaler Finanzausgleich und Raumordnung, a.a.O., S. 61.

4) Vgl. HANSMEYER, K.-H., Zur Theorie der kommunalen Finanzwirtschaft, a.a.O., S. 183.

cheren Gemeinden, deren Entwicklung gerade durch den Ausbau der Infrastruktur gefördert werden sollte, in Ermangelung der geforderten Eigenmittel keine Zuschüsse erhalten. [1)]

3.8. Zusammenfassung der Kritik der Zweckzuweisungen

Geht man davon aus, daß der kommunale Finanzausgleich in Zukunft zielgerechter seine regionalpolitische Funktion ausführen soll, so muß gerade derjenige Charakter der Zweckzuweisungen besonderes Interesse hervorrufen, der insbesondere von engagierten Kommunalpolitikern als ausgesprochen problematisch und beklagenswert herausgestrichen wird: die Möglichkeit der Einflußnahme des Staates auf den kommunalen Aktionsraum, speziell auf deren Investitionsentscheidungen.

Mit der Verfügungsmacht über die umfangreichen zweckgebundenen Zuschüsse besitzt das Land ein Instrument mit der Fähigkeit

> "1. einen Anreiz zu bieten, bestimmte Vorhaben mit Nachdruck zu schaffen,
>
> 2. zur Berücksichtigung überörtlicher Gesichtspunkte und einer Koordination beizutragen,
>
> 3. in der Ausführung des Vorhabens mitsprechen zu können" [2)].

---

1) Siehe auch LEHMANN, E., Die Gemeindefinanzreform aus der Sicht der zentralen Orte, in: Informationen des Instituts für Raumordnung, 18. Jg. (1968), S. 526; VOIGTLÄNDER, H., Die speziellen Finanzzuweisungen im Rahmen des kommunalen Finanzausgleichs als Instrument zur Finanzierung der Gemeinschaftsaufgaben von Land und Gemeinden bzw. Gemeindeverbänden, a.a.O., S. 363.

2) RÖMER, K., Die Aufgaben der Gemeinden und die Möglichkeit ihrer Förderung durch den Staat, in: Die Verwaltungspraxis 1964, S. 194.

Die Analyse der Verteilungsmethoden bei Zweckzuweisungen hat jedoch ergeben, daß diese Einwirkungsmöglichkeiten je nach Zuweisungsart höchst unterschiedlich ausgeprägt sind.

Während bei den "Zuweisungen nach Schlüsseln" der Einfluß des Staates relativ gering ist - es besteht allein die Möglichkeit, jährlich die Gesamtbeträge dieser Zuweisungen im Haushalt zu variieren, ohne jedoch damit gezielt regionale Effekte bewirken zu können -, befähigen sowohl die "Ad-hoc-Zuweisungen" wie die "Ermessenszuweisungen" das Land zu einem direkten Eingriff in den kommunalen Handlungsspielraum.

Allerdings mußten - unter Berücksichtigung der herrschenden Verfahrenspraxis - die Vergabemethoden der beiden zuletzt genannten Zuweisungsarten unterschiedlich beurteilt werden.

Bei den Ad-hoc-Zuweisungen erfolgt die definitive Zuordnung der Finanzzuweisungen im Rahmen des parlamentarischen Willensbildungsprozesses. Geschieht dieses Verfahren auf der Basis eines Landesentwicklungsprogramms bzw. eines integrierten Investitionsprogramms und unter ausreichender Mitwirkung der Gemeinden (GV), so scheint hiermit ein Verteilungsmodell gefunden zu sein, das sowohl der regionalpolitischen Zielvorstellung wie dem Grundgedanken der kommunalen Selbstverwaltung Rechnung tragen kann.

Demgegenüber provoziert das Verteilungssystem nach dem Ermessen der Exekutive bei den Gemeinden wegen seiner ungenügenden Transparenz ein kaum überwindbares Informationsproblem und bei den Bewilligungsbehörden wegen der verzweigten Kompetenzstrukturen ein umfangreiches Koordinationsproblem.

Wollte man versuchen, auch dieses Verteilungskonzept zu einem Instrument rationaler Politik zu machen, müßte die Reform an zwei Stellen ansetzen. Zunächst müßte der Informationsfluß zu den Kommunen (GV) verbessert, müßte generell der Komplex der Vergaberichtlinien überschaubarer gestaltet werden. Zudem wäre es notwendig, die Ermessensentscheidungen der verschiedenen Bewilligungsinstanzen verbindlich mit den operationalisierten regionalpolitischen Zielsetzungen des Landes zu verknüpfen.

Erst unter diesen Voraussetzungen wird es möglich sein, auch die Ermessenszuweisungen koordiniert und gezielt zur Realisierung landespolitischer Ziele einzusetzen und durch Bewilligung und Versorgung von Zuweisungen die Kommunen zu zwingen, "die Auswahl ihrer Aufgaben und Tätigkeitsbereiche und die Standortwahl spezieller kommunaler Einrichtungen nach den zentralörtlichen Landesplanungszielen vorzunehmen" [1].

1) EWRINGMANN, D., Zur Voraussage kommunaler Investitionsbedarfe, a.a.O., S. 51.

IV. Teil: Vorschläge zur Finanzierung eines zentralörtlich strukturierten Infrastruktursystems im Rahmen des kommunalen Finanzausgleichs

1. Die Finanzierung der zentralörtlichen Infrastrukturinvestitionen

1.1. Die Verknüpfung der Finanzierungs- und Koordinationsproblematik

Aufgrund der bisherigen Abschnitte der Untersuchung sind insbesondere zwei Ergebnisse festzuhalten:

(1) Eine versorgungsorientierte Regionalpolitik, die darauf abzielt, ein zentralörtlich gegliedertes Infrastruktursystem auf- bzw. auszubauen, kann nur dann erfolgreich sein, wenn die Planungen und Maßnahmen der bei der geltenden Kompetenzverteilung beteiligten Akteure zwischen den unterschiedlichen staatlichen Ebenen und innerhalb dieser Ebenen zwischen den einzelnen Fachressorts koordiniert werden. Insofern ist Regionalpolitik in erster Linie Koordinierung der verschiedenen raumwirksamen Tätigkeiten auf ein oder mehrere Raumordnungsziele hin. [1]

Der föderative Staatsaufbau der Bundesrepublik und das Ressortprinzip verbieten eine direktive und sub-

---

1) Vgl. ROESLER, K. und W. STÜRMER, Entwicklung alternativer Instrumente zur Verbesserung der Koordinierung der Raumordnungspolitik, Untersuchung im Auftrag der Kommission für Wirtschaftlichen und Sozialen Wandel, vorgelegt von einer Arbeitsgruppe der Prognos AG, Basel (Abteilung Stadtentwicklung und Regionalplanung) - Vorläufige Fassung -, Basel 1974, Abschnitt 1.2.2. TZ (1).

ordinierende Koordinierung [1]; das föderale Prinzip verlangt stattdessen "eine Zentralisation der Entscheidungskomponenten bei Dezentralisation der Entscheidungskompetenzen auf verschiedene Organisationseinheiten" [2].

(2) Die finanzielle Förderung derjenigen Infrastrukturinvestitionen, die von bestimmten Gemeinden (GV) zur Realisierung des zentralörtlichen Versorgungssystems erstellt werden sollen, wird im Rahmen des kommunalen Finanzausgleichs in erster Linie über Zweckzuweisungen erfolgen müssen. Ein im Sinne der regionalpolitischen Zielfunktion rationaler Einsatz dieser Zuweisungen wird nur dann zu erreichen sein, wenn die Vergabe der Mittel auf der Basis eines operationalen (quantifizierten) Landesentwicklungsplans bzw. eines die einzelnen Infrastruktursubsysteme integrierenden Investitionsprogramms erfolgt. Wegen der Bindungswirkung dieser Zuweisungen wird ein Konflikt mit der kommunalen Selbstverwaltungsgarantie nur dann verhindert werden können, wenn die kommunale Ebene an der Konzeption des Investitionsprogramms angemessen beteiligt wird.

---

1) ROESLER, K. und W. STÜRMER, Entwicklung alternativer Instrumente zur Verbesserung der Koordinierung der Raumordnungspolitik, a.a.O., Abschnitt 1.1.2., TZ (4). Vgl. dagegen jedoch die Auffassung von P.G. JANSEN, nach der "keine effiziente Koordination von Infrastrukturinvestitionen" möglich ist, ohne daß "eine Unterordnung der verschiedenen regionalpolitischen Entscheidungsträger in irgendeiner Form notwendiger Bestandteil eines komplexen Steuerungssystems wird". JANSEN, P.G., Infrastrukturinvestitionen als Mittel der Regionalpolitik, Gütersloh 1967, S. 118. Ähnlich argumentiert ZUREK, E., Probleme der Koordinierung des Einsatzes raumwirksamer öffentlicher Mittel in der Regional- und Raumordnungspolitik, in: Strukturwandel und Strukturpolitik, hrsg. von der Forschungsstelle der Forschungsgesellschaft für Agrarpolitik und Agrarsoziologie e.V., Bonn 1973, S. 183 ff.

2) SCHÄFFER, H., Plankoordinierung am Beispiel der Raumordnung, in: Wirtschaftspolitische Blätter, 20, Wien (1973), S. 141.

Als Ansatz zur Lösung sowohl der Koordinations- wie auch der Finanzierungsproblematik wurde bereits auf die Möglichkeit der gemeinsamen Aufgabenwahrnehmung von Land und Gemeinden (GV), d.h. der sogenannten Gemeinschaftsaufgaben in Analogie zu Art. 91 a GG hingewiesen. Diese Möglichkeit muß jedoch für das Land-Gemeinde-Verhältnis näher konkretisiert werden; dazu gilt es zunächst, für eine solche Gemeinschaftsaufgabe den institutionellen Rahmen zu entwerfen, der sowohl dem überörtlichen landesplanerischen Interesse wie auch den verfassungsrechtlich garantierten Freiheitsräumen der Kommunen hinreichend Rechnung trägt, aber gleichzeitig die Entscheidungen der dezentralen Aktoren soweit integriert, daß als Ergebnis der gemeinsamen Beratung und Planung ein zumindest mehrheitlich akzeptiertes, [1] operationales Infrastrukturprogramm erstellt werden kann, das dann für einen bestimmten Planungszeitraum als verbindliche Grundlage für eine zielgerechte, effiziente Mittelzuweisung dient.

Im Rahmen der vorliegenden Arbeit kann der Vorschlag eines Organisationsmodells für die Gemeinschaftsaufgabe zwischen Land und Gemeinden (GV) nur den Charakter eines ersten,groben Entwurfs haben. Diese Einschränkung resultiert aus der Einsicht, daß eine integrierte oder besser: integrierende Planung von Land und Gemeinden mit dem Ziel, den Einsatz raumwirksamer öffentlicher Mittel im Sinne regionalpolitischer und raumordnerischer Vorstellungen zu koordinieren, primär ein politisch-administratives und weniger ein wissenschaftlich-methodisches Problem ist. [2] Die einzelnen

---

1) Zur Problematik des Abstimmungsmodus siehe Näheres auf S. 255 ff.

2) Vgl. ZUREK, E., Probleme der Koordinierung des Einsatzes raumwirksamer öffentlicher Mittel in der Regional- und Raumordnungspolitik, a.a.O., S. 195.

politisch-administrativen Barrieren wie z.B. Ressortpartikularismus und "naiver" Föderalismus sind zwar bereits genannt worden, erfolgversprechende Rezepte zur Überwindung dieser Hemmnisse können im Detail nur - wenn überhaupt - von einer gründlichen politisch-organisationstheoretischen Analyse erwartet werden.

1.2. Der Investitionsplanungsrat als gemeinsames Entscheidungs- und Koordinationsgremium von Land und Gemeinden

Wegen der bestehenden Eigenverantwortlichkeit der staatlichen (föderalen) Ebenen und Ressorts für deren jeweiligen Kompetenzbereich kann eine gemeinsame, koordinierende Planung von Land und Gemeinden, die nicht nur eine Alibifunktion erfüllen, sondern über den ständigen Austausch von Fakten, Meinungen und Urteilen einer politischen Kompromißbildung dienen soll, nur über eine Verwirklichung des Gegenstromprinzips erfolgen. [1]

Allerdings lassen die Erfahrungen mit der bisherigen Planungspraxis erkennen, daß eine allein implizite Verankerung dieses Gegenstromprinzips in den für die Raumordnung maßgebenden Gesetzen nicht ausreicht. [2] Vielmehr muß in Ergänzung zum bestehenden staatlich-kommunalen Führungs- und Kooperationssystem ein Gremium institutionalisiert werden, in dem die an der zentralörtlichen Infra-

1) Vgl. ROESLER, K. und W. STÜRMER, Entwicklung alternativer Instrumente zur Verbesserung der Koordinierung der Raumordnungspolitik, a.a.O., Abschn. 2.2.2.6, Tz. 1; WEGENER, G., Prinzipien des Raumordnungsrechts und Organisationsfragen, in: Stadtbauwelt 41, 65. Jg. (1974), S. 52 ff.

2) Vgl. ROESLER, K. und W. STÜRMER, Entwicklung alternativer Instrumente zur Verbesserung der Koordinierung der Raumordnungspolitik, a.a.O., Abschn. 2.2.2.6, Tz. 2.

strukturplanung beteiligten politischen Ebenen und Ressorts gleichberechtigt vertreten sind. [1] Als Voraussetzung für eine effiziente, integrierte Planung des zentralörtlichen Infrastruktursystems als Gemeinschaftsaufgabe von Land und Gemeinden (GV) erscheint deshalb die Institutionalisierung eines gemeinsamen "Investitionsplanungsrates" notwendig.

1.2.1. Funktionen und Kompetenzen des Investitionsplanungsrates

Als gemeinsames Gremium von Land und Gemeinden (GV) hat sich der Investitionsplanungsrat mit allen Phasen der Planungsprozedur des zentralörtlichen Infrastruktursystems zu befassen.

Dementsprechend müßte er die Kompetenz haben, folgende Funktionen auszuüben:

1. Konkretisierung der Zielinhalte - Quantifizierung des Landesentwicklungsprogramms
2. Steuerung der Mittel - Koordinierung der Durchführung
3. Plankontrolle und gegebenenfalls Planrevision.

1) Vgl. ROESLER, K. und W. STÜRMER, Entwicklung alternativer Instrumente zur Verbesserung der Koordinierung der Raumordnungspolitik, a.a.O.

1.2.1.1. Die Konkretisierung der Zielinhalte (Programmplanung)

Als erstes stellt sich für den Investitionsplanungsrat die Aufgabe, das als Gesetz verabschiedete Landesentwicklungsprogramm für einen bestimmten Planungszeitraum zu quantifizieren. Erst wenn die Planung des zentralörtlichen Versorgungssystems in räumlicher, sachlicher und zeitlicher Hinsicht konkretisiert ist, besteht die Möglichkeit, die raumwirksamen Maßnahmen der verschiedenen Aktoren (Land, Gemeinden) zu koordinieren. Dies gilt sowohl für die Koordination zwischen den politischen Ebenen wie auch für die interne horizontale Koordination zwischen den beteiligten Ressorts.

Die räumliche Konkretisierung des Landesentwicklungsprogramms erfolgt mit der Festlegung der einzelnen zentralen Orte. Die Einstufung der einzelnen Gemeinden in die zentralörtliche Hierarchie resultiert zunächst aus einer Analyse der bestehenden "gewachsenen" Zentralitätsstruktur. Hierzu könnten folgende Kriterien herangezogen werden: Dienstleistungszentralität, Arbeitszentralität, Ausstattung mit zentralen Einrichtungen (insbesondere des öffentlichen Sektors), Tragfähigkeit des zentralen Ortes und seines Verflechtungsbereiches. [1)]

Diese Bestandsaufnahme ist durch planerische Überlegungen zu ergänzen. Es ist zu prüfen, ob das ermittelte Netz von zentralen Orten dicht genug ist, um für das gesamte Landesgebiet zentralörtliche Einrichtungen zumindest in zumutbarer Weg-/Zeitentfernung gewährleisten zu können. Gegebenenfalls sind Lücken im Versorgungsnetz durch die Planung neuer Zentren zu beseitigen.

---

1) Vgl. hierzu die unterschiedlichen Methoden zur Zentralitätsbestimmung in den einzelnen Bundesländern, S. 94 ff.

In sachlicher Hinsicht sind die besonderen Aufgaben festzulegen, die die einzelnen zentralen Orte im Rahmen des Versorgungssystems zu erfüllen haben. Der unterschiedlichen Aufgabenstellung entsprechend können danach für die einzelnen Funktionsstufen differenzierte Kataloge von Infrastruktureinrichtungen entwickelt werden, die zur Wahrnehmung der besonderen Versorgungsaufgaben in den zentralen Orten vorhanden sein müssen bzw. im Planungszeitraum dort erstellt werden sollen.

Stellt man diesen Infrastrukturplanzielen die bereits vorhandene Infrastruktur in den zentralen Orten gegenüber, so wird der Umfang an Infrastrukturinvestitionen sichtbar, der zur Realisierung des zentralörtlichen Versorgungssystems im Planungszeitraum zu tätigen ist (Infrastrukturdefizit).

Im Sinne einer realitätsnahen Planung erscheint es bereits in dieser Phase notwendig, Kosten- und Finanzierungsüberlegungen in die Programmplanung einzubeziehen.[1] Hierzu ist das für den Planungszeitraum projektierte Investitionsprogramm kostenmäßig zu bewerten und den für den gleichen Zeitraum zur Verfügung stehenden finanziellen Ressourcen gegenüberzustellen. Zeigen sich dabei Deckungslücken, müssen entsprechende Plankorrekturen vorgenommen werden, sind die einzelnen Infrastrukturplanziele auf ein finanziell machbares Maß zu reduzieren.

Diese Plankorrektur, d.h. die Auswahl der im Planungszeitraum zu realisierenden Investitionsprojekte geschieht auf der Grundlage einer Prioritätsskala, in der die einzelnen Projekte nach ihrer (vermeintlichen) "Dringlichkeit" gestaffelt sind.

---

1) Vgl. ROESLER, K. und W. STÜRMER, Entwicklung alternativer Instrumente zur Verbesserung der Koordinierung der Raumordnungspolitik, a.a.O., Abschn. 2.2.2.4., Tz. (1).

Die Ermittlung der Prioritätenskala und damit letztlich die Konstruktion von Mindestausstattungskatalogen zentraler Orte ist ein Problem der Zielfindung [1] und kann nur politisch-normativ durch einen politisch legitimierten Entscheidungsträger - in diesem Fall: der Investitionsplanungsrat - erfolgen.

Die Wissenschaft kann sich jedoch bemühen, diese Entscheidungsprozesse durch sachliche, intersubjektiv überprüfbare Argumentationshilfen weitgehend zu rationalisieren. So wird beispielsweise versucht, mittels der Kosten-Nutzen-Analyse eine Rangskala verschiedener Investitionsprojekte aufzustellen, indem zunächst ihre Kosten und Nutzen auf einen bestimmten Zeitpunkt diskontiert und schließlich die den Nettonutzen darstellenden Salden miteinander verglichen werden. In der Praxis sind allerdings dieser Methode infolge der schwierigen Bewertungs- und Quantifizierungsprobleme enge Grenzen gesetzt. [2] [3]

Weitere Entscheidungshilfen für die Planung des Infrastruktursystems bieten sogenannte Querschnittsvergleiche und daraus abgeleitete Kennziffern [4], Modellberechnungen mit objektiven Bedarfsdeterminanten (z.B. Bevölke-

---

1) Vgl. BRÖSSE, U., Regionalpolitik, a.a.O., S. 145, ebenso: LAUSCHMANN, E., Grundlagen einer Theorie der Regionalpolitik, a.a.O., S. 303.

2) Vgl. BRÖSSE, U., Regionalpolitik, a.a.O., S. 147.

3) Zur Problematik der Kosten-Nutzen-Analyse siehe beispielsweise: HANSMEYER, K.-H. und B. RÜRUP, Staatswirtschaftliche Planungsinstrumente, Tübingen 1973; STOLBER, W.B., Nutzen-Kosten-Analyse in der Staatswirtschaft, Göttingen 1968.

4) Siehe FREY, R.L., Zur Problematik von Querschnittsvergleichen als Grundlage für die Infrastrukturplanung, in: Theorie und Praxis der Infrastrukturpolitik, a.a.O., S. 177 ff.

rungszahl und -struktur [1] sowie Untersuchungen über funktionelle Erfordernisse bestimmter zentraler Investitionseinrichtungen (u.a. optimale Funktionsgrößen) [2].

Nachdem der Planungsrat über Umfang und Zusammensetzung des zentralörtlichen Investitionsprogramms entschieden hat, muß schließlich noch die zeitliche Abfolge beschlossen werden, in der das Programm während des gesamten Planungszeitraums realisiert werden soll. Auch hierzu werden kaum objektiv überprüfbare Entscheidungskriterien gefunden werden können. Denkbar wäre es jedoch, daß unter Hinweis auf die soziale Funktion des zentralörtlichen Versorgungskonzeptes ("relativ gleiche Versorgung für die gesamte Bevölkerung") eine zeitliche Strukturierung des Programms nach Maßgabe der Förderungsbedürftigkeit gefunden werden könnte. Danach wären Infrastrukturinvestitionen zuerst in denjenigen zentralen Orten durchzuführen, deren Infrastrukturdefizite den größten Versorgungsmangel widerspiegeln würden.

In diesem Zusammenhang wäre die Frage zu klären, ob eine derart konkretisierende Programmerstellung durch den Investitionsplanungsrat geschlossen für das gesamte Landesgebiet durchzuführen ist oder ob es nicht ratsamer ist, wegen der Fülle der zu verarbeitenden Informationen und schließlich wegen der Menge der möglichen Konflikte bei der politischen Prioritätensetzung, Investitionsprogramme zunächst für einzelne regionale Planungsräume (z.B. Regierungsbezirke) zu erarbeiten.

---

1) Siehe KEUN, F., Die optimale Infrastrukturausstattung einer Region unter Berücksichtigung dynamischer Aspekte - dargestellt am Beispiel sozialer Infrastruktureinrichtungen zentraler Orte in ländlichen Räumen, Göttingen 1973.

2) Siehe Bundesminister für Städtebau und Wohnungswesen (Hrsg.), Funktionelle Erfordernisse zentraler Einrichtungen als Bestimmungsgröße von Siedlungs- und Stadteinheiten in Abhängigkeit von Größenordnung und Zuordnung, Schriftenreihe "Städtebauliche Forschung" 03.003, Bonn - Bad Godesberg 1972.

Wahrscheinlich könnten durch eine organisatorische, regionale Unterteilung des Programmierungsprozesses die spezialisierten Informationen und praktischen Erfahrungen insbesondere der beteiligten Kommunen besser eingebracht und berücksichtigt, möglicherweise die notwendigen Entscheidungs- und Bargaining-Prozesse übersichtlicher gestaltet und Kompromisse schneller gefunden werden.

Andererseits tritt dann jedoch die Notwendigkeit auf, daß die einzelnen regionalen Investitionsprogramme gewissermaßen im Plenum des Investitionsplanungsrats untereinander koordiniert werden müssen.

1.2.1.2. Die Steuerung der Mittel aus dem Investitionsfonds

Mit der Quantifizierung des Landesentwicklungsprogramms und der Prioritätensetzung ist die erste Funktion des Investitionsplanungsrats vorläufig erfüllt. "Vorläufig" nur deshalb, weil die einzelnen Planungsschritte, die von dem Investitionsplanungsrat durchzuführen sind (Zielentwicklung, Durchführung, Plankontrolle), nicht als separate, zeitlich hintereinanderfallende Planungsabschnitte begriffen werden, sondern im Sinne eines iterativen Prozesses als Arbeitsphasen, die ineinandergreifen und sich gegenseitig beeinflussen.

Auf der Basis des räumlich, sachlich und zeitlich abgestimmten Investitionsprogramms hat der Investitionsplanungsrat im weiteren die Aufgabe, die in einer Art Investitionsfonds gesammelten Finanzmittel, die zum Ausbau des zentralörtlichen Infrastruktursystems bestimmt sind, in die programmierte Verwendung zu steuern. Damit übernimmt der Investitionsplanungsrat oder anders: das von ihm verabschiedete Investitionsprogramm die Funktion, die bisher von den dezentralen staatlichen Bewilligungsbehörden (Regierungspräsident, Fachressorts) bei der Vergabe von Zweckzuweisungen ausgeübt wird.

Auch die in diesem Fall aus dem Investitionsfonds zugewiesenen Mittel unterliegen einer strengen Zweckbindung, indem sie nur zur Errichtung bestimmter zentralörtlicher Infrastruktureinrichtungen verwendet werden dürfen. Im Gegensatz zur geschilderten Praxis des "goldenen Zügels" (Zuweisungen nach Ermessen) wird dies jedoch kaum als unzumutbare Einschränkung der kommunalen Autonomie empfunden werden können, da ja die kommunalen Gebietskörperschaften am Zielfindungsprozeß zum Infrastrukturprogramm entscheidend beteiligt waren.

1.2.1.3. Plankontrolle und Planrevision

Die dritte Aufgabe des Investitionsplanungsrates besteht darin, während des gesamten Planungszeitraums die Realisierung des gesteckten Zielsystems zu überwachen.

Um die Realitätsnähe der Planung im Zeitablauf zu wahren, wird es notwendig sein, sowohl die Entwicklung der ökonomischen Rahmenbedingungen (Entwicklung der disponiblen finanziellen Ressourcen, konjunkturelle Entwicklung u.a.) wie auch die raumbedeutsamen demografischen Tendenzen zu beobachten, um gegebenenfalls wesentliche, von den der Planung zugrunde liegenden Prognosen abweichende Bewegungen unverzüglich zu erkennen.

Werden derartige Tendenzen festgestellt, müssen - sofern diese Entwicklungen weder vom Land noch von den Gemeinden korrigiert werden können oder sollen - entsprechende Planrevisionen vorgenommen werden. Die Auswertung der bei der

Durchführung und Erfolgskontrolle gewonnenen Erfahrungen wirkt damit zurück auf die ursprüngliche Zielsetzung und läßt eine Art "Kreiskausalität" des Planungsprozesses erkennen, die mithin verhindert, "daß Planung zur Erstarrung führt" [1].

Diese Notwendigkeit, eventuellen Änderungen der ökonomischen bzw. demografischen Rahmenbedingungen adäquat begegnen zu können, verlangt einige Bemerkungen zum Problem der Flexibilität des Zielsystems.

Mit der räumlichen Fixierung des zentralörtlichen Systems sollte ein langfristig prägender Rahmen für eine wirksame Koordination der einzelnen funktionalen Infrastruktursubsysteme geschaffen werden. [2] Damit erhebt die zentralörtliche Planung für sich den Anspruch, sich nicht im Sinne einer "adaptiven Planung" [3] respektive eines "auffangplanerisch stabilisierten muddling-through" auf eine "Short-range"-Perspektive und auf das "unmittelbare Vorfeld des Status quo" zu beschränken, [4] sondern statt dessen mit der planvollen Gestaltung der gesamträumlichen Siedlungsstruktur einen Beitrag zur zielorientierten langfristigen Gesellschaftsplanung leisten zu wollen.

Dieser Anspruch, insbesondere wenn er nur über umfangreiche Infrastrukturvorhaben zu realisieren ist, erfordert eine langfristige Fixierung des räumlichen Gesamtsystems. Dies wird vor allen Dingen dann notwendig sein,

---

1) Projektgruppe für Regierungs- und Verwaltungsreform beim Bundesminister des Innern, Erster Bericht zur Reform der Struktur von Bundesregierung und Bundesverwaltung, Bonn 1969, S. 235 ff.

2) Vgl. BEUCHEL, M., Möglichkeiten und Grenzen der räumlichen Trennung zentraler Einrichtungen gleicher Stufe, a.a.O., S. 122.

3) Vgl. FRIEDMAN, J., Regional Development in Post-Industrial Society, in: Journal of American Institute of Planners XXX (May 1964).

4) Vgl. KLAGES, H., Planungspolitik. Probleme und Perspektiven der umfassenden Zukunftsgestaltung, Stuttgart u.a. 1971, S. 99.

wenn zur Entwicklung bisher unterversorgter Räume neue Versorgungszentren auszubauen sind, die erst nach einer relativ langen Ausbau- und Anlaufphase ihre Versorgungsfunktionen erfüllen und damit diejenige Anziehungskraft erlangen können, die notwendig ist, um ein weiteres Fortschreiten der sozialen Erosion dieser Gebiete zu verhindern.

Eine unbeschränkte Flexibilität des Gesamtsystems würde die Möglichkeit ausschließen, das zentralörtliche System als räumliches Muster zur Koordination funktionaler Elemente (Infrastruktursubsysteme) im Sinne übergeordneter Ziele einzusetzen. [1] Es bestünde statt dessen die Gefahr, die verfügbaren Ressourcen in "Zentralitätsruinen" zu verkleckern und dann letztlich die Funktionsfähigkeit des Gesamtsystems zu verhindern.

Die langfristige Fixierung der räumlichen Struktur des zentralörtlichen Systems schließt jedoch eine Flexibilität in sachlicher und zeitlicher Hinsicht nicht aus. Beispielsweise können signifikante Änderungen in der Bevölkerungsentwicklung des Gesamtraums bzw. von Teilräumen des Investitionsplanungsrats zu quantitativen Korrekturen der Infrastrukturplanziele veranlassen. Konjunkturelle Entwicklungen können weiterhin den Anlaß geben, innerhalb des Planungszeitraums den Vollzug des Investitionsprogramms zeitlich zu strecken bzw. zur Stimulierung der Konjunktur zu forcieren. [2]

---

1) Vgl. BEUCHEL, M., Möglichkeiten und Grenzen der räumlichen Trennung zentraler Einrichtungen gleicher Stufe, a.a.O., S. 123.

2) In diesem Zusammenhang müßte noch untersucht werden, ob die Institutionalisierung eines derart kompetenten Investitionsplanungsrates die Durchsetzbarkeit einer den Normen des Stabilitätsgesetzes adäquaten Konjunkturpolitik erleichtert oder erschwert.

1.2.2. Zusammensetzung des Investitionsplanungsrates

Der Investitionsplanungsrat muß sich als gemeinsames Gremium zur Planung des zentralörtlichen Infrastruktursystems aus Vertretern der Landesregierung und der kommunalen Gebietskörperschaften zusammensetzen.

Wegen der Komplexität des Planungsproblems, der politischen Bedeutung und Bindungswirkung des zu erstellenden Investitionsprogramms und letztlich wegen der Notwendigkeit zur Kompromißbildung sind bei der Konstituierung des Investitionsplanungsrates folgende Kriterien zu berücksichtigen:

1. Die Mitglieder müssen für ihre Funktion von ihren Stellen ausreichend politisch legitimiert sein. Sie müssen die von der Planung "Betroffenen" angemessen repräsentieren.
2. Die Zahl der Mitglieder im Investitionsplanungsrat darf nicht zu groß sein.
3. Es muß bei den Mitgliedern der nötige Sachverstand vertreten sein. [1]

Von seiten des Landes sind Vertreter derjenigen Stellen in den Investitionsplanungsrat zu delegieren, die auch bislang an den Entscheidungen über die landesplanerischen Zielsetzungen beteiligt bzw. für die Konzeptionierung der einzelnen Infrastruktursubsysteme kompetent waren (Staatskanzlei und die Ressorts mit ihren Fachplanungen).

Wegen der trotz kommunaler Neugliederung noch existierenden großen Zahl von kommunalen Gebietskörperschaften scheidet eine direkte Beteiligung sämtlicher Gemeinden aus.

---

1) Vgl. ROESLER, K. und W. STÜRMER, Entwicklung alternativer Instrumente zur Verbesserung der Koordinierung der Raumordnungspolitik, a.a.O., Abschn. 2.2.2.7, TZ (2).

Denkbar wären statt dessen repräsentative Vertretungen der Kommunen etwa nach dem Modell der Bezirksplanungsräte, die ab 1976 bei den Regierungspräsidenten eingerichtet werden, um dort als Nachfolger der drei Landesplanungsgemeinschaften über die Regionalplanung zu entscheiden und zu beschließen. [1] Analog dem in § 5 des Entwurfs festgelegten Verfahren könnten kommunale Delegierte, die wegen ihrer Legitimation durch allgemeine Wahlen prädestiniert sind, örtliche Interessen zu vertreten, entsprechend den kommunalpolitischen Mehrheitsverhältnissen in den Investitionsplanungsrat gewählt werden. [2] Um die Voraussetzungen für eine die Ländergrenzen überschreitende Raumordnungspolitik zu verbessern, sollten zusätzlich auch Vertreter der benachbarten Bundesländer an den Beratungen des Investitionsplanungsrates teilnehmen.

Besondere Bedeutung muß der Qualifikation der delegierten Ratsmitglieder zugemessen werden. Geht man von der aufgezeigten besonderen Aufgabenstellung des Rates aus, wird ein Funktionieren der gemeinsamen Planungsarbeit nur dann erwartet werden können, wenn über die gute fachliche Qualifikation hinaus die Mitglieder des Planungsrates folgende Eigenschaften aufweisen: [3] [4]

---

1) Vgl. Entwurf eines Gesetzes zur Änderung des Landesplanungsgesetzes (vom 11.6.1974), Landtag Nordrhein-Westfalen, Drucksache 7/3928, S. 23 f. (am 12. März 1975 als Gesetz verabschiedet).

2) Vgl. Entwurf eines Gesetzes zur Änderung des Landesplanungsgesetzes vom 11.6.1974, a.a.O., S. 23.

3) Projektgruppe für Regierungs- und Verwaltungsreform beim Bundesminister des Innern, Dritter Bericht zur Reform der Struktur von Bundesregierung und Bundesverwaltung, Bonn 1972, Teil II, S. 62 ff.

4) Vgl. auch hierzu die Anforderungen R. JUNGKs in seinem Beitrag: Gesucht: ein neuer Mensch. Skizze zu einem Modell des Planers, in: Der Griff nach der Zukunft, Planen und Freiheit, I. Bd. der Reihe Modelle für eine neue Welt, hrsg. von R. JUNGK und und H.M. MUNDT, München 1964, S. 505 ff.

(1) ein Planungs- und Problemverständnis, das über den begrenzten Rahmen "ihres" Ressorts hinausgeht und eine ressortegoistische einseitige Problemsicht verhindert

(2) Kooperations- und Kommunikationsbereitschaft

(3) Lernbereitschaft und Lernfähigkeit.

Ein solchermaßen "erweiterter" Sachverstand eines "Politikplaners" wird bei dem herrschenden Bildungs- und Ausbildungssystem zunächst noch ein Wunschtraum bleiben müssen und somit als Kriterium für die Funktionsfähigkeit des Investitionsplanungsrates den Rang eines Engpaßfaktors einnehmen.[1] Prinzipiell sind jedoch diese Fähigkeiten lehr- und lernbar, und es erscheint zur Steigerung der politischen Problemlösungskapazität unabdingbar, zunächst ein Ausbildungs- bzw. Fortbildungsangebot für die zukünftigen Planer zu schaffen, das geeignet ist, diesen Engpaß zu überwinden.[2]

1.2.3. Die politisch-administrative Problematik des Investitionsplanungsrates

Es wurde bereits festgestellt, daß eine rationale Planung des zentralörtlichen Infrastruktursystems in einem föderalen Staatswesen mit dezentralen Entscheidungskompetenzen nur dann optimal funktionieren kann, wenn die einzelnen Entscheidungskomponenten der zuständigen Akteure aus den verschiedenen Organisationseinheiten

---

1) Vgl. HANSMEYER, K.-H., Ziele und Träger regionaler Wirtschaftspolitik, a.a.O., S. 55; vgl. ebenso: ROESLER, K. und W. STÜRMER, Entwicklung alternativer Instrumente zur Verbesserung der Koordinierung der Raumordnungspolitik, a.a.O., Abschn. 2.2.2.7, TZ (3).

2) Vgl. ROESLER, K. und W. STÜRMER, a.a.O.

in arbeitsfähigen Koordinationsgremien zentralisiert werden. Dementsprechend sind kaum grundlegende sachliche Argumente gegen die Institutionalisierung eines Investitionsplanungsrates zu erwarten.

Trotz dieser offensichtlichen Notwendigkeit eines gemeinsamen Planungsgremiums von Land und Gemeinden können jedoch die politisch-administrativen Restriktionen nicht übersehen werden, die die Realisationschancen eines derartigen Gremiums zumindest in kurzfristiger Sicht relativ gering erscheinen lassen:

(1) Da Politiker in demokratischen Staatswesen in der Regel darauf hinarbeiten, nach Ablauf der Legislaturperiode wiedergewählt zu werden, erscheint es ihnen opportun, kurzfristige Ziele aufzustellen und anzustreben, langfristige Zielvorstellungen dagegen auf die hinteren Plätze der personalen Präferenzskala zu verdrängen.[1] Das Bestreben, mit der erfolgreichen Realisierung kurzfristiger Ziele innerhalb der Wahlperiode die Wählerstimmen zu maximieren, blockiert die Entwicklung langfristiger konsistenter, sektoral und räumlich koordinierter Zielhierarchien.[2]

(2) Mit der Institutionalisierung eines Investitionsplanungsrates würde die schon bislang über den sogenannten "Goldenen Zügel" praktizierte Einflußnahme des Landes auf die kommunale Investitionspolitik "legalisiert". Der Umstand, daß die Kommunen bisher diese indirekte Form der Steuerung ihrer Investitionstätigkeit und der Beeinträchtigung der Selbstverwaltungsautonomie "auch praeter

---

1) Siehe ZUREK, E., Probleme der Koordinierung des Einsatzes raumwirksamer öffentlicher Mittel in der Regional- und Raumordnungspolitik, a.a.O., S. 196; vgl. ebenso FREY, B., Eine politische Theorie des wirtschaftlichen Wachstums, in: KYKLOS, Bd. 21 (1968), S. 70 ff.

2) Vgl. ZUREK, E., Probleme der Koordinierung des Einsatzes raumwirksamer öffentlicher Mittel in der Regional- und Raumordnungspolitik, a.a.O., S. 196.

und teilweise sogar contra legem politisch respektiert" [1] und geduldet haben, kann nicht als Indiz dafür gewertet werden, daß die Kommunen nun auch eine Kodifizierung dieses Tatbestandes hinnehmen würden.

Auch die Erfahrungen aus dem Verhältnis zwischen Bund und Ländern lassen dagegen eher vermuten, daß sich die nachgeordneten Gebietskörperschaften zwar mit einer faktischen, aber nicht-normierten Beschränkung ihres autonomen Handlungsspielraums im Einnahmenbereich abfinden, eine Kodifizierung der Einflußnahme auf die Verwendung der Mittel jedoch ablehnen. [2]

Über diese primär politischen Hemmnisse hinaus hängt die Machbarkeit des Investitionsplanungsrates weiterhin von der Lösung folgender Probleme ab:

(1) Eine effiziente, auf zentrale Orte ausgerichtete Infrastrukturplanung verlangt notwendigerweise den "Übergang von einer sequentiell-sektoralen zur simultan-integrierenden Problemverarbeitung" [3]. Der dadurch induzierte Bedarf an Methoden und Instrumenten zur Problemlösung wird jedoch angesichts des aktuellen Standes der regionalwissenschaftlichen Theorie, insbesondere der unzureichenden Kenntnis über wichtige regionale Zusammenhänge infolge lückenhafter statistischer Informationen erst nach umfangreichen Untersuchungen befriedigt werden können. [4]

(2) Als gemeinsames Planungsgremium von Land und Gemeinden, das nach dem Prinzip des Gegenstromverfahrens konzipiert wurde, kann der Investitionsplanungsrat nur dann

---

1) EWRINGMANN, D., Zur Voraussage kommunaler Investitionsbedarfe, a.a.O., S. 52.

2) Vgl. OBERHAUSER, A., Die konjunkturpolitische Koordinierung der öffentlichen Finanzwirtschaften und ihre finanz- und haushaltsrechtlichen Voraussetzungen, in: Schriften des Vereins für Socialpolitik, N.F., Bd.52, Berlin 1969, S. 130.

3) WAHL, R., Politische Planung in der differenzierten Gesellschaft, in: Gesellschaftliche Planung, hrsg. von B. SCHÄFERS, Stuttgart 1973, S. 143.

4) auf S. 255.

effektiv handeln, wenn Abstimmungsregeln vereinbart werden, die auch im Konfliktfall, beispielsweise bei divergierenden Interessen zwischen dem Land und einer bzw. mehreren Gemeinde(n), respektive bei Interessenkonflikten zwischen den einzelnen Kommunen eine Entscheidungsfindung zulassen.
Eine "partielle Subordinierung" [1] wurde bereits ausgeschlossen. Sie würde die kommunale Beteiligung im Planungsprozeß zu einer Scheinpartizipation degradieren. Andererseits muß ebenso auf das Vetorecht einzelner Gemeinden, d.h. auf eine Anwendung der Einstimmigkeitsregel [2] verzichtet werden, da andernfalls damit aller Voraussicht nach die Beschlußfähigkeit des Gremiums in den meisten Fällen verhindert würde.

Es sind also in kompetitiven Situationen Entscheidungskompromisse nach der "Regel der Befriedigung der Majorität" [3] herbeizuführen. Die Notwendigkeit der Kompromißbildung zwingt die beteiligten Akteure zu Verhandlungen (collective bargaining). In diesen Bargaining-Prozessen können die Akteure nun unterschiedliche Strategien verfolgen, um ihre Interessen gegenüber anderen konkurrierenden Ansprüchen durchzusetzen. Beispielsweise können sie versuchen, mit anderen Akteuren langfristige Exchange-Verbindungen [4] (Koalitionen)

Fortsetzung von S. 254
4) Vgl. MARX, D., Voraussetzungen und Bedingungen einer wachstumsgerechten Landesentwicklung, a.a.O., S. 29.

1) Vgl. SCHNEIDER, H.K., Plankoordinierung in der Regionalpolitik, a.a.O., S. 249.

2) Vgl. GÄFGEN, G., Theorie der wirtschaftlichen Entscheidung, Untersuchungen zur Logik und ökonomischen Bedeutung des rationalen Handelns, 2. Aufl., Tübingen 1968, S. 421 ff.

3) Ebenda, S. 427 ff.

4) Vgl. allgemein zu den politischen Exchange-Prozessen FÜRST, D., Kommunale Entscheidungsprozesse, als Habilitationsschrift der Wirtschafts- und Sozialwissenschaftlichen Fakultät der Universität zu Köln vorlegt (unveröffentl. Manuskript), Köln 1974, S. 239 ff.

aufzubauen, oder man geht nur temporäre "Log-Rolling"-Beziehungen [1] ein, um einem anderen Aktor zur Durchsetzung seiner Ansprüche die Stimmen zu leihen, damit dieser sich bei anderer Gelegenheit durch entsprechende Machtleihe revanchiert.

Obwohl dieser Prozeß der Abstimmung divergierender Interessen sehr zeitaufwendig sein wird, sind seine Vorteile dennoch relativ hoch einzuschätzen. Konflikte, die sonst erst in der Durchführungsphase auftauchen, werden bereits im Stadium der Zielformulierung identifiziert und können von den Beteiligten möglicherweise auf dem Wege des langfristigen Interessenausgleichs ausgetragen werden.

Über Streitfragen, die durch Verhandlungen nicht geklärt werden können, muß letztlich im Gremium nach der Mehrheitsregel entschieden werden. Zu diesem Wahlverfahren sind die Modalitäten festzulegen.

Es muß z.B. geklärt werden:

- wie die Stimmengewichte innerhalb der und zwischen den beteiligten politischen Ebenen verteilt sein sollen,
- welche "Mehrheiten" zur Beschlußfassung erforderlich sind,
- ob Sperrminoritäten zugelassen werden und
- wie im Falle der Stimmengleichheit zu verfahren ist.

---

1) Zur Politik des Stimmentausches ("log-rolling") vgl. BUCHANAN, J.M. and G. TULLOCK, The Calculus of Consent. Logical Foundations of Constitutional Democracy, 2. Ed., Ann Arbor 1967, S. 134 ff.

Trotz der aufgezeigten Schwierigkeiten, deren Lösung im Rahmen dieser Arbeit im einzelnen nicht weiter diskutiert werden kann, sollte das Modell eines gemeinsamen Planungsgremiums von Land und Gemeinden (GV) zur Erstellung eines integrierten, koordinierenden Investitionsprogramms weiter verfolgt werden. Angesichts der sachlichen Argumente für die Institutionalisierung eines Investitionsplanungsrates entspräche es einem auf kurze Frist und Sicht abgestellten Pragmatismus, wollte man diesen Ansatz pauschal als utopistisch und nicht praktikabel klassifizieren und ihn damit einer weiterführenden Diskussion entziehen. Dies gilt um so mehr, als die meisten Probleme - zumindest in mittelfristiger Sicht - lösbar erscheinen, wenn neben weiteren Forschungsanstrengungen insbesondere bei den beteiligten Akteuren Lernprozesse initiiert werden, die allmählich auf die Ablösung des partikularistischen Ressortdenkens und kommunaler Egoismen durch die Einsicht in die Notwendigkeit einer gemeinsamen Problemlösung und Planung hinwirken.

2. Die Finanzierung der laufenden Kosten zentralörtlicher Einrichtungen

2.1. Der laufende zentralörtliche Finanzbedarf als Folge einer defizitären Preispolitik

Den Gemeinden mit zentralörtlicher Bedeutung entstehen mit der Wahrnehmung ihrer besonderen Versorgungsfunktionen durch die laufende Unterhaltung der zentralen Einrichtungen finanzielle Belastungen, die jedoch nur insoweit einer speziellen Ausgleichsregelung bedürfen, als diese Kosten nicht durch Preise, Gebühren oder Beiträge gedeckt sind.

Vom Landkreistag Nordrhein-Westfalen wird in diesem Zusammenhang gefordert, daß der "Ausgleich der laufenden Belastungen von Einrichtungen mit zentralörtlicher Funktion in bestimmten Gemeinden im wesentlichen eine Frage kostendeckender Preise ist, die nicht über den Finanzausgleich und damit lediglich durch eine Risikoverlagerung auf eine größere Anzahl von Gemeinden (GV) gelöst werden kann" [1].

Da es sich bei den öffentlichen zentralörtlichen Leistungen hauptsächlich um merit goods [2] handelt, kann

---

1) Schreiben des Landkreistages Nordrhein-Westfalen an die Mitglieder des Kommunalpolitischen Ausschusses und des Haushalts- und Finanzausschusses des Landtages Nordrhein-Westfalen vom 10. März 1972, Az.: 961-10/72 (Betr.: Vorschläge zur Neugestaltung des Finanzausgleichs).

2) Zum Begriff und zur Problematik der merit goods siehe MUSGRAVE, R.A., The Theory of Public Finance, a.a.O., S. 13 ff.; HEAD, J.G., On Merit Goods, in: Finanzarchiv, N.F., Bd. 25, 1966, S. 1 ff.

diese Forderung jedoch nur zum Teil erfüllt werden: die Höhe der Preise, die von den privaten Nutzern zu tragen sind, wird in der Regel weniger von den Kosten als von sozial-, bildungs- und kultur- sowie von verkehrspolitischen Zielsetzungen bestimmt. [1)]

Gegenwärtig wird bei den einzelnen zentralörtlichen Leistungen die Preispolitik folgendermaßen praktiziert: [2)]

- Die Bildungs- und Fortbildungseinrichtungen werden den Nutzern weitgehend unentgeltlich zur Verfügung gestellt. Soweit z.B. bei Volkshochschulen Gebühren erhoben werden, können dadurch die laufenden Kosten dieser Einrichtung nur zum geringen Teil gedeckt werden.
- Ebenso wird im allgemeinen bei Sportplatzanlagen zur Förderung des Breitensportes davon abgesehen, die privaten Nutzer dieser Anlagen finanziell an den Kosten zu beteiligen.
- Dagegen tragen gegenwärtig die privaten Nutzer von Hallenbädern durch die Zahlung von Gebühren zu 50 %, die von Freibädern zu ca. 20 % zur Deckung der laufenden Kosten bei.
- Bei kulturellen Einrichtungen, wie Theater, Museen u.ä. dokumentieren deren eklatante Defizite, daß die dort angewandte Preispolitik überwiegend durch bildungs- und kulturpolitische Zielsetzungen determiniert wird.
- Die laufenden Aufwendungen für Krankenhäuser werden im wesentlichen durch Entgelte der Patienten abgedeckt. So bestimmt das Krankenhausfinanzierungsgesetz

1) Zur Frage der Preisgestaltung bei meritorischen Gütern vgl. HANSMEYER, K.-H. und D. FÜRST, Die Gebühren. Zur Theorie eines Instrumentariums der Nachfragelenkung bei öffentlichen Leistungen (Schriftenreihe des Vereins für Kommunalwissenschaften, Bd. 18), Stuttgart u.a. 1968.

2) Vgl. zum folgenden die Ausführungen von HANSMEYER, K.-H. und D. FÜRST, Die Ausstattung mit zentralörtlichen Einrichtungen ausgewählter zentraler Orte in Rheinland-Pfalz, a.a.O., S. 146 ff.

(KHG) des Bundes, daß die laufenden Unterhaltungskosten durch kostengerechte Pflegesätze abzudecken sind. [1]

- Die Finanzierung der laufenden Kosten von öffentlichen Nahverkehrseinrichtungen, durch deren Unterhaltung die zentralen Güter und Dienste für viele Umlandbewohner erst erreichbar werden, erfolgt nur zum Teil über Gebühren der Benutzer.

Es kann an dieser Stelle nicht näher untersucht werden, inwieweit eine derart praktizierte Gebührenpolitik, die in den Gemeinden zunehmend Finanzdefizite produziert, bei den einzelnen zentralörtlichen Einrichtungen derzeit noch sinnvoll ist. Zumindest die sozialpolitischen Argumente sind jedoch kritisch zu beurteilen: "In einer 'affluent society' werden sozialpolitische Elemente in Gebührentarifen ... zunehmend anachronistisch; die wirklichen 'sozialen Fälle' sind dann häufig billiger über direkte Transfers zu erreichen." [2]

Insgesamt ist jedoch deutlich geworden, daß über die finanziellen Beiträge der Benutzer zentralörtlicher Einrichtungen eine Deckung der laufenden Kosten nicht erreicht wird, mithin den zentralen Orten durch die Wahrnehmung ihrer besonderen Versorgungsfunktionen besondere finanzielle Belastungen verbleiben, die durch besondere Finanzausgleichsmaßnahmen zu dotieren sind.

---

1) Vgl. Bundesgesetz zur wirtschaftlichen Sicherung der Krankenhäuser und zur Regelung der Krankenhauspflegesätze (KHG) vom 29.6.1972, BGBl. I, S. 1009.

2) HANSMEYER, K.-H. und D. FÜRST, Die Ausstattung mit zentralörtlichen Einrichtungen ausgewählter zentraler Orte in Rheinland-Pfalz, a.a.O., S. 147.

2.2. Die Berücksichtigung des zentralörtlichen Finanzbedarfs bei der Zuteilung von Schlüsselzuweisungen

Die kritische Untersuchung der Verteilungstechniken bei allgemeinen Finanzzuweisungen hat ergeben, daß weder über die Konstruktion eines nach Gemeindegrößenklassen gestaffelten Hauptansatzes noch durch den Einbau sogenannter Zentralitätsansätze der durch die laufende Leistungserstellung induzierte zentralörtliche Mehrbedarf pauschal abgedeckt werden kann.

Gegen die Verwendung eines Gemeindegrößenansatzes zur Abgeltung zentralörtlicher Funktionen spricht in erster Linie die Tatsache, daß die Ortsgröße allein kaum als schlüssiger Indikator für die Zentralität einer Gemeinde anzusehen ist. Darüber hinaus - und dieses Argument gilt zugleich auch gegen besondere Raumordnungs- oder Zentralitätsansätze - berücksichtigt eine Differenzierung der Finanzzuweisungen nach dem Grad der Zentralität einer Gemeinde nicht den Tatbestand, daß die zentralen Orte infolge der derzeit bestehenden Unterschiede in der Ausstattung mit zentralörtlicher Infrastruktur auch nur in entsprechend unterschiedlichem Maße in der Lage sind, zentralörtliche Funktionen wahrzunehmen. Entsprechend differieren selbst innerhalb der gleichen Zentralitätsstufe die abzugeltenden laufenden Finanzbedarfe.

Läßt man nun bei der Verteilung der Schlüsselzuweisungen die zentralörtlichen Mehrbedarfe zunächst außer acht, kann vom dann verbleibenden Bedarf her die progressive Staffelung des Hauptansatzes - wie sie gegenwärtig in den Finanzausgleichsgesetzen der meisten Ländern zu finden ist - nicht mehr gerechtfertigt werden. Da andererseits die Existenz von "Ballungskosten" in größeren Gemeinden (als Reflex einer suboptimalen Faktorverteilung) nicht zu leugnen ist, erscheint die abrupte radikale Streichung des Veredelungsmodus derzeit weder politisch durchsetzbar noch wegen zu erwartender Friktionen im damit möglicherweise induzierten Entballungsprozeß ökonomisch sinnvoll. Aus rein pragmatischen, deckungspolitischen Gründen wird es demnach notwendig sein, eine wenn auch stark reduzierte Hauptansatzspanne im Verteilungssystem der Schlüsselzuweisungen beizubehalten.

Ein solchermaßen reduzierter (nahezu nivellierter) Hauptansatz kan im Rahmen des Aufgabenbereichs des kommunalen Finanzausgleichs nur der fiskalischen und der redistributiven Funktion Rechnung tragen, die darauf abzielen, die finanziellen Ressourcen der Gemeinden (GV) zur Deckung des Grundbedarfs insgesamt anzuheben und interkommunal anzugleichen; zum Ausgleich der besonderen laufenden Aufwendungen der zentralen Orte (funktionaler Finanzausgleich) reicht er jedoch nicht aus.

Die Kritik der derzeit praktizierten Raumordnungsansätze hat deutlich erkennen lassen, daß es nicht zweckmäßig ist, Finanzmittel zur Deckung des laufenden zentralörtlichen Bedarfs pauschal nach dem Kriterium der Zentralität in die relevanten Gemeinden zu lenken. Sinnvoller erscheinen dagegen Regelungen, die finanzielle Transfers direkt an die Wahrnehmung einzelner (oder Gruppen) zentralörtlicher Funktionen knüpfen.

Im Zusammenhang mit der zentralörtlichen Aufgabenstellung im Bereich des Schulwesens ist das bereits in Form des sogenannten Schüleransatzes im Finanzausgleichsgesetz des Landes Nordrhein-Westfalen geschehen. Die kritische Analyse dieses Bedarfsansatzes hat gezeigt, daß damit eine praktikable Lösung gefunden wurde, um die laufenden Belastungen der kommunalen Schulträger auszugleichen. Auch unter einem quantitativen Aspekt gewinnt der Ausgleich der Schulkosten eine besondere Bedeutung: Über den Schüleransatz wird eine zentralörtliche Funktion erfaßt, deren laufende Kosten im Landesdurchschnitt "mehr als die Hälfte derjenigen Kosten ausmachen, die den Gemeinden (GV) mit zentralörtlichen Aufgaben entstehen" [1].

Aufgrund der positiven Erfahrungen mit diesem "partiellen" Zentralitätsansatz wäre es durchaus angebracht, dieses Verfahren über entsprechende Ergänzungen auch zur Dotierung weiterer zentralörtlicher Funktionen anzuwenden. Ansatzweise geschieht dies in praxi bereits dadurch, daß ein Teil der laufenden Kosten von Sporteinrichtungen (Sportplätze , Schwimmbäder) wegen der starken Inanspruchnahme durch Schulen dem kommunalen Schuletat angelastet und somit schon gegenwärtig über den Schüleransatz abgedeckt wird.

Zum Ausgleich der laufenden Kosten für zentrale Kultureinrichtungen könnte weiterhin nach dem Konstruktionsmuster des Schüleransatzes ein "Kulturansatz" in Erwägung gezogen werden. Als Maßstab für die besonderen finanziellen Belastungen dienen in diesem Fall die Besucher der einzelnen kulturellen Einrichtungen. [2] Diese Zahlen müßten - analog zum Schüleransatz - durch unterschiedliche Gewichte modifiziert werden, deren Relation den unterschiedlichen Zuschußbedarfen entspricht.

---

1) Entwurf eines Gesetzes zur Regelung des Finanz- und Lastenausgleichs mit den Gemeinden und Gemeindeverbänden für das Rechnungsjahr 1970 (Finanzausgleichsgesetz 1970 - FAG 1970), a.a.O., S. 23.
Das wird ebenfalls aus der Entschließung der MKRO über die Berücksichtigung raumordnerischer Gesichtspunkte beim kommunalen Finanzausgleich deutlich, in der der Schulsektor als beispielhafte zentralörtliche Funktion herausgestellt wird. Vgl. Entschließung der Ministerkonferenz für Raumordnung über die Berücksichtigung raumordnerischer Gesichtspunkte beim kommunalen Finanzausgleich, in: Raumordnungsbericht 1970 der Bundesregierung vom 4. November 1970, Bundestagsdrucksache VI/1340, S. 145.

2) Alternativ könnten als Maßstab sowohl die effektiven wie auch die potentiellen Besucherzahlen (z.B. Theaterplätze) herangezogen werden. Die Entscheidung darüber ist allerdings mit kulturpolitischen Konsequenzen verbunden. Eine Verwendung der effektiven Besucherzahlen würde einerseits für die Kommunen sicherlich einen Anreiz bedeuten, durch Werbung und publikumswirksame

Fortsetzung auf S. 264

Die Daten zur Ermittlung des (landes-)durchschnittlichen Zuschußbedarfs pro Besucher bzw. pro Besucherplatz sind bereits in verschiedenen Statistiken gesammelt. [1]

Insgesamt muß einschränkend zu diesen Bedarfsansätzen vermerkt werden, daß ihre Ausgleichsfunktion zugunsten der zentralen Orte nur dann zum Tragen kommen kann, wenn diese Gemeinden Schlüsselzuweisungen erhalten. Die Einschränkung trifft nur diejenigen Gemeinden, deren finanzielle Leistungsfähigkeit - sichtbar in dem Verhältnis von Bedarfs- und Steuerkraftmeßzahl - so groß ist, daß die funktionalen, zentralörtlich motivierten von den redistributiven Ausgleichsargumenten überlagert und in den Hintergrund gedrängt werden.

Während durch die funktionalen Bedarfsansätze im Verteilungssystem der Schlüsselzuweisungen eine "Beteiligung" der an den zentralörtlichen Leistungen partizipierenden Umlandgemeinden insofern gegeben ist, als Mittel aus der allen Gemeinden gemeinsam zustehenden Schlüsselmasse zugunsten der zentralen Orte umgeschichtet werden, sind ergänzend oder alternativ für bestimmte zentralörtliche Funktionen Ausgleichszahlungen möglich, die direkt (horizontal) zwischen den nutznießenden Gemeinden des Versorgungsbereichs und dem die zentralen Leistungen produzierenden zentralen Orten ausgehandelt werden.

Fortsetzung von S. 263

2) Programmgestaltung eine hohe Auslastung ihrer kulturellen Kapazitäten zu erzielen. Andererseits bestünde damit zugleich die Gefahr, daß die Gemeinden kaum noch geneigt sein würden, kulturpolitisch wünschbare, avantgardistische Kulturexperimente zu fördern, deren Publikumswirksamkeit zumindest ungewiß ist.

1) Z.B. Statistisches Jahrbuch Deutscher Gemeinden, hrsg. vom Deutschen Städtetag, 60. Jg. (1973), S. 124 ff.

2.3. Möglichkeiten interkommunaler Finanzausgleichsvereinbarungen zur Finanzierung des zentralörtlichen Finanzbedarfs

Unter interkommunalen Finanzausgleichsmaßnahmen werden Regelungen verstanden, die direkt zwischen dem zentralen Ort und den von seinen Versorgungsleistungen profitierenden Umlandgemeinden vereinbart werden, um die ökonomischen Vor- und Nachteile ("spillovers") abzugelten. [1)]

Die besondere Problematik der interkommunalen Vereinbarungen liegt darin, daß einerseits auch in einem hierarchisch gegliederten System von zentralen Orten die einzelnen Gemeinden juristisch und politisch gleichrangig bleiben, die zentralen Orte also a priori keine juristischen Anspruchsgrundlagen besitzen, um von den (gleichberechtigten) Gemeinden ihres Versorgungsbereichs für zentralörtliche Versorgungsleistungen entsprechende Finanzbeiträge zu fordern, und andererseits die nutznießenden Gemeinden zunächst kein großes Interesse daran haben, derartige Finanzierungsbeiträge zu leisten. [2)]

Interkommunale Finanzausgleichsvereinbarungen zwischen dem zentralen Ort und den Gemeinden des Versorgungsbereichs können demnach nur dann zustande kommen, wenn alle Beteiligten nach Abwägen ihrer Vor- und Nachteile zu einem derartigen Vertrag freiwillig bereit sind. Dies setzt wiederum voraus, daß die Nutzen-"Spillovers" der zentralen Orte bzw. die externen Ersparnisse der

---

1) Vgl. HANSMEYER, K.-H. und D. FÜRST, Die Ausstattung mit zentralörtlichen Einrichtungen ausgewählter zentraler Orte in Rheinland-Pfalz, a.a.O., S. 137 ff. Vgl. dazu die weiter gefaßten Definitionen von: ALBERS, W., Möglichkeiten und Grenzen eines interkommunalen Finanzausgleichs, a.a.O., S. 63; HANSMEYER, K.-H., Interkommunaler Finanzausgleich, a.a.O., S. 262.

2) Vgl. FREY, R.L., Infrastruktur. Grundlagen der Planung öffentlicher Investitionen , a.a.O., S. 100.

Umlandgemeinden als quantifizierbare und zurechenbare Leistungen vorliegen, so daß Cost-benefit-Vergleiche angestellt werden können. [1] Erst "wenn ein Äquivalenzdenken möglich ist", kann die "ökonomische Funktionsbedingung" für interkommunale Finanzausgleichszahlungen als erfüllt gelten; [2] erst dann wird bei den an diesen Leistungen partizipierenden Gemeinden die Bereitschaft erweckt werden können, sich an dem zentralörtlichen "Leistungsausgleich" [3] zu beteiligen.

Diese Bereitschaft wird sich wahrscheinlich in dem Maße erhöhen, wie der zentrale Ort in der Lage ist, Umlandgemeinden, die Ausgleichszahlungen ablehnen, von der Nutzung der zentralörtlichen Leistungen auszuschließen oder zumindest deren "Free-rider"-Position zu erschweren. [4]

Geht man von den skizzierten Funktionsbedingungen interkommunaler Finanzausgleichsmaßnahmen aus, so scheinen insbesondere die Leistungen im Bereich des öffentlichen Personennahverkehrs, mit dem die zentralen Orte das Umland an die zentralen Einrichtungen anbinden, hinreichend "äquivalenzfähig" zu sein, um zum Gegenstand derartiger Abmachungen werden zu können.

---

1) Vgl. HANSMEYER, K.-H., Interkommunaler Finanzausgleich, a.a.O., S. 273.

2) Ebenda.

3) HANSMEYER sieht im Rahmen des interkommunalen Finanzausgleichs neben diesem Ausgleichsverfahren auf der Basis des Äquivalenzprinzips noch die Möglichkeit zu einem politisch motivierten, redistributiv zugunsten einkommensschwacher Gemeinden wirkenden "Transferausgleich". Die Kombination beider Verfahren erscheint jedoch bedenklich, da wegen möglicher Kompensationseffekte mit einem gewissen "Leerlauf des interkommunalen Finanzausgleichs" gerechnet werden muß. Siehe HANSMEYER, K.-H., Interkommunaler Finanzausgleich, a.a.O., S. 275 ff.

4) Über die Möglichkeit der Anwendung des "exclusion-principle" bei öffentlichen Gütern vgl. RECKTENWALD, H.C., Effizienz und Innere Sicherheit, in: Finanzpolitik, hrsg. von H.C. RECKTENWALD, Köln, Berlin 1969, S. 212 ff.

Hierfür sprechen folgende Gründe:

(1) Die Kosten des öffentlichen Personennahverkehrs können relativ genau kalkuliert und den jeweiligen Nutzern zugerechnet werden.

(2) Den um den zentralen Orten gruppierten Gemeinden ist es unmittelbar einsichtig, daß sie bzw. ihre Bewohner von den Nahverkehrseinrichtungen Nutzen ziehen und sich deshalb an dem Einnahmendefizit dieser Einrichtungen zu beteiligen haben.

(3) Der zentrale Ort kann zumindest damit drohen, die Linien zu denjenigen Gemeinden, die keinen Finanzbeitrag leisten wollen, stillzulegen.

Wie die horizontalen Finanzausgleichsregelungen im einzelnen technisch auszugestalten sind, ob etwa Beiträge[1)] erhoben, Verlustausgleichssysteme, Umlageformen etc. zur Anwendung kommen, hängt ebenso wie die Frage der politischen Mitbestimmung der an der Finanzierung beteiligten Kommunen von der Wahl der Organisationsform für die interkommunale Zusammenarbeit ab. Dazu stehen

---

1) Einen unkonventionellen Vorschlag unterbreitet in diesem Zusammenhang P. BOHLEY: Zum intraregionalen Ausgleich der Kosten des öffentlichen Personennahverkehrs sollen alle Bewohner der Verkehrsregion kostendeckende Beiträge leisten. Faktisch läuft dieser Vorschlag darauf hinaus, daß alle Bewohner generell zur Lösung einer Netzkarte verpflichtet werden. Trotz der äquivalenztheoretischen Logik dieses Finanzierungsmodells, nach der auch die Nichtbenutzer öffentlicher Transportmittel aus der Straßenentlastungs- und Zulieferfunktion eines leistungsfähigen Nahverkehrssystems Vorteile ziehen, erscheint es zweifelhaft, ob damit eine zusätzliche Zwangsabgabe politisch durchsetzbar ist.
Vgl. BOHLEY, P., Der Nulltarif im Nahverkehr, in: Kyklos, Bd. 26 (1973), S. 113 ff.

den Gemeinden alle im Gesetz über kommunale Gemeinschaftsarbeit in Nordrhein-Westfalen (GKG) [1] von der kommunalen Arbeitsgemeinschaft bis hin zum Zweckverband niedergelegten Rechtsformen [2] ebenso zur Verfügung wie privatrechtliche Organisationsformen (KG, GmbH, AG etc.).

---

1) Gesetz über kommunale Gemeinschaftsarbeit (GKG) NW vom 26.4.1961 i.d.F. vom 16.7.1969, SGV.NW. 202.

2) LOEBELL, F.W. v., Das Gesetz über kommunale Gemeinschaftsarbeit NW - Textausgabe mit einer Einführung - Kommunale Schriften für Nordrhein-Westfalen, Nr. 7, Köln 1961; ROTHE, K.H., Das Recht der interkommunalen Zusammenarbeit in der Bundesrepublik Deutschland, Göttingen 1965.

ANHANG: Die quantitative Struktur der Finanzzuweisungen in den Bundesländern

Baden-Württemberg

Nach dem Finanzausgleichsgesetz 1973 [1] wird die Finanzausgleichsmasse in eine Finanzausgleichsmasse A (81,3 %) und eine Finanzausgleichsmasse B (18,7 %) aufgeteilt.

Aus der Finanzausgleichsmasse A werden vorweg entnommen:

(1) ein Sachkostenbeitrag für Schüler öffentlicher Schulen bzw. Kinder in Schulkindergärten, die in der Trägerschaft einer Gemeinde (GV) liegen,

(2) der Anteil der Gemeinden (GV) an dem nicht gedeckten Aufwand der Landesdatenzentrale und

(3) 50 % des Landesanteils am Aufwand nach dem Gesetz zur wirtschaftlichen Sicherung der Krankenhäuser und zur Regelung der Krankenhauspflegesätze vom 29. Juni 1972 (KHG).

Der Rest der Finanzausgleichsmasse A wird als Schlüsselzuweisungen auf die Gemeinden (GV) und Landeswohlfahrtsverbände (5,5 %) verteilt.

Aus der Finanzausgleichsmasse B fließen vorab 80 Mio. DM als Bedarfszuweisungen an bestimmte Gemeinden (GV). Der Rest wird zur Förderung der Investitionen der Gemeinden (GV) nach Maßgabe des Staatshaushaltsplanes zweckgebunden vergeben.

---

1) Neufassung des Gesetzes über den kommunalen Finanzausgleich vom 6.11.1973, Ges.Bl., S. 406.

Erträge aus dem KfzSt-Sonderverbund sind für laufende und einmalige Zuschüsse zum kommunalen Straßenbau zweckgebunden.

Bayern

Gemäß Neufassung des Finanzausgleichsgesetzes vom 14. August 1973 [1]) werden die Mittel aus dem Steuerverbund wie folgt verteilt:

(1) 69,8 % (702,5 Mio. DM) als Schlüsselzuweisungen an Gemeinden (GV),

(2) 13,4 % (135 Mio. DM) als Schlüsselzuweisungen für Gemeindezusammenschlüsse,

(3) 16,4 % (165,2 Mio. DM) als Zweckzuweisungen (Verstärkungsbetrag für Zuwendungen für Investitionen gemäß Art. 10 Finanzausgleichsgesetz) und

(4) 0,4 % (4,2 Mio. DM) für einen Sonderfonds zum Ausgleich von Härten aus der Finanzreform.

Die Mittel aus dem Sonderverbund "Grunderwerbsteuer" fließen ohne Zweckbindung den Gemeinden (GV) zu.

Die Mittel aus dem KfzSt-Sonderverbund dienen den kommunalen Straßenbau (Bau, Ausbau und Unterhaltung von Kreis- und Gemeindestraßen u.ä.).

---

1) Neufassung des Finanzausgleichsgesetzes vom 14. August 1973, GVBl., S. 497.

Hessen

Nach dem Finanzausgleichsgesetz vom 2. Januar 1973 [1]) wird die allgemeine Steuerverbundmasse wie folgt aufgeteilt:

(1) 20,7 % (255,2 Mio. DM) als Vorwegentnahmen für laufende Zweckzuweisungen und Sonderlastenausgleiche,

(2) 23,7 % (292,7 Mio. DM) als vorweggenommene Zweckzuweisungen für einzelne Investitionshilfen,

(3) 48,8 % (601,9 Mio. DM) als Schlüsselzuweisungen an Gemeinden (GV) und

(4) 6,8 % (82,0 Mio. DM) als Zuweisung an den Landeswohlfahrtsverband Hessen.

Von der Vermögensteuerverbundmasse werden verteilt:

(1) 56 % (149,3 Mio. DM) für Zweckzuweisungen als allgemeine Investitionshilfen,

(2) 40 % (107,0 Mio. DM) für Leistungen nach dem Krankenhausfinanzierungsgesetz und

(3) 4 % (11,3 Mio. DM) als Investitionshilfen zur Verbesserung der Verkehrsverhältnisse.

Von dem KfzSt-Verbund fließen 94 % (109,1 Mio. DM) als Investitionszuweisungen zur Verbesserung der Verkehrsverhältnisse und 6 % (7,1 Mio. DM) zur laufenden Unterhaltung von Straßen.

Die dem Land zustehenden Erträge aus der Grunderwerbsteuer fließen als allgemeine Deckungsmittel den Gemeinden (GV) nach Maßgabe des örtlichen Aufkommens zu.

---

1) Neufassung des Finanzausgleichsgesetzes vom 2. Januar 1973, GV.Bl., S. 1.

Niedersachsen

Nach dem Gesetz über den Finanzausgleich in der Fassung vom 10. September 1973 [1] wird die Ausgleichsmasse folgendermaßen aufgeteilt:

Der 20 % der Steuerverbundmasse übersteigende Betrag (1973 = 0,5 %, 1974 = 0,75 %) wird den Zuschüssen für Aufgaben des übertragenen Wirkungskreises zugeschlagen (§ 2, S. 1).

Weiterhin werden vorab von der verbleibenden Schlüsselmasse 25 Mio. DM für Bedarfszuweisungen bereitgestellt (§ 2, S. 2).

Vom Rest werden

(1) 66 % als Schlüsselzuweisungen "zur Ergänzung und zum Ausgleich der Steuer- und Umlagekraft der Gemeinden und Landkreise",

(2) 7 % für Schlüsselzuweisungen nach der Straßenlänge,

(3) 18 % für Zuschüsse für Aufgaben des übertragenen Wirkungskreises und

(4) 9 % für Straßenbauzuschüsse zur Förderung des Neu-, Um- und Ausbaus kommunaler Straßen

an die Gemeinden (GV) überwiesen.

---

1) Gesetz über den Finanzausgleich (FAG) in der Fassung vom 10. September 1973, GV.Bl. Nr. 34/1973, S. 310 f.

Rheinland-Pfalz

Auf der Basis der Neufassung des Finanzausgleichsgesetzes vom 6. Juli 1972 und des Nachtragshaushaltsgesetzes 1973 vom 11. April 1973 [1] wird die Finanzausgleichsmasse folgendermaßen verteilt:

(1) 53,5 % allgemeine Finanzzuweisungen (419,095 Mio. DM), davon
- 40 % Schlüsselzuweisungen an die Gemeinden
- 7 % Bedarfszuweisungen
- 2,5 % Zuweisungen zu den Verwaltungskosten der Ausgleichsämter
- 4 % Zuweisungen aus dem Investitionsstock

(2) 46,5 % spezielle Finanzzuweisungen (365,155 Mio. DM), davon
- 7 % für Kreisstraßen und Ortsdurchfahrten
- 20 % für Schulbau und Sporteinrichtungen an Schulen
- 1,3 % für kommunale Sportanlagen
- 3,5 % für kommunale Krankenhäuser
- 8,2 % für Wasserversorgung, Abwasserbeseitigung
- 6,5 % für Umbau und Ausbau kommunaler Straßen.

Die Zuweisungen zu den Verwaltungskosten bzw. aus dem Investitionsstock werden nur in der Haushaltssystematik des Landes Rheinland-Pfalz zu den allgemeinen Finanzzuweisungen gerechnet. De facto sind sie zweckgebunden und müßten deshalb den speziellen Finanzzuweisungen zugeordnet werden.

---

1) Landesgesetz über den Finanzausgleich in Rheinland-Pfalz (Finanzausgleichsgesetz - FAG -) vom 6. Juli 1972, GV.Bl., S. 243; Nachtragshaushaltsgesetz 1973 vom 11. April 1973, GV.Bl., S. 85.

Saarland

Nach dem Dritten Gesetz zur Änderung des Gesetzes Nr. 922 "Kommunalfinanzausgleichsgesetz - KFAG" vom 27. Mai 1970 [1] wird die Verbundmasse wie folgt verteilt:

(1) 10 % werden vorab für den Investitionsstock entnommen (§ 18 KFAG) (Zweckzuweisungen)

(2) 90 % werden als allgemeine Zuweisungen auf Gemeinden (GV) verteilt; hiervon fließen

- 85 % als Schlüsselzuweisungen an Gemeinden (70 %) und Kreise (15 %) und
- 15 % als Bedarfszuweisungen in den Ausgleichsstock (§ 19).

Etwa 30 % des Ausgleichsstocks werden als Gemeindeanteil für die Krankenhausfinanzierung verwandt. Während aus dem Ausgleichsstock ca. 55 % des kommunalen Pflichtanteils zur Krankenhausfinanzierung erbracht werden, werden die restlichen 45 % durch das Aufkommen aus der Finanzausgleichsumlage gedeckt. Der Rest der Finanzausgleichsumlage (1973: ca. 82 %) fließt der Schlüsselmasse der Gemeinden zu.

---

1) Drittes Gesetz zur Änderung des Gesetzes Nr. 922 "Kommunalfinanzausgleichsgesetz - KFAG" vom 27. Mai 1970 vom 21. Dezember 1972, Amstblatt 1973, S. 43, in Verbindung mit dem Gesetz Nr. 922 "Kommunalfinanzausgleichsgesetz - KFAG" vom 27. Mai 1970 (Amstblatt S. 765) und des Zweiten Änderungsgesetzes Nr. 956 vom 21. Dezember 1972.

Schleswig-Holstein

Nach dem Art. II des Gesetzes über die Feststellung des Haushaltsplans für das Haushaltsjahr 1973 vom 25. Mai 1973 [1] und dem Gesetz über den Finanzausgleich in Schleswig-Holstein vom 25. März 1970 [2] wird die Finanzausgleichsmasse wie folgt aufgeteilt:

(1) 15,3 % (77,5 Mio. DM) als Vorwegbeträge in Form von Zweck- bzw. Bedarfszuweisungen an die Gemeinden (GV). Die größten Anteile entfallen auf

- Zuweisungen aus dem Bedarfs- und Sonderbedarfsfonds nach §§ 20 und 21 FAG (10 Mio. DM)
- Zuweisungen an den Kommunalen Investitionsfonds nach § 23 FAG (35 Mio. DM)

(2) 73,2 % (369,6 Mio. DM) entfallen auf

- Schlüsselzuweisungen an die Gemeinden (GV) (299,9 Mio. DM)
- Schlüsselzuweisungen für übergemeindliche (zentralörtliche) Aufgaben (69,7 Mio. DM)

(3) 11,5 % Zweckzuweisungen zu den Straßenbaulasten der Gemeinden (GV) (58,2 Mio. DM).

Die Mittel aus dem KfzSt-Sonderverbund (60 % des Aufkommens) fließen zweckgebunden den Gemeinden nach Maßgabe des örtlichen Aufkommens zu.

---

1) Gesetz über die Feststellung des Haushaltsplanes für das Haushaltsjahr 1973 vom 25.5.1973, GVOBl., S.205.

2) Gesetz über den Finanzausgleich in Schleswig-Holstein vom 25. März 1970, GVOBl., S. 50.

Literaturverzeichnis

1. Bücher und Aufsätze

Aderhold, D.: Kybernetische Regierungstechnik in der Demokratie - Planung und Erfolgskontrolle -, Deutsches Handbuch der Politik, Bd. 7, München-Wien 1973

Akademie für Raumforschung und Landesplanung (Hrsg.): Daten zur Raumplanung, Hannover 1969

Albers, W.: Aufgabe und Stellung der Gemeinden im Finanzsystem der gesamten öffentlichen Hand, in: Finanzarchiv, N.F. Bd. 19, 1958/59, S. 399 ff.

-: Finanzausgleich (III) Deutschland, in: Handwörterbuch der Sozialwissenschaften, Stuttgart, Tübingen, Göttingen 1961, Bd. 3, S. 523 ff.

-: Die Aufgaben- und Einnahmenverteilung auf die öffentlichen Gebietskörperschaften und die gemeindliche Selbstverwaltung, in: Archiv für Kommunalwissenschaften, 1 (1962), S. 65 ff.

-: Möglichkeiten und Grenzen eines interkommunalen Finanzausgleichs, in: Kommunale Finanzreform, Schriftenreihe der Forschungsstelle der Friedrich-Ebert-Stiftung, Hannover 1962, S. 63 ff.

-: Finanzzuweisungen und Standortverteilung, in: Kommunale Finanzen und Finanzausgleich, hrsg. von Herbert Timm und Horst Jecht (Schriften des Vereins für Socialpolitik, N.F. Bd. 32), Berlin 1964, S. 253 ff.

Albert, H.: Probleme der Theoriebildung, in: H. Albert (Hrsg.), Theorie und Realität, Tübingen 1964, S. 3 ff.

-: Traktat über kritische Vernunft, Tübingen 1968

Altevogt, R.: Zur Berücksichtigung regionalpolitischer Forderungen bei der Gestaltung des kommunalen Einnahmesystems, Diss. Münster 1971

Bahlburg, M.: Zur Regionalpolitik des "mittleren Weges", in: Raumforschung und Raumordnung, 3o. Jg. (1972), H. 3

Becker, E.: Die gemeindeverfassungsrechtliche Entwicklung im Bundesgebiet, Godesberg 1953

-: Der Finanzausgleich, der Verwaltungsverbund und die Selbstverwaltungsgarantie, in: Kommunale Finanzen, Vorträge und Diskussionsbeiträge des 27. Staatswissenschaftlichen Fortbildungskurses der Hochschule für Verwaltungswissenschaft Speyer 1959

Berry, B.J.L. und Pred, A.: Central place studies. A bibliographie of theory and applications inducing supplement through 1964, Hrsg.: Regional Science Research Institute, Philadelphia, Pennsylvania 1965

Beuchel, M.: Möglichkeiten und Grenzen der räumlichen Trennung zentraler Einrichtungen gleicher Stufe, Teil I: Grundsatzfragen - untersucht am Beispiel der geplanten zentralörtlichen Gliederung Baden-Württembergs, in: Zentralörtliche Funktionen in Verdichtungsräumen (Forschungs- und Sitzungsberichte der Akademie für Raumforschung und Landesplanung, Bd. 72), Hannover 1972, S. 117 ff.

Bickel, W.: Der Finanzausgleich, in: Handbuch der Finanzwissenschaft, Bd. II, 2. Aufl., Tübingen 1956

Bielenberg, W.: Die rechtliche Bindung der Bauleitplanung an die Ziele der Raumordnung und Landesplanung, in: Die öffentliche Verwaltung, 197o, S. 376 ff.

Böhret, C.: Entscheidungshilfen für die Regierung, Opladen 197o

Bös, D.: Eine ökonomische Theorie des Finanzausgleichs, Wien, New York 1971

Böventer, E.v.: Die Struktur der Landschaft. Versuch einer Synthese und Weiterentwicklung der Modelle von J.H. von Thünens, W. Christallers und A. Löschs, in: Optimales Wachstum und optimale Standortverteilung, hrsg. von H.K. Schneider (Schriften des Vereins für Socialpolitik, N.F. Bd. 27), Berlin 1962, S. 77 ff.

-: Die räumliche Wirkung von öffentlichen und privaten Investitionen, in: Grundfragen der Infrastrukturplanung für wachsende Wirtschaften (Schriften des Vereins für Socialpolitik, N.F. Bd. 58), Berlin 1971, S. 167 ff.

Bohley, P.: Der Nulltarif im Nahverkehr, in: Kyklos, Bd. 26 (1973), S. 113 ff.

Bohmann, H.: Das Gemeindefinanzsystem, 2. überarb. Aufl., Köln 1967

Borcherdt, Ch.: Untersuchungen über zentrale Orte im Saarland und in Nord-Württemberg, in: Zentralörtliche Funktionen in Verdichtungsräumen (Forschungs- und Sitzungsberichte der Akademie für Raumforschung und Landesplanung, Bd. 72), Hannover 1972, S. 163 ff.

Borries, H.-W. von: Raumordnung und kommunale Finanzen, Stuttgart 1963

-: Ökonomische Grundlagen der westdeutschen Siedlungsstruktur, Hannover 1969

Boustedt, O.: Zentrale Orte in Bayern. Eine Methode zu ihrer Ermittlung auf Grund der Arbeitsstättenzählung vom 13. Sept. 195o, in: Zeitschrift des Bayerischen Statistischen Landesamtes, 84. Jg. (1952)

-: Agglomeration, in: Handwörterbuch für Raumordnung und Ramforschung, Bd. 1, 2. Aufl., Hannover 197o, Sp. 2o ff.

Brainard, W.C., Dolbear, F.T.: The Possibility of Oversupply of Local Public Goods: A Critical Note, in: Journal of Political Economy, Vol. 75 (1967), S. 86 ff.

Break, G.F.: Intergovernmental Fiscal Relations in the United Staates, Washington D.C. 1967

Brecht, A.: Internationaler Vergleich der öffentlichen Ausgaben, Berlin, Leipzig 1932

Brenken, G.: Das Landesentwicklungsprogramm Rheinland-Pfalz - Räumliche Strukturen des Landes und die von der Landesregierung beschlossene raumordnerische Gesamtkonzeption -, in: Kommunalwirtschaft 5/1971, S. 191 ff.

Breton, A.: A Theory of Government Grants, in: Canadian Journal of Economics and Political Science, Vol. 31 (1965), S.175 ff.

Breuer, R.: Die hoheitliche raumgestaltende Planung. Wirkungsbereich und Zusammentreffen von Planfeststellungen, fachlichen Nutzungsregelungen, Bauleitplänen und Plänen der Raumordnung, Bonner Rechtswissenschaftliche Abhandlungen, Bd. 8o, Bonn 1968

Breusing, R.: Ein neuartiger kommunaler Finanzausgleich, in: Der Landkreis, 4o (197o), H. 2, S. 18o ff.

Brösse, U.: Ziele in der Regionalpolitik und in der Raumordnungspolitik - Zielforschung und Probleme der Realisierung von Zielen, Berlin 1972

-: Raumordnungspolitik, Berlin, New York 1975

Brügelmann, H., Asmuss, C., Chlewa, E.W. und v.d. Heide, H.J.: Kommentar zum Raumordnungsgesetz vom 8. April 1965, Stuttgart, Berlin, Köln, Mainz (Loseblattausgabe)

Buchanan, C. and Partners: South Hampshire Study, London 1966

Buchanan, J.M. und Tullock, G.: The Calculus of Consent. Logical Fondations of Constitutional Democracy, 2. Ed., Ann Arbor 1967

Buchter, K.: Die Landkreise als Träger des interkommunalen Finanzausgleichs und als letzte Stufe des kommunalen Finanzausgleichssystems, Diss. Erlangen 1969

Bückmann, W.: Kommunalverfassung in Nordrhein-Westfalen, Köln 1965

Bundesminister für Städtebau und Wohnungswesen (Hrsg.): Funktionelle Erfordernisse zentraler Einrichtungen als Bestimmungsgröße von Siedlungs- und Stadteinheiten in Abhängigkeit von Größenordnung und Zuordnung, Schriftenreihe "Städtebauliche Forschung" o3.oo3, Bonn-Bad Godesberg 1972

Bundesvereinigung der Kommunalen Spitzenverbände, Denkschrift Zentrale Orte, Köln 1965

Bunse, K.P. und Olfen, H.: Die zentralen Orte in der Raumordnungspolitik der Bundesländer, DIVO-Information, Reihe 3 - Beiträge zur Stadt- und Regionalforschung -, H. 5, 1969

Buttler, F.: Entwicklungspole und räumliches Wirtschaftswachstum, Untersuchungen zur Identifikation und Inzidenz von Entwicklungspolen. Das Spanische Beispiel 1964 - 1971, Tübingen 1973

Christaller, W.: Die zentralen Orte in Süddeutschland. Eine ökonomisch-geographische Untersuchung über die Gesetzmäßigkeit der Verbreitung und Entwicklung der Siedlungen mit städtischen Funktionen, Jena 1933

-: Rapports fonctionnels entre les agglomérations urbaines et les campagnes, in: Comptes Rendus du Congrès Internationale de Géographie Amsterdam 1938, Bd. II, Sect. III a, Leiden 1938

Dahl, R.A. und Lindblom, Ch.E.: Politics, Economics, and Welfare, New York 1958

Degenkolbe, C.: Über logische Struktur und gesellschaftliche Funktion von Leerformeln, in: Kölner Zeitschrift für Soziologie und Sozialpsychologie, 17. Jg. (1965), S. 327 ff.

Dearborn, D.C. and Simon, H.A.: Selctive Perception, A Note on the Departmental Identification of Executives, Sociometry, 21, 1958

Demny, J.: Die Gefahr einer Einschränkung der Autonomie der Gemeinden durch Zweckzuweisungen, erläutert am Beispiel Nordrhein-Westfalen, Diss. Köln 1966

Deppe, L.: Das Verhältnis der kommunalen Ausgaben zur Größe, Struktur, Funktion und Finanzkraft städtischer Gemeinden. Untersucht am Beispiel der sozialen und kulturellen Ausgaben in Nordrhein-Westfalen, Diss. Münster 1966

Deutscher Städtetag (Hrsg.): Statistisches Jahrbuch Deutscher Gemeinden, 6o. Jg. (1973)

-: Umdruck Nr. E 1645, Az: NW 9/31-2o vom 22.8.1973

Dietrichs, B.: Die Theorie der zentralen Orte. Aussage und Anwendung heute, in: Raumforschung und Raumordnung, 24. Jg. (1966), S. 259 ff.

Dittrich, E.: Zur Begriffsbildung und zum Bedeutungswandel der Begriffe in der Raumforschung, in: Informationen, 14. Jg. (1964), S. 39 ff.

Döring, E.: Kritische Analysen der Vorschläge zur Gemeindesteuerreform, Diss. Frankfurt a.M. 1964

Dörnies, H.: Entstehung und Formenbildung der niedersächsischen Stadt, Forschungsnachrichten zur deutschen Landes- und Volkskunde, Bd. 27, Stuttgart 1929

Düker, R.: Das Problem einer bedarfsgerechten Verteilung der Finanzzuweisungen an die Gemeinden - unter besonderer Berücksichtigung der Aussagefähigkeit der kommunalen Ausgaben früherer Perioden für eine Finanzbedarfsermittlung, Diss. Freiburg 1971

Ehrlicher, W. und Mitarbeiter: Kommunaler Finanzausgleich und Raumordnung, Hannover 1967

Esser, F.: Schulfinanzierung und Schulbau im Lande Nordrhein-Westfalen, in: Der Gemeindehaushalt lo, 1972

-: Der kommunale Finanzausgleich 1974 in Nordrhein-Westfalen, in: Städte- und Gemeinderat 1/1974

Evers, H.: Gemeindegröße und Verwaltungsaufwand, in: Informationen, 7. Jg. (1957), S. 147 ff.

Evers, H.U.: Das Recht der Raumordnung. Eine Einführung in das Bundesraumordnungsgesetz, das Planungsrecht der Länder und die Rechtsfragen der Gebietsreform, München 1973

Ewringmann, D.: Zur Voraussage kommunaler Investitionsbedarfe - Ein Beitrag zur positiven Theorie öffentlicher Bedarfe -, Opladen 1971

Fischer, G.: Praxisorientierte Theorie der Regionalforschung, Tübingen 1973

Forsthoff, E.: Lehrbuch des Verwaltungsrechts, Bd. I, Allgemeiner Teil, München 195o

Frey, B.: Eine politische Theorie des wirtschaftlichen Wachstums, in: Kyklos, Bd. 21 (1968), S. 7o ff.

Frey, R.L.: Infrastruktur. Grundlagen der Planung öffentlicher Investitionen, Tübingen und Zürich 197o

-: Zur Problematik von Querschnitssvergleichen als Grundlage für die Infrastrukturplanung, in: Theorie und Praxis der Infrastrukturpolitik, hrsg. von R. Jochimsen und U.E. Simonis (Schriften des Vereins für Socialpolitik, N.F. Bd. 54), Berlin 197o, S.177 ff.

Friedman, J.: Regional Development in Post-Industrial Society, in: Journal of American Institute of Planners XXX (1964)

Friedrichs, J.: Werte und soziales Handeln. Ein Beitrag zur soziologischen Theorie, Tübingen 1968

Fröhner, K.: Finanzhilfen für Gemeinden, Stuttgart 1968

Fuchs, M.: Zweckgebundene Zuweisungen - Hilfe oder Last für die Gemeinden?, in: Der Gemeindehaushalt, 7o. Jg. (1969), H. 7

Fürst, D.: Die Kreisumlage, Analyse eines Instruments des Finanzausgleichs (Schriftenreihe des Vereins für Kommunalwissenschaften e.V., Bd. 28), Stuttgart u.a. 1969

-: Kommunale Entscheidungsprozesse, als Habilitationsschrift der Wirtschafts- und Sozialwissenschaftlichen Fakultät der Universität zu Köln vorgelegt (unveröffentl. Manuskript), Köln 1974

Gäfgen, G.: Theorie der wirtschaftlichen Entscheidung, Untersuchungen zur Logik und ökonomischen Bedeutung des rationalen Handelns, 2. Aufl., Tübingen 1968

Gellen, H.M.: Die Zweckzuweisungen des Landas Nordrhein-Westfalen an seine Gemeinden. Darstellung, Analyse und staatsrechtliche Untersuchung, Diss. Köln 197o

-: Zweckzuweisungen und kommunale Selbstverwaltung, Köln 1971

Giersch, H.: Allgemeine Wirtschaftspolitik - Grundlagen, Wiesbaden 196o

-: Das ökonomische Grundproblem der Regionalpolitik, in: Gestaltungsprobleme der Weltwirtschaft, Festschrift für A. Predöhl, hrsg. von H. Jürgensen, Göttingen 1964, S. 386 ff.

Göb, R., Laux, E., Salzwedel, J. und Breuer, R.: Kreisentwicklungsplanung, Gutachten erstattet im Auftra- des Landkreistages Nordrhein-Westfalen, Köln u.a.1974

Greaves, H.R.G.: Grundlagen der politischen Theorie (Politica Bd. 2), Neuwied/Berlin 196o

Groll, M.: Ausgabengestaltung und Gemeindegröße. Ein Beispiel zur Beurteilung des kommunalen Verwaltungsaufwandes bei verschiedenen Ausgabetypen, Mitteilungen aus dem Institut für Raumforschung, H. 38, Bad Godesberg 1958

Gustaffsson, K.: Grundlagen zur Zentralitätsbestimmung, dargestellt am Beispiel der Region "Westküste Schleswig Holstein", Hannover 1973

Hacker, H.: Finanzausgleich, in: Handbuch der kommunalen Wissenschaft und Praxis, 3. Bd., Berlin u.a. 1959, S. 395 ff.

Haller, H.: Finanzpolitik. Grundlagen und Hauptprobleme, Tübingen und Zürich 1957

-: Wandlungen in den Problemen föderativer Staatswirtschaften, in: Finanzpolitik, hrsg. von H.C. Recktenwald, Köln, Berlin 1969, S. 128 ff.

Halstenberg, F.: Landesentwicklungspläne in Nordrhein-Westfalen, in: Kommunalwirtschaft 7/1971

-: Grundlagen und Ziele der Landesentwicklung in Nordrhein-Westfalen, in: Raumforschung und Raumordnung, 31. Jg. (1973), H. 1, S. 1 ff.

-: Rede anläßlich der 2. Lesung des Gesetzes zur Landesentwicklung (Landesentwicklungsprogramm) am 7. März 1974 vor dem Landtag NRW, Pressemitteilung hrsg. vom Presse- und Informationsamt der Landesregierung, Düsseldorf 1974

Hansen, A.: Auswirkungen der geplanten Gemeindefinanzreform. Ergebnis der steuerstatistischen Sonderuntersuchungen, in: Wirtschaft und Statistik, H. 5, 1969, S. 245 ff.

Hansen, N.M.: The Structure and Determinants of Local Public Investment Expenditures, in: Review of Economics and Statistics 47 (1965), S. 15o - 162

-: Intermediate Size Cities as Growth Centers, New York - Washington - London 1971

Hansmeyer, K.-H.: Besprechung der Arbeit von Hans J. Bodenstaff, Die Mehr- oder Minderbelastung kreisangehöriger Gemeinden, in: Archiv für Kommunalwissenschaften, Jg. 2 (1963), S. 26o ff.

-: Gemeindliche Schuldaufnahme und wirtschaftliches Wachstum, in: Archiv für Kommunalwissenschaften, 4. Jg. (1965), S. 197 ff.

-: Interkommunaler Finanzausgleich, in: Archiv für Kommunalwissenschaften, 5. Jg. (1966), S. 261 ff.

-: Zur Theorie der kommunalen Finanzwirtschaft, in: Kommunalwissenschaftliche Forschung, hrsg. von Wolfgang Haus (Schriften des Vereins für Kommunalwissenschaften Bd. 12), Stuttgart u.a. 1966, S. 161 ff.

-: Ziele und Träger regionaler Wirtschaftspolitik, in: Beiträge zur Regionalpolitik (Schriften des Vereins für Socialpolitik, N.F. Bd. 41), Berlin 1968, S. 36 ff.

-: Zweckzuweisungen an Gemeinden als Mittel der Wirtschaftspolitik?, in: Haller, H. u.a. (Hrsg.): Theorie und Praxis des finanzpolitischen Interventionismus, Tübingen 197o, S. 431 ff.

Hansmeyer, K.-H. und Fürst, D.: Die Gebühren. Zur Theorie eines Instrumentariums der Nachfragelenkung bei öffentlichen Leistungen (Schriften des Vereins für Kommunalwissenschaften, Bd. 18), Stuttgart, Berlin, Köln, Mainz 1968

-: Die Ausstattung mit zentralörtlichen Einrichtungen ausgewählter zentraler Orte in Rheinland-Pfalz, Mainz 197o

Hansmeyer, K.-H. und Rürup, B.: Staatswirtschaftliche Planungsinstrumente, Tübingen 1973

Haverkampf, H.E.: Räumliche Streuung unterschiedlicher kommunaler Einnahmesysteme. Eine Modellsimulation am Beispiel Nordrhein-Westfalen, Stuttgart-Berlin-Köln-Mainz 1971

Head, J.G.: On Merit Goods, in: Finanzarchiv, N.F. Bd. 25, 1966, S. 1 ff.

Hedtkamp, G.: Lehrbuch der Finanzwissenschaft, Neuwied/ Berlin 1968

Heil, K.: Modelluntersuchungen zur Zentrumsplanung, in: Stadtbauwelt 2o/1968, S. 148o ff.

Hellberg, H.: Zentrale Orte als Entwicklungsschwerpunkte in ländlichen Gebieten, Göttingen 1972

Hendler, R.: Gemeindliches Selbstverwaltungsrecht und Raumordnung, Göttingen 1972

Hennings, G.: Grundlagen und Methoden der Koordination des Einsatzes raumwirksamer Bundesmittel, dargestellt am Beispiel der Politikbereiche Raumordnungspolitik, regionale Gewerbestrukturpolitik und regionale Arbeitsmarktpolitik, Münster 1972

Herzog, R.: Allgemeine Staatslehre, Frankfurt a.M. 1971

Hesse, J.J.: Stadtentwicklungsplanung. Zielfindungsprozesse und Zielvorstellungen, Stuttgart/Berlin/Köln/ Mainz 1972

Hielscher, E.: Brauchbare Maßstäbe für kommunale Finanzzuweisungen, in: Kommunale Finanzen und Finanzausgleich, hrsg. von H. Timm und H. Jecht (Schriften des Vereins für Socialpolitik, N.F. Bd. 32), Berlin 1964, S. 287 ff.

Hirsch, W.Z.: Local Versus Areawide Urban Government Service, National Tax Journal, Vol. XVII, 1964

Hirschman, O.: The Strategy of Economic Policy, New Haven/London 1958

Hüfner, W.: Diskussionsbeitrag im Kolloquium über Probleme und Lösungsansätze einer integrierten Infrastrukturplanung, in: Raumordnung und Infrastrukturplanung bei Bund, Ländern und Gemeinden, Deutsches Institut für Urbanistik (Hrsg.), 2. unveränd. Aufl., Berlin 1974

Hunke, H.: Finanzausgleich und Landesentwicklung, Hannover 1962

-: Der interregionale Wohlstandsausgleich - Die Raumordnung im Regelkreis der öffentlichen Haushalte, in: Informationen, 19. Jg. (1969), S. 5o3 ff.

Institut für Agrarwissenschaften der Universität Freiburg: Zentrale Orte und ihre Verflechtungsbereiche in Baden-Württemberg, Forschungsauftrag des Innenministeriums Baden-Württemberg, Freiburg 1967

Institut für Landes- und Stadtentwicklungsforschung des Landes Nordrhein-Westfalen: Übersicht über "Zentrale Orte", Dortmund 1972

Institut für Raumordnung: Zielsetzung in den Entwicklungsprogrammen und -plänen der Länder, H. 73, Bonn-Bad Godesberg 1972

Institut Finanzen und Steuern: Einzelfragen der Finanzreform: Gemeinschaftsaufgaben (Brief 1oo), Bonn 1968

Ipsen, G.: Stadt, IV. Neuzeit, in: Handwörterbuch der Sozialwissenschaften, Bd. 9, Stuttgart u.a. 1956, S. 786 ff.

Isbary, G.: Zentrale Orte und Versorgungsbereiche, Mitteilungen aus dem Institut für Raumforschung, H. 56, Bad Godesberg 1965

Isenberg, G.: Regionale Wohlstandsunterschiede, Finanzausgleich und Raumordnung, in: Finanzarchiv, N.F. Bd. 17 (1956/57)

-: Entfernungsaufwand im Personenverkehr und Raumordnung im Ballungsgebiet, Verkehrsprobleme in Ballungsräumen, Bremen-Horn 1959

Jäger, K.H.: Kommunale Aufgabenstellung und staatliche Finanztransfers an die Gemeinden. Probleme des vertikalen kommunalen Finanzausgleichs in der Bundesrepublik, Diss. Frankfurt/M. 1968

Jansen, P.G.: Infrastrukturinvestitionen als Mittel der Regionalpolitik, Gütersloh 1967

Jansen, P.G. und Töpfer, K.: Zur Bestimmung von Mängeln der gewachsenen Infrastruktur, in: Theorie und Praxis der Infrastrukturpolitik, hrsg. von R. Jochimsen und U.E. Simonis (Schriften des Vereins für Socialpolitik, N.F. Bd. 54), Berlin 197o, S. 4o1 ff.

Jochimsen, R.: Theorie der Infrastruktur. Grundlagen der marktwirtschaftlichen Entwicklung, Tübingen 1966

-: Zum Aufbau und Ausbau eines integrierten Aufgabenplanungssystems und Koordinationssystems der Bundesregierung, in: Bulletin des Presse- und Informationsamtes der Bundesregierung vom 16.7.197o

-: Planung der Aufgabenplanung, in: Finanzpolitik und Landesentwicklung (Forschungs- und Sitzungsberichte der Akademie für Raumforschung und Landesplanung, Bd. 84, Raum und Finanzen 3), Hannover 1972

Jochimsen, R. und Treuner, P.: Zentrale Orte in ländlichen Räumen unter besonderer Berücksichtigung der Möglichkeiten der Schaffung zusätzlicher außerlandwirtschaftlicher Arbeitsplätze (Forschungsbericht im Auftrag des Bundesministers des Innern), Bad Godesberg 1967

Jörens, E.: Wirkungen der Gemeindfinanzreform auf die Verteilung der kommunalen Finanzmasse, Diss. Freiburg i.Br. 1971

Jost, P.: Entwicklungstendenzen der Wirtschaftsstruktur und die räumliche Ordnung, in: Raumforschung und Raumordnung, 21. Jg. (1964), S. 76 ff.

Jungk, R.: Gesucht: ein neuer Mensch. Skizze zu einem Modell des Planers, in: Der Griff nach der Zukunft, Planen und Freiheit, I. Bd. der Reihe Modelle für eine neue Welt, hrsg. von R. Jungk und H.M. Mundt, München 1964

Kamp, M.E. Langheinrich, C., Stamm, F.H.: Die Ordnung der öffentlichen Finanzen, Bonn 1971

Kannenberg, E.G.: Zur Methodik der Ermittlung von zentralen Orten und von Beurteilungsgrundlagen für Förderungsmaßnahmen, in: Informationen, 18. Jg. (1968), S. 169 ff.

-: Die Problematik der zentralen Orte im Rahmen des Erörterungsverfahrens zum Entwurf des Landesentwicklungsplans von Baden-Württemberg, in: Zentralörtliche Funktionen in Verdichtungsgebieten, Forschungs- und Sitzungsberichte der Akademie für Raumforschung und Landesplanung, Bd. 72, Hannover 1972, S. 177 ff.

Keller, Th.: Finanzausgleich I, in: Handwörterbuch der Sozialwissenschaften, Bd. 3, Stuttgart u.a. 1961, S. 541 ff.

Keun, F.: Die optimale Infrastrukturausstattung einer Region unter Berücksichtigung dynamischer Aspekte - dargestellt am Beispiel sozialer Infrastruktureinrichtungen zentraler Orte in ländlichen Räumen, Göttingen 1973

Kinkel, K.: Die Lehre von Popitz für die Gestaltung des gemeindlichen Finanzausgleichs und ihr Verhältnis zum gegenwärtigen Rechtszustand in der BRD, Vergleich und Problematik unter besonderer Berücksichtigung einer kommunalen Finanzreform, Diss. Köln 1964

Klaassen, L.H.: Methods of Selecting Industries for Depressed Areas. An Introduction to Feasibility Studies, in: Developing Job Opportunities. OECD Publication, Vol. 2, Paris 1967

Klages, H.: Planungspolitik, Probleme und Perspektiven der umfassenden Zukunftsgestaltung, Stuttgart, Berlin, Köln,Mainz 1971

Klatt, S.: Zentrale Orte - Schwache Punkte einer regionalpolitischen Konzeption, in: Volkswirtschaftliche Korrespondenz der Adolf-Weber-Stiftung, 12. Jg., Nr. 7, Frankfurt/Main 1973

Klein, H.: Schulbauhandbuch Nordrhein-Westfalen, Kommunale Schriften für Nordrhein-Westfalen, Köln 197o

Klemmer, P.: Die Theorie der Entwicklungspole - strategisches Konzept für die regionale Wirtschaftspolitik?, in: Raumforschung und Raumordnung, 3o. Jg. (1972), S. lo2 ff.

Kloten, N.: Standortwirkungen kommunaler Besteuerungsformen, in: Kommunale Finanzen und Finanzausgleich, hrsg. von H. Timm und H. Jecht (Schriften des Vereins für Socialpolitik, N.F. Bd. 32), Berlin 1964, S. 121 ff.

-: Alternative Konzeptionen der Regionalpolitik, in: Beiträge zur Regionalpolitik (Schriften des Vereins für Socialpolitik, N.F. Bd. 41), Berlin 1968

Klüber, H.: Das Gemeinderecht in denLändern der Bundesrepublik Deutschland, Berlin/Heidelberg/New York 1972

Kommission für die Finanzreform: Gutachten über die Finanzreform in der Bundesrepublik Deutschland, Stuttgart-Köln-Berlin-Mainz 1966

Kommunalpolitische Vereinigung Schleswig-Holstein: Landeshaushalt 1973 und kommunaler Finanzausgleich, in: Kommunalpolitische Blätter 5/6 (1973), S. 2o5 ff.

Krane, W. und Blankenstein, H.: Zweckgebundene staatliche Zuwendungen, in: Der Gemeinderat, Jg. 23 (1969), H. 2/3

Krane, W. und Sauer, W.: Finanzierungshilfen für Gemeinden und Wirtschaft in Nordrhein-Westfalen (Kommunale Schriften für Nordrhein-Westfalen, Bd. 35), Köln 1972

Kroner, G.: Die zentralen Orte in Wissenschaft und Raumordnungspolitik, in: Informationen, 14. Jg. (1964) Nr. 13

Landkreistag Nordrhein-Westfalen: Schreiben an die Mitglieder des Kommunalpolitischen Ausschusses und des Haushalts- und Finanzausschusses des Landtages Nordrhein-Westfalen vom lo. März 1972, Az. 961 - lo/72

Lauschmann, E.: Grundlagen einer Theorie der Regionalpolitik, 2. Aufl., Hannover 1973

Laux, E.: Kommunale Selbstverwaltung im Staat der siebziger Jahre, in: Archiv für Kommunalwissenschaften, 9. Jg. (197o), S. 217 ff.

Lehmann, E.: Die Gemeindefinanzreform aus der Sicht der zentralen Orte, in: Informationen, 18. Jg. (1968), S. 511 ff.

Lenort, N.J.: Strukturforschung und Gemeindeplanung - Zur Methodenlehre der Kommunalpolitik -, Köln und Opladen 196o

Lenz, D.: Haushaltsanalyse 1973, in: Der Städtetag, 26. Jg.(1973), S. 5 ff.

Ley, N.: Raumordnung und Landesplanung in der Bundesrepublik Deutschland, in: Handwörterbuch der Raumforschung und Raumordnung, hrsg. von der Akademie für Raumforschung und Landesplanung, Hannover 1966

Liedtke, C.: Theorie der öffentlichen Güter und optimale Struktur einer Föderation, Berlin 1972

Linde, H.: Über Zukunftsaspekte in der Raumplanung, insbesondere Leitbilder u.ä., Sonderdruck aus den Veröffentlichungen des Seminars für Planungswesen an der TU Braunschweig, H. 8, 1971

Littmann, K.: Finanzpolitik und Wirtschaftsraum, in: Kommunale Steuerzeitschrift 1963, H. 4, 12. Jg., S. 65 ff.

Littmann, K. und Mitarbeiter: Die Gestaltung des kommunalen Finanzsystems unter raumordnungspolitischen Gesichtspunkten, Hannover 1968

Loebell, F.W. von: Das Gesetz über kommunale Gemeinschaftsarbeit NW - Textausgabe mit einer Einführung -, Kommunale Schriften für Nordrhein-Westfalen, Nr. 7, Köln 1961

Lösch, A.: Die räumliche Ordnung der Wirtschaft, 3. Aufl., Stuttgart 1962

Lowinski, H.: Neue Aspekte der Landesentwicklungspolitik - Entwurf eines Gesetzes zur Landesentwicklung (Landesentwicklungsprogramm), in: Nordrhein-Westfalen-Programm 1975: Eine Zwischenbilanz, Schriften für Sozialökologie, Bd. 8, hrsg. von J.H.B. Heuer, Bochum 1973, S. 37 ff.

Lungstraß, R.: Die Problematik des Ermessensspielraums der Exekutive bei der Vergabe von Zweckzuweisungen an die Gemeinden (unveröffentl. Dipl.-Arbeit), Köln 1972

Malchus, V. Frhr. v.: Theoretische Aspekte zur Untersuchung von Verflechtungsbereichen zentraler Orte, in: Versorgungsnahbereiche als Kleinzentren im ländlichen Raum (Forschungs- und Sitzungsberichte der Akademie für Raumforschung und Landesplanung, Bd. 47), Hannover 1969, S. 39 ff.

March, J.G. und Simon, H.A.: Organizations, New York 1958

Marx, D.: Voraussetzungen und Bedingungen einer wachstumsgerechten Landesentwicklung, Düsseldorf 1968

-: Zur Konzeption eines funktionsfähigen regionalen Arbeitsmarktes, Beitrag zur Sitzung des Ausschusses Raum und gewerbliche Wirtschaft der Akademie für Raumforschung und Landesplanung in Würzburg vom 23. - 25.5.1972

-: Überlegungen zur regionalpolitischen Konzeption ausgeglichener Funktionsräume, in: Raumforschung und Raumordnung, 31 (1973)

-: Zur Konzeption ausgeglichener Funktionsräume als Grundlagen einer Regionalpolitik des mittleren Weges, in: Ausgeglichene Funktionsräume, Grundlagen für eine Regionalpolitik des mittleren Weges, Forschungsberichte des Arbeitskreises "Regionalpolitische Konzeption ausgeglichener Funktionsräume" der Akademie für Raumforschung und Landesplanung, Hannover 1975, S. 1 ff.

Meyer, H.: Die Finanzverfassung der Gemeinden - Ein Beitrag zur Stellung der Gemeinden in der Finanzverfassung des Bundes - (Schriftenreihe des Vereins für Kommunalwissenschaften, Bd. 22), Stuttgart u.a. 1969

Moll, B.: Probleme der Finanzwissenschaft, Leipzig 1924

Müller, J.H. und Klemmer, P.: Das theoretische Konzept Walter Christallers als Basis einer Politik der zentralen Orte, in: Zentrale Orte und Entwicklungsachsen im Landesentwicklungsplan (Forschungs- und Sitzungsberichte der Akademie für Raumforschung und Landesplanung, Bd. 56), Hannover 1969

Musgrave, R.A.: The Theory of Public Finance. A Study in Public Economy, New York, Toronto, London 1959

Neef, E. u.a.: Das Problem der zentralen Orte, in: Petermanns geographische Mitteilungen, 94. Jg. (195o), H. 1

Niemeier, H.G.: Entwicklungstendenzen im Landesplanungsrecht, in: Raumplanung - Entwicklungsplanung (Forschungs- und Sitzungsberichte der Akademie für Raumforschung und Landesplanung, Bd. 8o) Hannover 1972

Niemeier, H.G.: Erfahrungen mit der Landesplanungsgesetzgebung in NRW, in: Raumforschung und Raumordnung, 31. Jg. (1973), S. 27 ff.

Nouvortne, A.: Raumordnung und Selbstverwaltungsgarantie, in: Verfassungs- und Verwaltungsprobleme der Raumordnung und Landesplanung , Schriftenreihe der Hochschule Speyer, Bd. 27, 1965, S. 42 ff.

Oates, W.E.: The Theory of Public Finance in a Federal System, in: Canadian Journal of Economics, Vol. 1, 1968, S. 51 ff.

Oberhauser, A.: Die konjunkturpolitische Koordinierung der öffentlichen Finanzwirtschaften und ihre finanz- und haushaltsrechtlichen Voraussetzungen, in: Schriften des Vereins für Socialpolitik, N.F. Bd. 52, Berlin 1969

Offe, C.: Sachzwang und Entscheidungsspielraum, in: Stadtbauwelt, Jg. 6o (1969), H. 23

Olson, M. jr.: The Principle of "Fiscal Equivalence": The Division of Responsibilities among Different Levels of Government, in: The American Economic Review 59 (1969), S. 479 ff.

Pagenkopf, H.: Einführung in die Kommunalwissenschaft, 2. Aufl., Münster 196o

Patzig, W.: Der kommunale Finanzausgleich, in: M. von Brauchitsch, Verwaltungsgesetze des Bundes und der Länder, neu hrsg. von Carl Hermann Ule, Bd. II, Köln-Berlin-München-Bonn 1966

Perroux, F.: La notion de pôle de croissance, in: L'Economie des XXè siècle, Paris 1961

Pikullik, H.: Das System des kommunalen Finanzausgleichs in der BRD, Diss. Marburg 1966

Popitz, J.: Der Finanzausgleich, in: Handbuch der Finanzwissenschaft, Bd. II, 1. Aufl., Tübingen 1927

-: Der künftige Finanzausgleich zwischen Reich, Ländern und Gemeinden, Berlin 1932

Popper, K.R.: Die offene Gesellschaft und ihre Feinde, Bern 1957

-: Logik der Forschung, 3. Aufl. (Die Einheit der Gesellschaftswissenschaften, Studien in den Grenzbereichen der Wirtschafts- und Sozialwissenschaften, Bd. 4), Tübingen 1969

Projektgruppe Regierungs- und Verwaltungsreform beim Bundesminister des Innern: Erster Bericht zur Reform der Struktur von Bundesregierung und Bundesverwaltung, Bonn 1969

-: Dritter Bericht zur Reform der Struktur von Bundesregierung und Bundesverwaltung, Bonn 1972

Pruns, H.: Gemeinschaftsaufgabe "Verbesserung der Agrarstruktur und des Küstenschutzes", in: Die öffentliche Verwaltung, 26. Jg. (1973), S. 217 ff.

Ramser, H.J.: Dezentrale Planung der Infrastrukturausgaben, in: Finanzarchiv, N.F. Bd. 27 (1968), S. 484 ff.

Recktenwald, H.C.: Effizienz und innere Sicherheit, in: Finanzpolitik, hrsg. von H.C. Recktenwald, Köln-Berlin 1969, S. 212 ff.

Remmlinger, H.: Der Finanzausgleich in Baden-Württemberg nach dem Gesetz vom 19.7.1973 (Ges.Bl. S. 2o5), in: Der Gemeindehaushalt, 74. Jg. (1973), S. 221 ff.

Richardson, H.W.: Regional Economics. Location theory, urban structure and regional change, London 1969

Rittel, H.: Zukunftsorientierte Raumplanung, in: Arch + 3 (197o), H. lo, S. 65 ff.

Römer, K.: Die Aufgaben der Gemeinden und die Möglichkeit ihrer Förderung durch den Staat, in: Die Verwaltungspraxis 1964, S. 193 ff.

Roesler, K. und Stürmer, W.: Entwicklung alternativer Instrumente zur Verbesserung der Koordinierung der Raumordnungspolitik, Untersuchung im Auftrag der Kommission für Wirtschaftlichen und Sozialen Wandel, vorgelegt von einer Arbeitsgruppe der Prognos AG, Basel (Abteilung Stadtentwicklung und Regionalplanung) - Vorläufige Fassung -, Basel 1974

Rothe, K.H.: Das Recht der interkommunalen Zusammenarbeit in der Bundesrepublik Deutschland, Göttingen 1965

Sachverständigenausschuß für Raumordnung: Die Raumordnung in der Bundesrepublik Deutschland, Stuttgart 1961

Scott, A.: Wirtschaftliche Ziele einer föderativen Staatswirtschaft, in: Finanztheorie, hrsg. v. H.C. Recktenwald, 2. Aufl., Köln/Berlin 197o

Sattler, H.: Gemeindliche Finanzverfassung. Bedeutung gemeindlicher Finanzhoheit für die Selbstverwaltung, in: Handbuch der kommunalen Wissenschaft und Praxis, Bd. 3, Berlin-Göttingen-Heidelberg 1959, S. 1 ff.

Seiler, G.: Kommunale Finanzen der Kommunalaufsicht, in: Aktuelle Probleme der Kommunalaufsicht. Vorträge und Diskussionsbeiträge des 31. Staatswissenschaftlichen Fortbildungskurses der Hochschule für Verwaltungswissenschaft, Speyer, Berlin 1963

Simon, H.A.: Models of man. Social and rational, mathematical essay on rational human behavior in a social setting, 3. Aufl., New York/London/Sydney 1964

Spitta, P.: Die nahzentralen Orte der Stadt Oldenburg, Dt. Geographische Blätter, 45, Bremen 1949, S. 81 ff.

Schäfer, H.: Bulletin der Bundesregierung 175/176, 1965

Schäffer, H.: Plankoordinierung am Beispiel der Raumordnung, in: Wirtschaftspolitische Blätter, Wien, 2o. Jg. (1973)

Scharpf, F.W.: Planung als politischer Prozeß. Aufsätze zur Theorie der planenden Demokratie, Frankfurt/M. 1973

-: Alternativen des deutschen Föderalismus, in: Die Neue Gesellschaft, 21. Jg. (1974), H. 3, S. 237 ff.

Scharpf, F.W., Mehrwald, L., Schmitges, R. Schwarz, G.P.: Strukturelle Ineffizienz in der Politikverflechtung zwischen Land und Kommunen, Referat zum Wissenschaftlichen Kongreß 1973 der Deutschen Vereinigung für Politische Wissenschaften, Hamburg 1973, Preprint Series of International Institute of Management, I/73-45

Scheel, W.: Der kommunale Finanz- und Lastenausgleich im Land Nordrhein-Westfalen, in: Praxis der Gemeindeverwaltung (Loseblattausgabe)

Schelsky, H.: Über die Abstraktheit des Planungsbegriffs in den Sozialwissenschaften, in: Zur Theorie der allgemeinen und der regionalen Planung, Bielefeld 1969, S. 1 ff.

Schmölders, G.: Finanzpolitik, 3. Aufl., Berlin, Heidelberg, New York 197o

Schneider, H. K.: Plankoordinierung in der Regionalpolitik, in: Rationale Wirtschaftspolitik und Planung in der Wirtschaft von heute, Berlin 1967

-: Über die Notwendigkeit regionaler Wirtschaftspolitik, in: Beiträge zur Regionalpolitik (Schriften des Vereins für Socialpolitik, N.F. Bd. 41), Berlin 1968, S. 3 ff.

Schneppe, F.: Raumbedeutsame Wirkungen des kommunalen Finanzausgleichs in Niedersachsen, Hannover 1968

-: Kommunaler Finanzausgleich, in: Handwörterbuch der Raumforschung und Raumordnung, Hannover 197o, Sp. 7o6

Schrader, E.: Die Städte Hessens, in: Jahresbericht des Frankfurter Vereins für Geographie, 84. - 86. Jg., Frankfurt 1922

Stahl, F.: Wirtschaftserschließung, ein Finanzausgleichsproblem. Schulbeispiel Ostbayern, Regensburg 1955

Statistisches Bundesamt Wiesbaden: Fachserie L, Finanzen und Steuern, Reihe 1, Haushaltswirtschaft von Bund, Ländern und Gemeinden, II. Jahresabschlüsse

-: Fachserie L, Finanzen und Steuern, Reihe 9, Realsteuern I. Realsteuervergleich

Stern, K.: Grundfragen zur Verwaltungsreform im Stadtumland. Empfehlungen zur Neuordnung von Ballungsgebieten, dargestellt am Großraum Hannover, 2. Aufl., Berlin/Frankfurt a.M. 1969

-: Rationale Infrastrukturpolitik und Regierungs- und Verwaltungsorganisation, in: Grundfragen der Infrastrukturplanung für wachsende Wirtschaften, hrsg. v.H. Arndt und D. Swatek (Schriften des Vereins für Socialpolitik, N.F. Bd. 58), Berlin 1971, S. 69 ff.

Stohler, J.: Zur rationalen Planung der Infrastruktur, in: Konjunkturpolitik, 11. Jg. (1965), S. 279 ff.

Stolber, W.B.: Nutzen-Kosten-Analyse in der Staatswirtschaft, Göttingen 1968

Storbeck, D.: Die wirtschaftliche Problematik der Raumordnung, Berlin 1959

-: Zielkonflikt - Systeme als Ansatz zur rationalen Gesellschaftspolitik, in: Zur Theorie der allgemeinen und der regionalen Planung, Bielefeld 1969

-: Zur Operationalisierung der Raumordnungsziele, in: Kyklos, 23. Jg. (197o), S. 98 ff.

Storbeck, D. und Lücke, M.: Die gesellschaftspolitische Relevanz regionalpolitischer Ziele, in: Ausgeglichene Funktionsräume, Grundlagen für eine Regionalpolitik des mittleren Weges, Forschungsberichte des Arbeitskreises "Regionalpolitische Konzeption ausgeglichener Funktionsräume" der Akademie für Raumforschung und Landesplanung, Hannover 1975, S. 19 ff.

Streit, M.E.: Regionalpolitische Aspekte des Wachstumspolkonzeptes, in: Jahrbuch für Sozialwissenschaften, Bd. 22 (1971), H. 2

Stucken, R.: Zur Neuordnung des Finanzausgleichs, in: Jahrbücher für Nationalökonomie und Statistik, Bd. 127 (1927), S. 721 ff.

Thurow, L.C.: Aid to State and Local Governments, in: National Tax Journal, Vol. 23 (197o), S. 23 ff.

Tiebout, Ch.A.: A Pure Theory of Public Expenditures, in: The Journal of Political Economy, Vol. 64 (1956), S. 416 ff.

Topitsch, E.: Über Leerformeln. Zur Pragmatik des Sprachgebrauchs in Philosophie und politischer Theorie, in: Festschrift für Victor Kraft, Wien 196o, S. 233 ff.

Umlauf, J.: Wesen und Organisation der Landesplanung, Essen 1958

Vialon, F.K.: Haushaltsrecht, 2. Aufl., Berlin/Frankfurt/M. 1959

Voigtländer, H.: Die raumordnungspolitische Problematik des Finanzausgleichs zwischen Land und Gemeinden (Gemeindeverbänden) in Schleswig-Holstein, Diss. Hamburg 1969

-: Die speziellen Finanzzuweisungen im Rahmen des kommunalen Finanzausgleichs als Instrument zur Finanzierung der Gemeinschaftsaufgaben von Land und Gemeinden bzw. Gemeindeverbänden, in: Informationen 19 (1969), S. 345 ff.

-: Der kommunale Finanzausgleich in Schleswig-Holstein im Spannungsfeld von Wachstums- und Konjunkturpolitik - Eine kritische Analyse des Finanzausgleichsgesetzes 197o, in: Die Gemeinde, 197o, S. 184 ff.

Wagener, F.: Ziele der Stadtentwicklung nach Plänen der Länder, Göttingen 1971

-: System einer integrierten Entwicklungsplanung im Bund, in den Ländern und in den Gemeinden, Vortrag im Rahmen der 42. Staatswissenschaftlichen Fortbildungstagung der Hochschule für Verwaltungswissenschaften Speyer am 19.4.1974 (unveröffentl. Manuskript)

Wahl, R.: Politische Planung in der differenzierten Gesellschaft, in: Gesellschaftliche Planung, hrsg. von B. Schäfers, Stuttgart 1973

Weber, W.: Entspricht die gegenwärtige kommunale Struktur den Anforderungen der Raumordnung? Empfehlen sich gesetzgeberische Maßnahmen der Länder und des Bundes? Welchen Inhalt sollen sie haben?, Gutachten zum 45. Deutschen Juristentag, München und Berlin 1964

Wegener, G.: Prinzipien des Raumordnungsrechts und Organisationsfragen, in: Stadtbauwelt 41, 65. Jg. (1974), S. 52 ff.

Weisbrod, B.A.: External Benefits of Public Education. An Economic Analysis, Princeton 1964

-: Geographic Spillover Effects and the Allocation of Resources to Education, in: J. Margolis (Ed.), The Public Economy of Urban Communities, Washington 1965, S. 192 ff.

Weyrath, A.: Raumordnung im Saarland - Grundlagen, Wege und Ziele, in: Kommunalwirtschaft 7, 1971

Willeke, F.W.: Die gemeindliche Finanzreform unter Berücksichtigung der Erhöhung bürgerschaftlicher Selbstverantwortung und Milderung der Steuerkraftunterschiede der Gemeinden, in: Kommunale Finanzen, Vorträge und Diskussionsbeiträge des 27. Staatswissenschaftlichen Fortbildungskurses der Hochschule für Verwaltungswissenschaften, Speyer 1959

Williams, A.: The Optimal Provision of Public Goods in a System of Local Government, in: Journal of Political Economy, Vol. 74 (1966), S. 13 ff.

Wissenschaftlicher Beirat beim Bundesministerium der Finanzen: Gutachten zum Gemeindesteuersystem und zur Gemeindesteuerreform in der BRD, Bonn 1968

Wittmann, W.: Einführung in die Finanzwissenschaft, III. Teil, Stuttgart 1972

Zeitel, G.: Gebühren, in: Handwörterbuch der Sozialwissenschaften, Bd. 4, Stuttgart u.a. 1965, S. 227

Zimmermann, H.: The Treatment of Imprecise Goals, The Case of Regional Science, Regional Science Research Institute, Discussion Paper Series No. 9, Philadelphia 1966

-: Zielvorstellungen in der Raumordnungspolitik des Bundes, in: Jahrbuch für Sozialwissenschaft Bd. 17, 1966

-: Öffentliche Ausgaben und regionale Wirtschaftsentwicklung, Basel/Tübingen 197o

Zohlnhöfer, W.: Lokalisierung und Institutionalisierung der Infrastrukturplanung im föderativen System. Das Beispiel der Gemeinschaftsaufgaben in der BRD, in: Theorie und Praxis der Infrastrukturpolitik, hrsg. v. R. Jochimsen und U.E. Simonis (Schriften des Vereins für Socialpolitik, N.F. Bd. 54), Berlin 197o

Zurek, E.: Probleme der Koordinierung des Einsatzes raumwirksamer öffentlicher Mittel in der Regional- und Raumordnungspolitik, in: Strukturwandel und Strukturpolitik, hrsg. von der Forschungsstelle der Forschungsgesellschaft für Agrarpolitik und Agrarsoziologie e.V., Bonn 1973

Zwilling, E.: Untersuchungen zu einem rationalen Steuersystem der Gemeinden, Meisenheim a.G. 1971

o.V.: Hart am Rande der Legalität, Spiegel-Report über Industrieansiedlung in Westdeutschland, in: Der Spiegel, 26. Jg. (1972), H. lo

o.V.: Forderungen der Städte und Kreise zum Standort des kommunalen Bereichs nach dem Grundgesetz (zitiert als: Kommunale Forderungen zur Reform des Verfassungsrechts, Eingabe an die Enquête-Kommission), in: Der Städtetag 1973, H. 9, S. 469 f.

2. Amtliche Veröffentlichungen

Preußisches Finanzausgleichsgesetz vom lo.11.1938, Preußische Gesetzessammlung S. lo8

Verordnung über die einstweilige Regelung des Finanz- und Lastenausgleichs (Finanzausgleichsverordnung) vom 3o.lo.1944, RGBl I S. 282

Bund

Bundesbaugesetz vom 23.6.196o, BGBl I, S. 341

Entwurf eines Raumordnungsgesetzes (Regierungsentwurf) vom 25.4.1963, Bundestagsdrucksache IV/12o4

Raumordnungsgesetz des Bundes vom 8.4.1965, BGBl I, S. 3o6

Raumordnungsbericht 1968 der Bundesregierung, Bundestagsdrucksache V/3958

Gesetz zur Neuordnung der Gemeindefinanzen (Gemeindefinanzreformgesetz) vom 8.9.1969, BGBl I, S. 1587

Gesetz über die Gemeinschaftsaufgabe "Ausbau und Neubau von wissenschaftlichen Hochschulen" (Hochschulbauförderungsgesetz) v. 1.9.1969, BGBl I, S. 1556

Gesetz über die Gemeinschaftsaufgabe "Verbesserung der Agrarstruktur und des Küstenschutzes" vom 3.9.1969, BGBl I, S. 1573

Gesetz über die Gemeinschaftsaufgabe "Verbesserung der regionalen Wirtschaftsstruktur" vom 6.10.1969, BGBl I, S. 1861

Raumordnungsbericht 1970 der Bundesregierung, Bundestagsdrucksache VI/1340

Bundesgesetz zur wirtschaftlichen Sicherung der Krankenhäuser und zur Regelung der Krankenhauspflegesätze (KHG) vom 29.6.1972, BGBl I, S. 1009

Zwischenberich der Enquête-Kommission zu Fragen der Verfassungsreform vom 21.9.1972, Bundestagsdrucksache VI/3829

Raumordnungsbericht 1972 der Bundesregierung, Bundestagsdrucksache VI/3793

<u>Baden-Württemberg</u>

Innenministerium des Landes Baden-Württemberg (Hrsg.): Entwurf einer Denkschrift über Zentrale Orte und Verflechtungsbereiche in Baden-Württemberg, Stuttgart 1967

Gesetz über den kommunalen Finanzausgleich i.d.F. vom 22. Juni 1970 (FAG 1970), Ges.Bl. S. 258

Landesentwicklungsplan vom 22. Juni 1971, Landtagsdrucksache V/5400

Neufassung des Gesetzes über den Finanzausgleich vom 6.11.1973, Ges.Bl. S. 406

Bayern

Bayerisches Landesplanungsgesetz vom 6.2.197o, GVBl.S. 9

Neufassung des Finanzausgleichsgesetzes vom 14.8.1973, GVBl.S. 497

Hessen

Der Hessische Minister des Innern, Erläuterungen zur Karte: Zentrale Orte und ihre Verflechtungsbereiche in Hessen, Wiesbaden 1968

Großer Hessenplan, Landesentwicklungsplan '8o. Hrsg. vom Hessischen Ministerpräsidenten, Wiesbaden 197o

Hessisches Landesraumordnungsprogramm, Gesetz über die Feststellung des Hessischen Landesraumordnungsprogramms und zur Änderung des Hessischen Landesplanungsgesetzes vom 18. März 197o, GVBl. I, S. 265

Hessisches Landesplanungsgesetz i.d.F. vom 1.6.197o GV.Bl. S. 361

Neufassung des Finanzausgleichsgesetzes vom 2. Jan. 1973, GV.Bl. S. 1 ff.

Niedersachsen

Raumordnungsbericht 1968, Bericht der Landesregierung gemäß § 6 des Niedersächsischen Gesetzes über Raumordnung und Landesplanung, o.O., (Hannover) 1968

Landes-Raumordnungsprogramm vom 18.3.1969. Hrsg. vom Niedersächsischen Minister des Innern, Hannover 1969

Gesetz über den Finanzausgleich (FAG) in der Fassung vom 1o. Sept. 1973, Nieders. GV.Bl. Nr. 34/1973, S. 31o

Nordrhein-Westfalen

Richtlinien für den Bau von Volks-, Real- und Höheren Schulen, RdErl vom 9.12.1954, SMBl. NW. 2o33

Landesplanungsgesetz (LPlG) vom 7. Mai 1962, GV.NW. S. 229

Landesentwicklungsprogramm vom 7.8.1964, MBl. NW. S. 12o5, SMBl. NW. S. 23o

Landesregierung Nordrhein-Westfalen: Berichte der Landesregierung gemäß § 24 des Landesplanungsgesetzes vom 7. Mai 1962 über Stand, Maßnahmen und Aufgaben der Landesplanung, Düsseldorf 1964 - 1973

Richtlinien für Zuwendungen des Landes Nordrhein-Westfalen an Gemeinden und Gemeindeverbände und für den Nachweis der Verwendung der Mittel nach § 64 a Abs. 1 RHO vom 8. November 1966, SMBl.NW.63oo

Erster Entwurf des Erläuterungsberichts zum Landesentwicklungsplan I, o.O.

Landesentwicklungsplan I vom 28.11.1966, MBl. NW.1966, S. 226o

Richtlinien für die Planung von Schul- und Hochschulbauten, RdErl. des Ministers für Wohnungsbau und öffentliche Arbeiten vom 23.2.1967, SMBl.NW. 223o

Richtlinien für die Innenbeleuchtung mit künstlichem Licht in Schulen, RdErl. vom 2o.3.1969, SMBl.NW. 236

Schulverwaltungsgesetz vom 3.6.1958, GV.NW. S. 241, zuletzt geändert am 24.6.1969, GV.NW. S. 454

Gemeindeordnung NW i.d.F. vom 11.8.1969, GV.NW. S. 656

Landesentwicklungsplan II vom 3.3.197o, MBl.NW. S. 4o4

Gesetz über die Finanzierung der öffentlichen Schulen vom 3.6.1958 i.d.F. vom 17.4.197o GV.NW. S. 288

Gesetz über kommunale Gemeinschaftsarbeit (GKG) NW. vom 26.4.1961 i.d.F. vom 16.7.1969, SGV.NW. 2o2

Änderung des Landesentwicklungsplanes I vom 17.12.197o, MBl.NW. 1971, S. 2oo

Gem.RdErl. des Innenministers und des Finanzministers vom 13.9.1971, SMBl.NW. 6o22

Schreiben des Innenministers an den Präsidenten des Landtages Nordrhein-Westfalen vom 27.3.1972 - Az.: III B 2-6/1o-3535/72

Entwurf eines Gesetzes zur Landesentwicklung (Landesentwicklungsprogramm) vom 16.5.1972, Landtagsdrucksache 7/1764

Gesetz zur Änderung des Landesplanungsgesetzes vom 3o. Mai 1972, GV.NW. S. 141

Landesplanungsgesetz i.d.F. vom 1.8.1972, GV.NW. S. 244

Bericht des Haushalts- und Finanzausschusses zur 2. Lesung des Entwurfs eines Gesetzes zur Regelung des Finanz- und Lastenausgleichs mit den Gemeinden und Gemeindeverbänden für das Haushaltsjahr 1973, vom 13.3.1973, Landtagsdrucksache 7/25oo

Entwurf eines Gesetzes zur Regelung des Finanz- und Lastenausgleichs mit den Gemeinden und Gemeindeverbänden für das Haushaltsjahr 1974 vom 19.6.1973, Landtagsdrucksache 7/2871

Gesetz zur Landesentwicklung (Landesentwicklungsprogramm) vom 19.3.1974, GV.NW. S. 96

Entwurf eines Gesetzes zur Änderung des Landesplanungsgesetzes vom 11.6.1974, Landtagsdrucksache 7/3928

Entwurf eines Gesetzes zur Regelung des Finanz- und Lastenausgleichs mit den Gemeinden und Gemeindeverbänden für das Haushaltsjahr 1975, vom 8.1o.1974, Landtagsdrucksache 7/4111

Gesetze zur Regelung des Finanz- und Lastenausgleichs mit den Gemeinden und Gemeindeverbänden für die Rechnungsjahre ... (Finanzausgleichsgesetz ... - FAG ...)

197o	GV.NW. 197o	S. 2o1
1971	GV.NW. 1971	S. 6o
1972	GV.NW. 1971	S. 538
1973	GV.NW. 1973	S. 232
1974	GV.NW. 1974	S. 22
1975	GV.NW. 1975	S. 149

Rheinland-Pfalz

Landesgesetz zur Änderung von Vorschriften auf dem Gebiete des Finanzausgleichs und des Grunderwerbsteuerrechts vom 17.12.1963, GV.Bl. S. 229

Landesgesetz für Raumordnung und Landesplanung (Landesplanungsgesetz) vom 14.6.1966, GV.Bl. S. 177

Landesentwicklungsprogramm Rheinland-Pfalz, Band I und II, hrsg. von der Staatskanzlei Rheinland-Pfalz, Mainz 1968

Raumordnungsbericht 1969 der Landesregierung Rheinland-Pfalz, hrsg. von der Staatskanzlei Rheinland-Pfalz, Mainz 1969

Entwurf eines Landesgesetzes zur Änderung des Finanzausgleichsgesetzes, vom 5.11.1969, Landtagsdrucksache VI/1474

Landesgesetz über den Finanzausgleich in Rheinland-Pfalz (Finanzausgleichsgesetz - FAG -) vom 28.4.197o, GV.Bl. S. 145

Landesgesetz über den Finanzausgleich in Rheinland-Pfalz (Finanzausgleichsgesetz - FAG -) vom 6.7.1972, GV. Bl. S. 243

Rundschreiben des Ministeriums des Innern über den Ergänzungsansatz für zentrale Orte vom 12.7.1972, MBl. Nr. 14, Sp. 671

Landesgesetz zur Änderung des Landesgesetzes über die Feststellung der Haushaltspläne für die Haushaltsjahre 1972 und 1973 (Nachtragshaushaltsgesetz 1973) vom 11.4.1973, GV.Bl. S. 85

Raumordnungsbericht 1973 der Landesregierung Rheinland-Pfalz, hrsg. von der Staatskanzlei Reinland-Pfalz, Mainz 1974

Saarland

Gesetz über den kommunalen Finanzausgleich im Saarland (Finanzausgleichsgesetz - FAG -) i.d.F. vom 8.7. 1964, Amtsblatt S. 737

Entwurf eines Kommunalfinanzausgleichsgesetzes - KFAG - vom 31.3.197o, Landtagsdrucksache V/1616

Raumordnungsprogramm des Saarlandes, Allgemeiner Teil vom 1o.1o.1967, II. Besonderer Teil vom 28.4.197o, abgedruckt in: "Raumordnung im Saarland", Zweiter Raumordnungsbericht 197o, Landesplanungsbehörde, Ministerium des Innern, Saarbrücken 197o

Gesetz Nr. 922 "Kommunalfinanzausgleichsgesetz - KFAG -" vom 27.5.197o, Amtsblatt S. 574

Entwurf zum Änderungsgesetz des Gesetzes Nr. 922 "Kommunalfinanzausgleichsgesetz - KFAG -" vom 22.5.197o, Landtagsdrucksache VI/9oo vom 26.7.1972

Gesetz Nr. 956, Zweites Gesetz zur Änderung des Gesetzes Nr. 922 "Kommunalfinanzausgleichsgesetz - KFAG -" vom 27. Mai 197o, vom 21. Dez. 1972, Amtsblatt S. 42

Drittes Gesetz zur Änderung des Gesetzes Nr. 922 "Kommunalfinanzausgleichsgesetz - KFAG" vom 27. Mai 197o, vom 21. Dezember 1972, Amtsblatt 1973, S. 43

Schleswig-Holstein

Entwurf eines Gesetzes über den Finanzausgleich in Schleswig-Holstein (Finanzausgleichsgesetz - FAG) vom 19.9.1969, Landtagsdrucksache VI/849

Gesetz über den Finanzausgleich in Schleswig-Holstein (Finanzausgleichsgesetz - FAG) vom 25.3.197o, GVOBl. S. 5o

Erste Ausführungsanweisung zum Gesetz über den Finanzausgleich in Schleswig-Holstein (Finanzausgleichsgesetz - FAG), Runderlaß des Innenministers vom 12.8.197o, Amtsblatt S. 411

Zweite Ausführungsanweisung zum Gesetz über den Finanzausgleich in Schleswig-Holstein (Finanzausgleichsgesetz - FAG), Amtsblatt 1971, S. 278

Raumordnungsplan für das Land Schleswig-Holstein vom 16.5.1969 i.d.F. vom lo.5.1971, Amtsblatt S. 221

Dritte Ausführungsanweisung zum Gesetz über den Finanzausgleich in Schleswig-Holstein (Finanzausgleichsgesetz - FAG), Amtsblatt 1972, S. 657

Regionalplan für den Planungsraum I des Landes Schleswig-Holstein vom 16.4.1973, Amtsblatt S. 379

Gesetz über die Feststellung des Haushaltsplanes für das Haushaltsjahr 1973 vom 25.5.1973, GVOBl. S. 2o5

Vierte Ausführungsanweisung zum Gesetz über den Finanzausgleich in Schleswig-Holstein (Finanzausgleichsgesetz - FAG), Amtsblatt 1973, S. 95o

Entwurf eines Gesetzes zur Änderung des Finanzausgleichsgesetzes, Landtagsdrucksache 7/718 vom 18.9.1973

Forschungsberichte des Landes Nordrhein-Westfalen

Herausgegeben im Auftrage des Ministerpräsidenten Heinz Kühn
vom Minister für Wissenschaft und Forschung Johannes Rau

Sachgruppenverzeichnis

Acetylen · Schweißtechnik
Acetylene · Welding gracitice
Acétylène · Technique du soudage
Acetileno · Técnica de la soldadura
Ацетилен и техника сварки

Arbeitswissenschaft
Labor science
Science du travail
Trabajo cientifico
Вопросы трудового процесса

Bau · Steine · Erden
Constructure · Construction material · Soilresearch
Construction · Matériaux de construction · Recherche souterraine
La construcción · Materiales de construcción · Reconocimiento del suelo
Строительство и строительные материалы

Bergbau
Mining
Exploitation des mines
Mineria
Горное дело

Biologie
Biology
Biologie
Biologia
Биология

Chemie
Chemistry
Chimie
Quimica
Химия

Druck · Farbe · Papier · Photographie
Printing · Color · Paper · Photography
Imprimerie · Couleur · Papier · Photographie
Artes gráficas · Color · Papel · Fotografia
Типография · Краски · Бумага · Фотография

Eisenverarbeitende Industrie
Metal working industry
Industrie du fer
Industria del hierro
Металлообработывающая промышленность

Elektrotechnik · Optik
Electrotechnology · Optics
Electrotechnique · Optique
Electrotécnica · Optica
Электротехника и оптика

Energiewirtschaft
Power economy
Energie
Energia
Энергетическое хозяйство

Fahrzeugbau · Gasmotoren
Vehicle construction · Engines
Construction de véhicules · Moteurs
Construcción de vehiculos · Motores
Производство транспортных средств

Fertigung
Fabrication
Fabrication
Fabricación
Производство

Funktechnik · Astronomie
Radio engineering · Astronomy
Radiotechnique · Astronomie
Radiotécnica · Astronomia
Радиотехника и астрономия

GPSR Compliance

The European Union's (EU) General Product Safety Regulation (GPSR) is a set of rules that requires consumer products to be safe and our obligations to ensure this.

If you have any concerns about our products, you can contact us on ProductSafety@springernature.com

In case Publisher is established outside the EU, the EU authorized representative is:

Springer Nature Customer Service Center GmbH
Europaplatz 3
69115 Heidelberg, Germany

Batch number: 10809636

Printed by Printforce, the Netherlands